O mito, o ritual e o oral

Dados Internacionais de Catalogação na Publicação (CIP)
(Câmara Brasileira do Livro, SP, Brasil)

Goody, Jack
   O mito, o ritual e o oral / Jack Goody ;
tradução de Vera Joscelyne. – Petrópolis, RJ :
Vozes, 2012. – (Coleção Antropologia)
   Título original inglês: Myth, Ritual and the Oral
   Bibliografia

   3ª reimpressão, 2023.

   ISBN 978-85-326-4336-0
   1. Arte de contar histórias 2. Folclore –
Desempenho 3. Rituais 4. Tradição oral I. Título. II. Série.

12-01029   CDD-398.2

Índices para catálogo sistemático:
1. Literatura : Tradição oral : Folclore
398.2

Jack Goody

O mito, o ritual e o oral

Tradução de Vera Joscelyne

EDITORA VOZES

Petrópolis

© Jack Goody, 2010
Cambridge University Press

Tradução realizada a partir do original em inglês intitulado *Myth, Ritual and the Oral*

Direitos de publicação em língua portuguesa – Brasil:
2012, Editora Vozes Ltda.
Rua Frei Luís, 100
25689-900 Petrópolis, RJ
www.vozes.com.br
Brasil

Todos os direitos reservados. Nenhuma parte desta obra poderá ser reproduzida ou transmitida por qualquer forma e/ou quaisquer meios (eletrônico ou mecânico, incluindo fotocópia e gravação) ou arquivada em qualquer sistema ou banco de dados sem permissão escrita da editora.

CONSELHO EDITORIAL

Diretor
Gilberto Gonçalves Garcia

Editores
Aline dos Santos Carneiro
Edrian Josué Pasini
Marilac Loraine Oleniki
Welder Lancieri Marchini

Conselheiros
Elói Dionísio Piva
Francisco Morás
Ludovico Garmus
Teobaldo Heidemann
Volney J. Berkenbrock

Secretário executivo
Leonardo A.R.T. dos Santos

Editoração: Elaine Mayworm
Diagramação: Sheilandre Desenv. Gráfico
Capa: Felipe Souza|Aspecto
Imagem da capa: "Máscaras Africanas" © Jessica Watt/Dreamstime.com

ISBN 978-85-326-4336-0 (Brasil)
ISBN 978-0-521-12803-2 (Reino Unido)

Este livro foi composto e impresso pela Editora Vozes Ltda.

Sumário

Agradecimentos, 7

Introdução, 9

1 Religião e ritual de Tylor até Parsons: o problema da definição, 19

2 "Literatura" oral, 43

3 O antropólogo e o gravador de sons, 58

4 Criatividade oral, 63

5 Os contos populares e a história cultural, 68

6 Animais, humanos e deuses no norte de Gana, 81

7 O Bagre em toda sua variedade, 91

8 Do oral ao escrito: um avanço antropológico na atividade de contar histórias, 110

9 A memória escrita e a memória oral: a importância do "lecto-oral", 142

Apêndice – Contos populares no norte de Gana, 151

Referências, 155

Índice remissivo, 165

Agradecimentos

Estou muito grato a Juliet Mitchell por sua ajuda e encorajamento, a Mark Offord, Mel Hale e Sue Mansfield por seu auxílio com o manuscrito, bem como a Gilbert Lewis e Stephen Hugh-Jones por nosso seminário e os comentários desse último, e à memória de Kum Gandah, Ian Pierre Watt e Meyer Fortes, a todos os quais (e outros) estou grato, inclusive às datilógrafas e aos processadores de dados que ajudaram com as várias versões do Bagre, assim como aos leitores e ao editor da Cambridge University Press.

Os ensaios, pelos quais agradeço às editoras a permissão da reimpressão em uma forma ligeiramente modificada, foram originalmente publicados como se segue:

"Religion and Ritual: The Definitive Problem". *British Journal of Sociology*, 12, 1961.

"Oral Literature". *Encyclopaedia Britannica* [no prelo].

"The Coming of the Tape Recorder". *Médium*, 2005.

Oral Creativity [no prelo].

"The Folktale and Cutural History – Oralité et Littérature: Échos, Écarts, Resurgences". *Cahiers de Littérature Orale*, 56, 2005.

"Animals, Men and Gods in Northern Ghana". *Cambridge Anthropology*, 16, 1992/3.

"The Bagre in all its Variety". Introduction to *A Myth Revisited*: The Third Bagre [com S.W.D.K. Gandah]. Carolina Academic Press, 2003.

"From Oral to Written: An Anthropological Breakthrough in Storytelling". In: MORETTI, F. (org.). *Il Romanzo* – Vol. I: La cultura del romanzo. Turim: Einaudi, 2001 [em inglês: Princeton University Press].

Writing and Oral Memory. Berna, Suíça, junho de 2007 [palestra].

Introdução

Neste breve volume não estou tentando dizer nada que já não disse antes. Retorno a um número de artigos porque, especialmente com minhas repetidas gravações do Bagre, há um problema que me fez deparar com muitas discussões sobre "mito", "literatura" oral e sua relação com outros aspectos da vida social. Toda a discussão tinha se revestido de uma qualidade mística que minhas próprias observações não contribuíram muito para confirmar. Como passei uma parte tão grande de minha carreira gravando, transcrevendo e traduzindo as várias versões do "mito" ou recitação do LoDagaa (junto com meu amigo da região, Kum Gandah), parecia uma boa ideia tentar reunir algumas dessas observações gerais.

Os temas do mito e do ritual foi um interesse fundamental dos antropólogos (e de outros) desde o início. Pelo que se supõe, eles fizeram parte das características da "sociedade primitiva" como ocorre com o animismo (o culto da natureza) e o evemerismo (o culto dos mortos). Como tais, eles são traços de "outras culturas", fora dos limites da racionalidade "moderna", obedecendo a outro sistema de lógica ou, na verdade, sendo "pré-lógicos" ou "irracionais" em nossos termos. Parcialmente em virtude de meu interesse pela comunicação, especialmente pela oralidade e pela capacidade de ler e escrever, eu quis adotar uma abordagem mais cognitiva do que aquela que é possível nas abordagens "funcionais" e "estruturais" (ou pós-estruturais) mais comuns a essas atividades. Mas também há outras razões. Nessa abordagem reconheço a lógica, como Evans-Pritchard fez no caso dos Azande, de examinar as sociedades mais do ponto de vista do ator, e de considerar essas formas não como produtos fixos e em fórmulas, mas sim formas que refletem a criatividade do ser humano como um animal que usa a linguagem diante do mundo, sem ser livre da tradição, mas sem ser totalmente limitado por ela.

Não desejo afirmar que sou a única pessoa a adotar uma abordagem diferente. Há, aliás, um número de escritores que se concentraram na poética e na linguística e avaliaram as variantes, embora a meu ver essa abordagem não tenha ainda tido muito impacto, sobretudo na natureza das "mentalidades primitivas". Outros deram ênfase ao contexto social da narrativa e às relações dialógicas entre o narrador e o público, mas, naqueles primeiros dias antes do gravador de sons, a evidência para isso era relativamente frágil. É esse contexto e relações dialógicas que podem apresentar variantes que ocorrem não apenas dentro de uma "estrutura", mas que variam de algumas maneiras imprevisíveis. E nesse sentido elas são criativas.

A análise do mito e do ritual foi um dos temas principais da antropologia, desde Frazer e *The Golden Bough* (O ramo de ouro)[1] até Malinowski em seus escritos sobre os nativos das Ilhas Trobriand[2], incluindo Radcliffe-Brown no estudo dos nativos das Ilhas Andamã[3] e, sobretudo, Claude Lévi-Strauss em sua obra sobre totemismo e nos livros *The Savage Mind* e *Mythologiques*[4] (A mente selvagem e as séries mitológicas). Para esses e muitos autores (um pouco menos no caso de Malinowski), a análise dessas formas comportamentais foi um pedra de toque importante no pensamento antropológico, mas eles também caracterizaram a "mente primitiva" – por exemplo, na obra do filósofo Ernst Cassirer, sobre o pensamento mitopoético. Meu argumento é semelhante ao de Malinowski, que tentou mostrar que, nas pescarias, os nativos das Ilhas Trobriand distinguiam entre o técnico e o ritual, entre aquelas operações que exigiam a participação de poderes transcendentais e aquelas que não o faziam (embora presumivelmente todos pudessem se beneficiar, qualquer que fosse a fonte). A ação "racional" e a ação não racional estavam ambas presentes entre os "primitivos", assim como estão entre nós.

No entanto, os temas deste estudo não deixam de forma alguma de ter certas ambiguidades, sejam eles o mito ou o ritual (ou até a "oralidade"). Muitas pessoas têm ideias diferentes sobre o que essas atividades são. Na opinião de alguns, o "mito" consistia de um recital específico, como no caso do Bagre dos LoDagaa. Nesse uso o termo se refere a uma recitação específica de um longo relato do começo das coisas (mito 1). Como mostra nosso trabalho, podem haver variantes surpreendentes de acordo com o momento e o orador, e isso ocorre até mesmo no caso de características da aparência básica, algo que é altamente significativo para o estudo de mitologias – nunca são tão estabelecidas como uma única versão sugeriria. Aqui a importância de um gravador portátil entra em cena porque ele permite que o pesquisador registre (e depois escreva e compare) inúmeras recitações e analise as variantes. Esse problema é complicado. Sim, todas as variações são feitas dentro de uma "moldura comum". Mas o que significa isso? Quando gravei o Bagre pela primeira vez, estava convencido (porque os LoDagaa tinham me dito) que as recitações eram "uma única" (*boyen*), ou seja, a mesma. E o eram para os LoDagaa. Todas eram recitadas na mesma situação ritual. Mas até mesmo a invocação inicial que era memorizada variava, e as próprias recitações diferiam não só em detalhe, mas em toda a sua aparência e em sua visão de mundo. Será então que elas estariam dentro de "uma moldura comum"? Eu argumentaria que não. Outros podem discordar. Mas mudanças em uma recitação podem ser muito radicais, de uma forma generativa, levando a alguma "outra" coisa. O ora-

---

1. Frazer, 1890.
2. Malinowski, 1922.
3. Radcliffe-Brown, 1952.
4. Lévi-Strauss, 1964, 1966 e 1969.

dor não retorna à disciplina de um texto escrito: ele prossegue como uma corrente; a última versão é sempre o ponto de partida. Ver esse processo como nada mais que transformações dentro de uma moldura me parece subestimar sua abrangência, ou então compreender tudo aquilo como se estivesse dentro de uma fórmula do tipo "rapaz conhece moça", como creio que Propp faz com os contos populares[5], deixando assim de reconhecer a criatividade das culturas orais. Variações nas recitações orais podem ser reconhecidas pelos antropólogos, embora modelos dominantes preferissem restringir essas variações, considerando-as como "variações dentro de uma moldura". Meu argumento, por outro lado, é que nunca podemos saber aonde essas variações podem levar até que as gravemos e as examinemos, mesmo que estejam nas mãos de um especialista em rituais, um xamã ou até mesmo um rememorador. De qualquer forma, sempre temos de perguntar: Qual seria o propósito de lembrar exatamente, de negar a criatividade, que é uma habilidade que vem "naturalmente" com o uso das palavras às mentes que usam a linguagem?

Outros também veem o mito como uma "mitologia" (mito 2) que inclui ideias sobre o ser humano e o sobrenatural emanando de uma pluralidade de fontes, ideias essencialmente reunidas por um indivíduo, normalmente um forasteiro. Para um estruturalista como Lévi-Strauss, é todo o corpo da mitologia que constitui uma unidade para análise, um corpo que é construído a partir de fontes múltiplas; refiro-me a isso como mitologia, a mitologia dos Nambikwara ou dos LoDagaa que, como indiquei, pode ser mais complexa e variável que a noção do "presente etnográfico" sugere, pois essa noção depende da aceitação de um passado imutável.

O próprio Lévi-Strauss vai mais além e questiona o *status* do mito (2) de sociedades diferentes, embora isso não se refira primordialmente à recitação, mas sim a uma visão transcendental do mundo. A mitologia dos Nambikwara forma parte da mitologia de seus vizinhos e vice-versa em uma série infinita de transformações que não têm, para eles, "qualquer ponto de partida inicial". Uma "transformação" implica uma "forma" comum, mas que deve estar no olhar do observador, não no sistema de coordenadas do "ator". Portanto, a "mitologia dos Nambikwara" seria uma "entidade ilusória". No entanto, ela realmente constituiu um tipo de entidade por ter sido coletada de um grupo específico. E, como já comentei, é algo muito diferente do mito (1)[6] uma verdadeira recitação como a *Ilíada*. Com o passar do tempo e até certo ponto, Lévi-Strauss se transferiu da análise de um mito particular em seu contexto social ou transcendental para a transformação através de continentes[7]. Obviamente as variações ocorrem, mas estão sempre dentro de um arcabouço cuja existência eu questiono, visto que essas "estruturas" são uma entidade ilusória.

---

5. Propp, 1968.
6. Correspondência pessoal com Stephen Hugh-Jones.
7. Agradeço a Stephen Hugh-Jones por essa observação.

Já me indicaram que o "mito" pode variar em uma escala continental, o mito africano em contraste com o sul-americano, do qual trata Lévi-Strauss. Essa é certamente uma possibilidade, mas eu enfatizaria a diferença aqui entre mito e mitologia, além de observar que contos populares e "mitos" passaram de continente a continente, os contos de Ananse no primeiro exemplo e a história muçulmana e cristã no segundo. Há pontos de contato entre os dois e há alguns conceitos e explicações quase universais (vindos da Europa) que o próprio Lévi-Strauss tentou aprimorar, por exemplo, em relação aos totens. Há, é claro, riscos em comentar sobre o conceito de totemismo de um ponto de vista africano, mas há também algumas vantagens conceituais e, de qualquer forma, a tarefa é necessária se considerarmos a antropologia como um campo geral, como fizeram nossos predecessores – ao mesmo tempo reconhecendo o papel do "saber local".

Outras pessoas se referem a uma história específica, em uma de suas versões ou em todas elas, como um mito (mito 3). Um exemplo desse uso é a história de Édipo, para a qual há claramente mais de uma abordagem. A primeira analisa uma versão escrita sobre um personagem específico, como aparece, digamos, em um texto grego (ou possivelmente de uma pluralidade de textos, como Robert Graves faz). Uma segunda é fazer como Jacobs faz, examinar a maneira como uma história específica se desenvolveu com o passar das eras, que é a base para seu estudo *On Matricide* (Sobre o matricídio)[8]. Depois há a abordagem mais cultural (em um sentido diferente) de Dumézil ao mito indo-europeu[9], uma área em que Lévi-Strauss também se movimenta em seu *Mythologiques*, considerando todas as versões de uma "área de cultura" como sendo, em algum sentido, variantes umas das outras. Mas essa investigação também está baseada na "abordagem estrutural" ao mito (mito 2) como compreendido por Lévi-Strauss. O que Jacobs adota dele é a compreensão de que mitos revelam as "estruturas inconscientes 'universais' subjacentes", isto é, as estruturas das "'regras' ou 'leis' subjacentes"[10]; um estudo de um corpo de mitos irá mostrar estruturas universais. No entanto, a visão do matricídio como uma característica quase universal é questionável, tanto no caso dos mitos como no caso da "realidade". Se tomada literalmente, a prática parece um desenvolvimento bastante distinto, relacionado com tensões intergeracionais na família. Como tal, ele irá aparecer tanto em sociedades patrilineares quanto em sociedades matrilineares; realmente, em alguns aspectos elas se parecem. A herança de bens "masculinos" e a sucessão à posição "masculina" pode passar através das mulheres, mas vai para os homens nos dois casos; aliás, a maioria dos estudos sobre sociedades matrilineares, por exemplo, pelos antropólogos dos anos 1930 que eram alunos de Malinowski (isto é, Richards e Fortes), mos-

---

8. Jacobs, 2007.
9. Dumézil, 1990 [1940].
10. Jacobs 2007:17.

traram que elas eram caracterizadas pela autoridade masculina. No entanto, como o Mito do Bagre traz à tona tão bem em um nível mais explícito, na maioria das sociedades (inclusive, é claro, nas sociedades bilaterais) a autoridade e a responsabilidade em um nível doméstico são normalmente compartilhadas entre o homem e a mulher; os dois pais sofrem a ira de seus filhos e, em uma versão, o filho atira na mãe com uma flecha. A abordagem binária de Lévi-Strauss que veria esses relacionamentos como alternativas é inapropriada: os laços "familiares" dos filhos com ambos, o pai e a mãe, existem em todos os tipos de sociedade, embora possam variar em intensidade.

Jacobs, no entanto, prefere uma abordagem estruturalista que enfatize o "dualismo hierárquico" e o elemento "inconsciente" no mito e que a leva a chamar a atenção para o fato de Métis não aparecer, mas ainda assim ser importante na história de Orestes. Embora Atena diga bem cedo em *Euménides* "não nasci de nenhuma mãe", Jacobs coloca Métis como mãe de Atena, uma mulher que foi estuprada (e engolida) por Zeus. Se a introdução do inconsciente pode nos permitir esse grau de engenhosidade na análise do mito, onde é que ela termina?

O segundo tipo de estudo envolve a análise de uma "mitologia" completa, como defendeu Lévi-Strauss. Se aceitarmos os resultados de nosso estudo do Bagre, há obviamente um problema aqui, já que as versões variam tanto e de uma maneira fundamental. Como devemos escolher? A análise estrutural nas linhas de Lévi-Strauss é difícil porque nunca podemos conhecer todo o universo do discurso, as dimensões dos mitos futuro e passado. Por outro lado, podemos mais facilmente levar a cabo um estudo de mitos do passado (escrito, textualizado) porque a escrita produz um limite para aquilo que estamos examinando; não há limite algum para o Bagre como desempenho oral porque ele está sendo recitado de maneira distinta constantemente de tal forma que, quando ele é escrito, estamos sempre examinando uma amostra arbitrária. Mas se isso é assim no caso do Bagre, deve também ser verdade em relação ao caso grego; o que temos é apenas uma seleção arbitrária que em um determinado momento foi escrita, deixando uma pletora de versões potenciais "no ar" que foram apresentadas, mas não registradas. Ouvir uma gravação também pode produzir uma variedade de resultados escritos, como podemos ver no caso das gravações de Braimah, e como eu próprio as conheço muito bem por ter examinado minuciosamente os registros do Bagre durante dias seguidos com meu amigo Kum (os originais estão guardados na biblioteca do St. John's College, Cambridge). É essencial levar em conta o contexto em que as versões escritas do mito "oral" foram produzidas.

Com referência ao mito 3, podemos selecionar Édipo em vez de Prometeu como o mito-chave, como faz Jacobs, mas a seleção é nossa, dependendo de nosso ambiente social específico três mil anos mais tarde, quando a Antiguidade deu lugar ao feudalismo e depois ao "capitalismo". Já não estamos analisando um mito puramente grego, mas um mito que foi despido, desnudado de seus componentes temporais específicos e apresentado, nesse seu estado reduzido, como sendo quase universal. Portanto, Jacobs realiza um exame dos mitos gregos (supostamente orais) como tratados em uma tradição escrita e comenta sobre a "recepção cultural do mito no presente" e não sobre o que o original pode ter significado para seu público. O mito está sendo usado para teorizar uma suposta lei cultural subjacente que está relacionada com o simbólico em um sentido pós-lacaniano; o objetivo é classificar as "estruturas inconscientes 'universais' subjacentes". O simbólico aqui é "a ordem do sentido à qual todos os seres humanos são submetidos se forem fazer parte do mundo social"[11]. O simbólico é estruturado "através de um dualismo hierárquico". Mas o que são essas estruturas subjacentes? Em seu caso, Jacobs quer fazer mais do que analisar: ela quer mudar a ordem das coisas, para que o reconhecimento do matricídio seja uma tentativa de redescobrir uma nova ordem (feminista). Em outras palavras, o próprio mito registra o *desideratum*, aquilo que nós queremos, não simplesmente aquilo que ele é.

A meu ver essa forma de análise criptológica está errada. Não posso concordar que os mitos são um mistério para o recitador que os compreende apenas inconscientemente, que representam "um código" e desconsideram "o sujeito pensante completamente"[12], mas que revelam "formulações mentais universais"[13]. Essa posição leva esse autor específico a falar de mito como "uma forma de delírio"[14], "delírio cultural" e como equivalente a um sonho, a um "sonho cultural". Mas o mito não é assim tão peculiar simplesmente porque é oral. Ele não lança uma luz específica no inconsciente, como fazem os sonhos individuais; ao contrário, deve ser comparado a outras formas de "literatura", ao ato consciente de criação e às produções imaginativas – ainda que de um tipo "tradicional". Aqueles que creem no mito não estão mais "delirantes" que aqueles que acham que a perda da graça celestial por parte do homem foi resultado da mordida na maçã, ou que o mundo foi criado "magicamente" em sete dias.

Terceiro, voltamos ao estudo de uma recitação particular (mito 1) no qual uma vez mais temos de confrontar a questão de uma pluralidade de versões. Podemos chamar isso de o estudo do "mito contemporâneo", visto que é o que está sendo recitado agora em relação à situação atual, não uma ressurreição de um conto anterior, como no caso de Édipo, nem de uma totalidade nebulosa. O "mito contemporâneo" deve claramente ser interpretado em relação à sociedade da qual ele vem. Não podemos imaginar qualquer outra solução para uma análise do Bagre. No entanto, olhar novamente para um "mito" escrito apresenta problemas diferentes, especialmente nos casos em que se diz que os elementos persistem com o passar do tempo, como com Édipo (isto é, uma história específica em vez de uma recitação específica). É possível que haja algum elemento assim persistente no Bagre, tal como o conflito entre pai e filho,

---

11. Jacobs, 2007:18.
12. Ibid.: 16.
13. Ibid.: 17.
14. Ibid.: 19

que encapsula aspectos mais amplos das relações intergeracionais e que representa algumas facetas mais permanentes da condição humana. Isso pode bem ser verdade em relação à história de Édipo; certamente era verdade no caso de Freud, mas pode não ser universal naquela forma, como Malinowski afirma demonstrar. Pois a situação de Édipo é intergeracional, e, no entanto, relacionamentos hierárquicos e entre irmãos diferem significativamente em sociedades matrilineares, por exemplo. De qualquer forma, não aplicamos uma abordagem "estrutural" ao mito porque usamos apenas uma versão de um elemento na mitologia grega e não interpretando aquele elemento em um contexto mais amplo[15], como propôs Lévi-Strauss. Isso é o que fazemos quando selecionamos um conto de um conjunto de textos escritos e decidimos que esse conto é um elemento básico. Ele pode personificar um aspecto contínuo de alguma parte da vida humana, como no caso da história de Édipo, mas não podemos ter certeza disso até que o tempo tenha passado e possamos ver o que permanece. Todavia, no caso de Édipo podemos igualmente considerar a história não como um mito, mas sim como um aspecto da História (parcialmente oral, na verdade) e comparável, de um modo geral, ao Príncipe Harry tirando a coroa da testa de seu pai moribundo. Essa história também tem poucos elementos sobrenaturais e serve como exemplo de uma situação geral.

Há outra contribuição para essa discussão com a qual já lidei de uma maneira bastante detalhada em outros textos, mas agora o faço de uma forma mais restrita: é sobre os efeitos do advento da capacidade de ler e escrever para a comunicação desse tipo. Isso constitui o tema dos capítulos 8 e 9, nos quais me voltei para o problema de narração, que algumas pessoas consideram como sendo característico de culturas antigas (orais) e algumas outras como um aspecto do discurso humano de uma maneira mais geral. Fiquei menos impressionado em sociedades orais com o aspecto da narrativa, tanto imaginativa quanto pessoal, pelo menos no sentido de um relato sequencial da experiência de nossa própria vida e da vida de outra pessoa, atividades que a meu ver parecem ser fomentadas pela palavra escrita. Em culturas orais, as ocasiões para essas atividades são limitadas e vivenciei a narração imaginativa de histórias principalmente para crianças, certamente como uma distração, e não como um dado primordialmente relevante para "a vida real" (embora, é claro, ela possa ter tido alguma "verdade" subjacente). O mito é muito diferente, pois ele tem em geral um papel fortemente religioso e até explicativo, e não é recitado "em forma bruta" ao redor de uma fogueira ao ar livre, e sim para adultos e em um contexto ritual especial.

Uma possibilidade com contos populares, como meu interlocutor me lembra, é a diferença entre o tipo de interpretação feito por crianças e aquele feito por adultos. Por certo uma compreensão literal (de uma criança) da história sobre nossa perda de imortalidade para a lua é diferente da compreensão de um adulto, mas creio que po-

---

15. Ibid.: 16.

demos concluir com confiança que na Europa, na África e em tantas outras partes o público primordial é infantil. Hugh-Jones vê um problema na distinção entre contos populares e mitos no caso da América do Sul porque a mesma história aparece em contextos diferentes e essa é uma característica que devemos ter em mente também em outros lugares[16].

Se não estivermos examinando um "mito" particular, ou até mesmo uma coleção específica, podemos nos deparar com todos os tipos de dificuldade. Muitas histórias sobre os deuses, ou de caráter sobrenatural, variam entre si (a partir do processo de invenção, esquecimento e a produção de variantes que, como demonstrei, existe entre os LoDagaa). Agregar essas várias versões pode ser muito difícil; nas várias versões do Bagre, histórias que se referem ao começo das coisas, podem refletir não uma única visão do mundo e sim visões conflitantes, dependendo do indivíduo responsável. Cada versão precisa ser examinada separadamente, mesmo dentro de uma mesma cultura, já que a chamada visão de mundo é mais diferenciada do que a maioria dos antropólogos – com sua visão de um "presente etnográfico" com uma única cadeia – pode imaginar.

Nestes capítulos tentei reunir as observações que fiz em uma série de ensaios anteriores, modificados segundo a ocasião, sobre o tema do mito e do ritual, e sobre a atividade oral "literária" e como essa foi afetada pelo modo escrito. Começo com um ensaio antigo que define conceitos tradicionais de religião e ritual, que não está diretamente relacionado com "literatura", mas tenta examinar o problema de deixar de lado uma categoria especial de atividade ritual. Ele examina algumas afirmações clássicas sobre a questão e oferece algum tipo de reconciliação. Os capítulos subsequentes têm como núcleo tipos de "literatura" oral (ou melhor, formas orais padronizadas) e sua transição para a escrita, porque é nesse processo que acredito que a questão original de "mito" se encontra, o lugar que ele ocupava na Grécia Antiga.

Em um texto muito anterior, Watt e eu escrevemos sobre a versão grega dos mitos em uma antiga sociedade letrada como histórias dos homens antigos (*mythos*) que seriam diferentes da história mais moderna, característica de uma cultura escrita em que se pode olhar para trás de uma forma diferente[17]. Mitos então referem-se a contos nos quais já não podemos acreditar, que já não são mais aceitos como estando em harmonia com a visão contemporânea, especialmente em referência à imoralidade dos deuses. Ao voltar para essas histórias, estamos falando de contos dos velhos tempos, que não têm qualquer *status* específico em relação ao momento atual, exceto, como já observei, que alguns deles lidam com aspectos da vida social que persistem em uma variedade de contextos culturais. Mas pensar sobre isso em termos de um inconsciente contínuo, como o inconsciente coletivo, é um erro; eles não podem ser

---

16. Correspondência pessoal com Hugh-Jones.
17. Goody, 2009.

tratados como produtos de um inconsciente individual, pois não há janela alguma para o inconsciente, nenhum vislumbre do inconsciente a partir do erro, como Freud extraordinariamente demonstrou em *The Psychopathology of Everyday Life* (A psicopatologia da vida cotidiana), não pode haver nenhuma psicopatologia coletiva, nenhum *lapsus linguae* em massa, e na verdade não muita visão geral através de sonhos individuais (embora alguma possa ocorrer). De qualquer forma, como vemos aquele inconsciente coletivo sendo transmitido através das eras? Somente da maneira que Lévi-Strauss vê outros aspectos de *l'esprit humain* sendo reproduzido, por uma espécie de partenogênese cultural. Nesse nível nada (ou tudo) funciona.

No entanto, continuando no amplo trabalho sobre os Bagre dos LoDagaa do norte de Gana, que realizei em cooperação com meu colega durante um período de muitos anos, impressionei-me não pela continuidade com o passar do tempo de longas recitações sobre o mundo transcendental, mas, ao contrário, por sua capacidade de mudar, não tanto de acordo com a estrutura social de um modo geral (seja como for definida), mas com um uso mais livre e independente da imaginação criativa. Isto é modificar tanto a análise "funcional" quanto a análise "estrutural" do mito (pelo menos em uma versão principal, como com *Asdiwal*. É claro, a variação ocorre dentro de um contexto, mas é um contexto muito mais amplo do que aquele sugerido por essas abordagens e se volta para a composição da literatura escrita e não a recitação inflexível da mesma entidade em cuja existência acreditam aqueles que registraram apenas uma versão; isso é visto então no contexto de uma "mentalidade primitiva" estática. Pelo contrário, eles mostram sinais de considerar o problema relacionado com o sobrenatural de uma maneira não muito diferente da nossa, a contribuição de Deus por comparação àquela dos "seres do mundo", do que pode ser considerado "evolução" em oposição a "criacionismo", em uma maneira mais simples e menos reflexiva que a que foi desenvolvida no discurso filosófico escrito posteriormente, porém mais ou menos presente embrionicamente. Esses são relatos concorrentes, mantidos contemporaneamente e não sequencialmente, o resultado da criatividade flexível de algumas e não de todas as culturas orais em comparação à fixidez relativa do transcendantalismo escrito em que "a Palavra de Deus" é singular e repetitiva. E só é vista quando o gravador de sons e o computador nos oferecem a possibilidade de examinar múltiplas recitações. A interação entre tecnologia e análise é um aspecto-chave de meu estudo da variação em partes das culturas orais exatamente como a escrita foi nas culturas letradas.

O mito nesse primeiro sentido está localizado, é produto de um ambiente intelectual específico. Isso não é nada semelhante a outras formas orais com as quais ele é normalmente agrupado, por exemplo, os contos populares. Argumentei que esses contos envolvem um público muito diferente, tanto em sociedades orais quanto em sociedades letradas em que eles continuam a ser recitados – mas principalmente para públicos juvenis, para diversão, e não para serem considerados com o mesmo nível de seriedade. Consequentemente, considero que os esforços a fim de usar esses contos para definir "mentalidades" adultas, mesmo como *disjecta membra* de mitos, estão errados, tanto nas culturas orais quanto nas letradas. Há mais uma razão. As histórias são curtas, facilmente memorizadas, e transmitidas de sociedade a sociedade sem muita alteração. São, em outras palavras, internacionais se comparadas ao mito localizado. Elas reagem menos, portanto, à variação na estrutura social, e é por isso que especialistas em folclore puderam identificá-las em áreas amplas e porque me foi possível demonstrar que elas reagem minimamente às diferenças, por exemplo, entre a estrutura social dos LoDagaa e a estrutura social dos Gonja (cf. o Apêndice). Essa internacionalização tem a ver com a transmissão de tais contos através de fronteiras pelos próprios membros dessas sociedades, assim como – não tanto por menestréis ambulantes – por aqueles poucos especialistas que vão de uma aldeia a outra, ainda que apenas para se manter com cerveja e mingau, mas também esperando ter algum lucro, como no caso do tocador de tambor profissional nas cortes dos chefes onde seu público é frequentemente mais localizado, embora possamos ter exemplos daqueles que vão de um campo a outro.

Diferenciei mito, lenda e contos populares por várias razões, mas especialmente no contexto do recital. Gilbert Lewis indica que, na Nova Guiné, senhoras idosas podem recitar todas as três variedades para as crianças (e para outros)[18], mas nessas circunstâncias eu consideraria os três como sendo contos populares; os termos podem se misturar em contextos diferentes.

Isso, então, é o que ofereço como contribuição para o estudo da "literatura" oral, ao estudo do mito, enfatizando o fator imaginativo, a "criação" individual, a variabilidade, e, portanto, a dificuldade fundamental de análise, nas linhas de Malinowski ou Lévi-Strauss, psicológicas ou sociológicas, que dependem da noção de uma forma única, estabelecida, ou até mesmo de uma que varia entre certos parâmetros limitados. Uma forma e um contexto relativamente fixos realmente existem nos contos populares (e em outros produtos orais breves) que podem ser facilmente memorizados e transmitidos não só interna, mas também externamente. Mas eles têm um público diferente, sobretudo juvenil, e a intenção é divertir, embora também sejam informativos. Como tais, são transmitidos por contadores de histórias e não por especialistas em rituais.

---

18. Lewis, 2000.

1
Religião e ritual de Tylor até Parsons: o problema da definição

Este capítulo representa uma primeira tentativa de solucionar o problema que circunda o uso dos termos ritual e religião. Tentei fazer o mesmo com o termo mito, em um artigo que escrevi com Ian Watt. Ambos são, na verdade, um texto preliminar às minhas análises específicas do material etnográfico. Achei que o uso posterior não tinha solucionado os primeiros problemas e que dependíamos de uma visão "racionalista", apesar dos esforços para evitar que isso ocorresse.

Para começar quero explorar o problema que a categorização de atos e crenças como religiosos, ou rituais, ou mágico-religiosos envolve, com o objetivo não só de abrir caminho para o tratamento subsequente de meus próprios dados empíricos (principalmente relacionados com os LoDagaa e os Gonja do norte de Gana), mas também de esclarecer certos aspectos da análise dos sistemas sociais de um modo geral.

Para alguns autores uma investigação desse tipo pareceu ser uma tarefa inútil. No começo de *Themis: A Study of the Social Origins of Greek Religion* (Themis: Um estudo das origens sociais da religião grega) – um livro que, como seu subtítulo sugere, deve muito à obra do sociólogo francês Durkheim, bem como aos antropólogos ingleses –, a especialista em línguas clássicas Jane Harrison comenta sobre a abordagem errônea daqueles pesquisadores que começam com um termo geral *religião*, do qual têm uma ideia preconcebida, e depois tentam encaixar nele quaisquer fatos que surjam. Em vez disso, ela não propõe qualquer definição inicial, mas observa que "iremos coletar os fatos que são reconhecidamente religiosos e ver de que atividades humanas eles parecem ter se originado"[1]. É ainda mais tentador para aquele que investiga sociedades mais distantes de nossa própria tradição do que a Grécia Antiga adotar uma abordagem semelhante e silenciosamente fazer vista grossa aos problemas de definição. Os riscos, no entanto, são maiores que as vantagens.

Ao recusar definir sua área de discurso, Harrison estava longe de evitar o problema que percebeu; simplesmente se refugiou em um juízo implícito – e não em um juízo explícito – daquilo que constitui o "reconhecidamente religioso". Nem é preciso dizer que essas decisões ocultas podem influenciar a investigação de eventos específi-

---

1. Harrison, 1912: 29.

cos. Deveria ser possível examinar os funerais e as apresentações do Bagre dos LoDagaa sem levantar as questões mais amplas se não fosse pelo fato de a análise dos dados específicos depender, pelo menos até certo ponto, da posição geral que o investigador adota em relação a eles. Além disso, as dificuldades que surgem de uma incapacidade de delimitar adequadamente nosso universo de discurso tornam-se muito mais complexas quando estamos lidando com estudos comparativos. Com essas questões em mente, portanto, tentarei rever algumas das discussões gerais relacionadas ao exame daquilo que – de várias formas diferentes e de uma maneira um tanto indiscriminada – foi descrito como fenômenos rituais, cerimoniais ou religiosos.

Ao tentar esclarecer esses conceitos com objetivos sociológicos não estou tentando chegar ao significado básico transmitido pelo termo inglês *religion*. Não que sejamos indiferentes àquilo que Bohannan chamou de categorias populares das sociedades europeias[2]. Elas formam o ponto de partida inevitável a partir do qual desenvolvemos nossos conceitos analíticos. Mas normalmente elas próprias não podem servir como pontos de partida. Em todos os ramos da ciência social comparativa esse processo de definir categorias adequadas deu origem a problemas controversos de considerável magnitude, como mostra a discussão que surgiu sobre a natureza da família ou das instituições jurídicas, políticas e econômicas. E o progresso dos estudos de sistemas de parentesco, para citar um exemplo, dependeu até um ponto bastante significativo da capacidade de distinguir entre as várias conotações do conceito inglês contemporâneo de "família" à luz de investigações em outras sociedades e, a seguir, de dar significados técnicos mais restritos para essa e outras palavras quando elas são usadas para a análise comparativa. Os resultados dessas tentativas podem fazer com que os relatórios etnológicos fiquem ainda mais entediantes para o leitor comum. Embora isso seja algo a ser lamentado, só pode ser evitado em detrimento do desenvolvimento do estudo das instituições humanas.

Nessa análise das várias abordagens à definição dos fenômenos religiosos e rituais, começarei com as contribuições, no século XIX, do antropólogo E.B. Tylor e de outros que acompanharam a mesma direção geral de interesses. A seguir examinarei as ideias de Durkheim, do antropólogo polonês Bronislaw Malinowski e de alguns escritores posteriores, especialmente o sociólogo norte-americano Talcott Parsons. A maneira perspicaz com a qual esse último tratou as questões principais servirá como um fio que nos guiará através de todo o argumento. Mas embora sua discussão seja extremamente útil, ele chega a uma posição, mantida também por um número de autores anteriores nessa área que, a meu ver, dá muita importância à utilidade da distinção entre o sacro e o profano, uma dicotomia ilusoriamente simples cujo efeito desvia nossa atenção do desenvolvimento de uma sociologia comparativa das instituições mágico-religiosas. Mas, antes de elaborar essa afirmação, vamos voltar ao começo.

---

2. Bohannan, 1957.

Quando Tylor escreveu sobre o culto dos mortos como sendo central para o desenvolvimento da religião, o significado é claro porque ele propõe uma definição mínima de religião: a crença em seres espirituais, ou seja, o animismo. Essa formulação foi criticada a partir de duas direções principais. Em primeiro lugar, registros antigos das crenças de povos que desconheciam a escrita descreviam conceitos pertencentes a forças místicas de um tipo não personalizado; típicos entre elas são o *mana* da Melanésia e o *wakan* dos Dakotas. O antropólogo R.R. Martett indicou as semelhanças entre essas ideias, às quais ele se referia como animatismo, e as crenças animistas utilizadas por Tylor como a *differentia* da religião. Embora Marett considerasse tanto o animismo quanto o animatismo como não religiosos em si, considerando a adição de fatores emocionais como críticos nesse aspecto, sua contribuição teve o efeito de borrar a distinção anterior entre magia e religião e levou à adoção de termos conciliatórios tais como ritual, sagrado, não lógico ou até mágico-religioso para designar o domínio anteriormente ocupado pelos elementos não científicos na divisão tripartida do mundo da crença utilizada pelos autores antigos em magia, religião e ciência.

Embora Marett trabalhasse basicamente a partir do mesmo ponto de partida que seus colegas Tylor e Frazer, a segunda objeção principal veio de uma direção radicalmente diferente. Aos aspectos gerais da tese de Durkheim voltarei mais tarde. Sua crítica específica da própria definição de Tylor está relacionada com a questão do budismo. Aqui, afirma ele, está um conjunto de práticas e crenças, normalmente considerado como uma das grandes religiões mundiais e, no entanto, descrito por uma autoridade como "uma interpretação ostensivamente materialista e ateísta do universo". Para incluir essa interpretação do budismo, alguma formulação alternativa tinha de ser arquitetada. Começando de um ponto de vista proposto pelo teólogo Robertson Smith, Durkheim desenvolveu a tese de que todos os povos reconheciam uma dicotomia radical do universo entre o sagrado e o profano. De acordo com essa proposição, ele ofereceu sua famosa definição de religião como "um sistema unificado de crenças e práticas relacionadas com coisas sagradas, isto é, coisas separadas e proibidas – crenças e práticas que unem em uma única comunidade moral chamada de Igreja todos aqueles que aderem a elas"[3].

Existiram outras tentativas de definir a esfera dos fenômenos religiosos por referência, por exemplo, a critérios emocionais tais como sentimentos de reverência. Mas esforços para isolar experiências religiosas especificamente dessa forma demonstraram ter muito pouco valor para investigadores em outras sociedades. Evans-Pritchard, por exemplo, escreveu: "Certamente não podemos falar de qualquer emoção religiosa específica para os Nuer"[4]. Em geral os que estão pragmaticamente interessados nessas questões estiveram inclinados a adotar a abordagem inclusiva proposta

---

3. Durkheim, 1947: 47.
4. Evans-Pritchard, 1956: 312.

por Durkheim ou a definição exclusiva oferecida por Tylor. Uma razão para isso é que certos aspectos das objeções de Marett receberam pouco apoio de escritores subsequentes, e não apenas em virtude de sua introdução de critérios emocionais. Malinowski, por exemplo, negou o relacionamento entre magia, por um lado, e crenças animistas do tipo *mana* pelo outro. Em defesa de seu argumento, ele cita um texto dakota que diz que "toda a vida é *wakan*" e contrasta esse "conceito metafísico tosco" com os atributos mais específicos da magia melanésia... "há pouco em comum entre os conceitos do tipo do *mana* e a virtude especial do feitiço e do rito mágicos"[5]. No entanto, outros autores aceitaram a percepção que Marett tem de um *continuum* de poderes pessoais e impessoais sobrenaturais, e, ao contrário dele, incluíram ambas as esferas no domínio do religioso. Segundo essa ideia, a definição mínima de Tylor teria de ser re-escrita para "uma crença em agências espirituais [ou sobrenaturais]".

A dificuldade principal aqui é distinguir entre o sobrenatural e o natural, ou entre as agências espirituais e não espirituais. Com "seres" sendo concebidos como entidades concretas do modelo humano, a distinção é passível de ser usada. Mas, ao lidar com agências não humanas e poderes místicos, é, em muitos casos, difícil dizer se os conceitos são mais semelhantes à força do físico ou ao *élan vital* bergsoniano. Ou, uma vez mais, o conceito pode abarcar tanto os polos de significado pragmático-científicos quanto os de significado filosófico-religiosos.

> *The force that through the green fuse drives the flower*
> *Drives my green age;*
> *That blasts the roots of trees*
> *Is my destroyer.*
> Dylan Thomas

> (A força que através do fuso verde impulsiona a flor
> impulsiona minha idade verde;
> que detona as raízes de árvores
> É minha destruidora.)

Um exemplo de um conceito assim não diferenciado é a noção de "medicina" dos LoDagaa, que têm um conceito semelhante em muitas outras sociedades africanas. O termo é usado tanto para expressar remédios europeus que tiveram um efeito empírico quanto para outras misturas, tais como poções do amor em que esse efeito não ocorreu; é aplicada também a muitos tipos diferentes de pó, inclusive à pólvora, assim como a raízes secas comidas pelos caçadores para permitir que atirem de uma forma exata e certeira.

Das duas definições principais de religião que observamos – a exclusiva e a inclusiva –, é essa última que tem uma circulação mais ampla, pois está implícita na tese de

---

5. Malinowski, 1954: 77-78.

Marett, foi proposta explicitamente por Durkheim e subsequentemente incorporada na obra de Radcliffe-Brown e de seus alunos, o que constituiu uma contribuição importante para o estudo comparativo de fenômenos religiosos. Outra fonte eficiente de difusão foram os escritos de Talcott Parsons, o qual utilizou essa definição como um ponto de referência básico em seu esquema analítico. Portanto, começarei por considerar as implicações de adotar o ponto de vista extensivo desenvolvido por Durkheim, dando uma atenção particular a suas implicações para o estudo das práticas e crenças associadas com a morte.

A própria definição de Durkheim contém dois elementos: a religião consiste de crenças e práticas relacionadas com o sagrado e que são distintas das coisas profanas. Mas, diz ele, o mesmo ocorre com a magia. Para distinguir entre essas duas esferas ele introduz um segundo critério; aqui ele depende de Robertson Smith, que tinha dito que a magia está para a religião como o individual para o social. A religião é pública e tem uma igreja, enquanto que o mágico tem apenas sua clientela, nunca uma congregação. O contraste entre o praticante individual com relações particularizadas com seus clientes, um médico primitivo trabalhando com sua "ciência bastarda" e o líder sacerdotal, o mestre de cerimônias, é um contraste de alguma importância na análise de muitos sistemas sociais. Mas a distinção entre esses papéis privados e públicos, embora relacionada com outras facetas da religião e da magia, oferece um foco menos que adequado para a definição de fenômenos religiosos. Aliás, em uma discussão excelente desse problema em relação ao material dos Murngin do norte da Austrália, Warner observa que a magia também tem sua igreja, no sentido de que os efeitos tanto da magia boa quanto da magia ruim dependem até um ponto considerável do compromisso dos clientes com uma crença na eficácia dos procedimentos que os mágicos utilizam[6]. Consequentemente, o mágico e sua clientela também constituem um certo tipo de comunidade moral, que, embora não tão explícita quanto em cerimoniais públicos, pode ser tanto morfológica quanto funcionalmente muito semelhante.

Quando Durkheim afirma que a magia não tem igreja, ele quer dizer que ela não une as pessoas da mesma maneira que as cerimônias religiosas o fazem; e ele vê o epítome dos procedimentos solidários na reunião *física* dos membros do grupo, isto é, em cerimônias de massa. É bem verdade que as reuniões desse tipo podem desempenhar e realmente desempenham uma parte importante na reafirmação de algumas das instituições centrais de uma sociedade; isso é o que ocorre com os serviços de coroação, com os desfiles do Exército Vermelho ou com as comemorações do dia 14 de julho na França. No entanto, ao fazer disso a característica diferenciadora da ação religiosa, Durkheim tende a cair no mesmo erro que confunde seu tratamento anterior do problema do indivíduo e da sociedade. Inicialmente pelo menos ele parece confundir dois tipos de distinção, por um lado aquela entre a sociedade como uma coleti-

---

6. Warner, 1937, cap. 8.

vidade de seres humanos e o indivíduo como uma única entidade humana, e por outro aquela entre a sociedade como o elemento social dentro da personalidade humana e o indivíduo como o elemento orgânico ou instintual. Eventualmente, ele escolhe a última distinção[7], mas não antes de ter plantado as sementes da confusão para futuros leitores. Ao definir os fenômenos religiosos, ele se concentra uma vez mais no fato de o grupo se reunir, ou, como alguns antropólogos sociais usariam o termo, em suas características corporativas[8]. Em um determinado momento ele comenta que a *razão* pela qual o grupo se reúne é relativamente sem importância se comparada ao fato da reunião em si.

Mas uma coisa é enfatizar a importância de grupos que se reúnem (*convene*, em inglês). Os dois significados de convenção (*convention*), uma assembleia e um costume ou tradição, não são acidentais. E é outra igualar esses grupos com as "comunidades morais", como o próprio Durkheim às vezes faz; uma congregação pode ser menos "solidária" e, portanto, menos "moral" por ser dispersa, mas como os comentários de Warner demonstram, a existência de normas comuns, que por certo é a única interpretação possível para a frase "comunidade moral", não necessariamente depende da existência de assembleias gerais. Presumir tal coisa é cair no mesmo erro que Durkheim comete em sua referência a Robertson Smith[9], ou seja, o erro de confundir o público e o social. Embora em qualquer sociedade específica possa haver uma grande rotatividade de procedimentos mágicos – e aliás a combinação de um fim empírico e de meios não empíricos faz com que isso seja até certo ponto inevitável –, a magia não é menos um fenômeno social, no sentido restrito, do que a religião. A feitiçaria, por exemplo, depende para seus efeitos de um certo grau de consenso, da aceitação de um conjunto de normas sociais por uma proporção significativa dos mem-

---

7. "[...] man is double. There are two beings in him: an individual being which has its foundation in the organism [...] and a social being which represents the highest reality in the intellectual and moral order that we can know by observation – I mean society" (DURKHEIM, 1947: 16) ([...] o homem é duplo. Há dois seres nele: um ser individual que tem sua base no organismo [...] e um ser social que representa a mais alta realidade na ordem intelectual e moral que nós podemos conhecer pela observação – quero dizer, a sociedade).

8. Nem Maine nem Weber introduzem o critério de reunião como um prerrequisito de um grupo corporativo. Tampouco Radcliffe-Brown o faz em seu ensaio de 1935 sobre "Sucessão patrilinear e matrilinear" (reimpresso em Radcliffe-Brown 1952). Mas posteriormente ele parece considerar isso como uma característica essencial (1950: 41). A influência de Durkheim é evidente aqui. Acho que esse uso pode levar a possíveis confusões e prefiro falar de grupos corporativos no sentido anterior de Radcliffe-Brown, ou seja, no sentido jurídico de ter uma propriedade. É importante também às vezes distinguir grupos em que os membros se reúnem para vários objetivos: a esses eu me refiro como "grupos em reunião ou convenção". A palavra *Verband* de Weber também foi traduzida como "grupo corporativo", mas ele está se referindo aos casos em que a "ordem é feita cumprir pela ação de indivíduos específicos cuja função regular é essa, de um chefe ou 'cabeça' (*Leiter*) e normalmente também um pessoal administrativo" (1947: 145-146). Esses são grupos com um sistema de autoridade hierárquico que converge sobre um indivíduo ou alguns deles; refiro-me a eles como "grupos piramidais" de acordo com o uso de Fortes e Evans-Pritchard (1940: 1-23).

9. Durkheim, 1947: 45, n. ii.

bros de uma sociedade. Embora em um sentido ela possa ser "antissocial", em outro ela é extremamente "social", pois a persistência da crença na concretização dos fins pragmáticos por meios não empíricos depende inteiramente de fatores não ambientais; não há qualquer reforço direto no mundo externo, extra-humano.

A tendência a incorporar o critério de interação simultânea face a face no conceito de grupos sociais em geral e de grupos religiosos em particular gera certas dificuldades inevitáveis, que o próprio Durkheim parcialmente previu. Ele teve de dar uma consideração especial à posição das crenças em um destino pessoal, aos cultos dos espíritos guardiães e a outras formas do "sobrenaturalismo" que não se reúnem. Seu tratamento dessas formas não é completamente feliz, e, consequentemente, especialistas na religião dos índios americanos tais como Radin, Lowie e Goldenweiser foram levados a subestimar sua contribuição total para o estudo da religião. Em reação à sua formulação do problema, eles seguiram Marett ao tentar estabelecer vários critérios emocionais dos fenômenos religiosos, um procedimento que pesquisadores subsequentes acharam de pouco valor. O que Durkheim fez foi admitir esses cultos "privados" como fenômenos religiosos verdadeiros, mas apenas conectando-os a algum sistema religioso mais inclusivo. Por isso os cultos individuais são considerados unicamente no contexto do culto coletivo ou da Igreja, e, quanto à Igreja, ele normalmente a considerava não apenas como os membros de uma fé, a congregação, mas sim como um grupo que se reunia em um lugar, a congregação fisicamente unida em um corpo. Embora essas relações de grande escala face a face sejam de muita importância, especialmente no concernente à efervescência que Durkheim associava às atividades religiosas, elas nem são o único tipo de relacionamento social que produz esse tipo de solidariedade, nem podem ser satisfatoriamente identificadas com atividades religiosas propriamente ditas, ou com procedimentos sagrados em geral. Na verdade, aquilo a que Durkheim se refere na maior parte de sua análise em *As formas elementares da vida religiosa* pode ser chamado mais precisamente de *cerimonial*. Com relativa frequência ele atribui à religião as funções e propriedades que poderiam mais apropriadamente ser atribuídas a um fenômeno de generalidade muito maior, *o cerimonial de massa*.

Até aqui venho considerando a adequação dos critérios que Durkheim utilizou para distinguir a religião da magia, ou seja, sua associação com uma Igreja no sentido de uma comunidade moral. Agora gostaria de examinar a maneira pela qual ele tentou diferenciar toda a esfera de atos e crenças mágico-religiosos por referência à dicotomia entre o sacro e o profano. Essa esfera é aquela a que Radcliffe-Brown se refere como "ritual"[10], um termo sobre o qual é necessário oferecer um comentário explicativo. Geralmente o termo foi usado para referir-se ao componente da ação dos fenômenos mágico-religiosos em comparação ao componente da crença desses mesmos fenômenos. Mas a palavra também é usada para tentar evitar a distinção feita por au-

---

10. Radcliffe-Brown, 1952.

tores mais antigos entre magia e religião. Vimos que para Durkheim ritos religiosos são obrigatórios em uma sociedade religiosa de uma Igreja, enquanto que ritos mágicos são opcionais. Falhar na observância do primeiro é um pecado, enquanto que deixar de fazer os ritos mágicos é apenas arriscar ter má sorte. Segundo Malinowski, um rito mágico tem um propósito prático específico que é conhecido a todos que o praticam e que pode ser facilmente investigado a partir de qualquer informante nativo, enquanto que um rito é religioso se é simplesmente expressivo e não tem qualquer objetivo particular, sendo não um meio para um fim, mas um fim em si mesmo. Essa é a base da classificação de rituais de Parsons como "religiosos na medida em que a meta procurada não é empírica, e mágicos, na medida em que essa meta é empírica"[11].

Embora sem negar o interesse teórico possível dessas e de outras diferenciações entre atividades mágicas e religiosas, em seu texto sobre "Tabu"[12] Radcliffe-Brown tenta evitar as ambiguidades envolvidas quando se emprega o termo "ritual" para cobrir fenômenos mágico-religiosos de um modo geral[13]. Ele fala, então, de "valores rituais" além de ações rituais.

É todo o compasso de atividades rituais ou mágico-religiosas que Durkheim associa ao sagrado em oposição ao profano, uma dicotomia que ele descreve da seguinte maneira: "Todas as crenças religiosas conhecidas, sejam simples ou complexas, apresentam uma característica comum: elas pressupõem uma classificação de todas as coisas, reais e ideais, sobre as quais os homens pensam, em duas classes ou grupos opostos, geralmente designados por dois termos distintos que são bastante bem traduzidos pelas palavras *profano* e *sagrado*"[14]. Essa classificação é, em todos os aspectos, uma classificação relativa. "O círculo de objetos sagrados não pode ser determinado, então, de uma vez por todas. Sua amplitude varia infinitamente, segundo as diferentes religiões"[15].

É importante observar que, para Durkheim, a dicotomia sagrado/profano existe dentro do sistema de coordenadas do ator; ele afirma estar lidando com conceitos que estão realmente presentes em todas as culturas, e que são significativos para o próprio povo. É por essa razão que sua definição desempenha um papel assim tão central na valiosa discussão que Parsons faz das convergências teóricas na sociologia da religião. Um dos aspectos mais importantes desse desenvolvimento é a concordância de que "as situações devem ser definidas subjetivamente e as metas e valores para os quais a ação está orientada devem ser congruentes com essas definições, isto

---

11. Parsons, 1951: 375.
12. Radcliffe-Brown, 1939 [reimpresso em 1952].
13. Radcliffe-Brown, 1952: 136-139.
14. Durkheim, 1947: 37.
15. Ibid.

é, devem fazer 'sentido'"[16]. Parsons vê essa posição como sendo coerente não só com a ideia do entendimento (*Verstehen*) de Weber nas ciências sociais, mas também com a afirmação de Malinowski de que os habitantes das Ilhas Trobriand reconhecem a distinção entre atos tecnológicos, mágicos e religiosos. Na verdade, ele considera Tylor e Frazer como parte da mesma linha de desenvolvimento intelectual porque a "variedade racionalista do positivismo" era caracterizada pela "tendência a tratar o ator como se ele fosse um investigador científico racional, agindo "razoavelmente" à luz do conhecimento que lhe era disponível"[17]. Embora seja verdade que Tylor e Frazer – corretamente ou não – atribuíram à religião uma origem intelectualista, isso certamente foi o resultado de sua dedicação às categorias e modos de pensar correntes na sociedade europeia do final do século XIX e não da adoção do ponto de vista do ator do "outro", ao qual eles tinham acesso apenas por meio dos relatos de missionários e viajantes. Por mais que isso seja verdade, é claro que seu ponto de partida era menos relativo que o de Durkheim, cujo único ponto estabelecido é a "dualidade universal dos dois reinos", o sagrado e o profano.

Mas voltemo-nos agora para a evidência empírica e perguntemo-nos se a dicotomia é, com efeito, uma característica universal ou até mesmo recorrente do sistema de coordenadas do ator. Pois embora Durkheim tenha expressado seu argumento de tal forma que a descoberta de qualquer sociedade que não reconhecesse essa divisão poderia ser usada como refutação, da mesma maneira como ele utilizou o budismo para rejeitar a definição mínima de religião de Tylor, aqui estamos menos interessados na questão da universalidade dos fenômenos e mais na elucidação de conceitos analíticos úteis. Uma dificuldade importante se apresenta imediatamente. Se a dicotomia é realmente tão relativa como afirma Durkheim quando fala de variações infinitas, então claramente não é fácil decidir o que procurar. Muitos dos autores que adotaram essa abordagem igualam o profano e o sagrado respectivamente com "normal" por um lado, e com "coisas separadas e proibidas" por outro, como Durkheim fez em sua definição original. Mas será que isso não nos leva muito além dos limites do reconhecidamente religioso, para usar a frase de Jane Harrison? Na ausência de critérios objetivos, não poderíamos igualmente apontar para qualquer dicotomia que aquele povo específico faz, "bom" e "mal", "negro" e "branco", "dia" e "noite" e declarar que isso constitui o equivalente de sagrado e profano?

As dificuldades empíricas podem ser ilustradas com a ajuda de duas discussões importantes desse problema, que tratam os dados sobre uma sociedade específica no contexto da teoria geral. Refiro-me ao exame que Malinowski fez da magia Trobriand e do relato de Evans-Pritchard sobre a feitiçaria azande. No esboço que Parsons faz

---

16. Parsons, 1954: 209-210.
17. Ibid.: 199.

das tendências principais na sociologia da religião, Malinowski é de importância crucial por demonstrar a existência, dentro do sistema de coordenadas do ator, da dicotomia entre fenômenos rituais e não rituais, no contexto das atividades pesqueiras. Seu comentário é o seguinte:

> Lado a lado com esse sistema de conhecimento e técnica racionais, no entanto, e especificamente sem estar misturado a ele, havia um sistema de crenças e práticas mágicas. Essas crenças referiam-se à possível intervenção na situação de forças e entidades que são "sobrenaturais" no sentido de que não são, do nosso ponto de vista, objetos de observação e experiência empírica e sim aquilo que Pareto chamaria de entidades "imaginárias" com um caráter especificamente sagrado.

Parsons conclui que "essa abordagem à análise da magia primitiva permitiu que Malinowski claramente refutasse tanto a ideia de Lévy-Bruhl, segundo a qual o homem primitivo confunde o domínio do sobrenatural e do sagrado com o utilitário e o racional, e também a visão que foi classicamente proposta por Frazer de que a magia era essencialmente a ciência primitiva, servindo às mesmas funções fundamentais"[18]. Malinowski, no entanto, embora certamente afirmasse que os atos mágicos eram reconhecidos como tais pela sociedade, não achava que tinha rejeitado Frazer em seu primeiro relatório. Dos termos magia e religião, ele escreve em *Argonauts of the Western Pacific* (Argonautas do Pacífico Ocidental): "embora eu tenha começado meu trabalho de campo convencido de que as teorias de religião e de magia apresentadas em *The Golden Bough* são inadequadas, fui obrigado, por todas as minhas observações na Nova Guiné, a concordar com a posição de Frazer"[19].

As dificuldades de reconciliar essa aceitação de Frazer, para quem a magia era ciência bastarda, com um uso da dicotomia de Durkheim, em que a magia se encontra no domínio do sagrado, faz com que o leitor se pergunte o que Malinowski quer dizer quando ele afirma que os próprios habitantes das Ilhas Trobriand reconhecem uma distinção entre o mundo do sagrado e o mundo do profano. Nas citações anteriores, Parsons, a meu ver corretamente, interpreta isso como um reconhecimento da distinção entre o domínio do sobrenatural por um lado e o utilitário e o racional por outro. Mas que isso está longe de uma distinção universal em sociedades não letradas está ilustrado pelo relatório mais abrangente de que dispomos, que é o tratamento da feitiçaria dos Azande feita por Evans-Pritchard[20]. Aqui o autor aceita, para propósitos heurísticos, a distinção entre "ações rituais e empíricas por referência a seus resultados objetivos e às noções a eles associadas"[21]. Mas ele dá ênfase às dificuldades criadas por essa aceitação:

---

18. Ibid.: 202-203.
19. Malinowski, 1922: 73n.
20. Evans-Pritchard, 1937.
21. Ibid.: 463.

Mesmo pela definição de "mágico" e "empírico" a que aderimos neste livro nem sempre é fácil classificar um simples ato como uma ou outra dessas coisas. Um homem queima um pedaço de tecido feito de casca de árvore e, segurando uma planta mágica em uma das mãos, sopra a fumaça na abertura pela qual os cupins saem de seus montes como quando saem em enxames após a chuva. Diz-se que a fumaça os encoraja a sair. Os Azande dizem que o tecido de casca de árvore é remédio para cupim, mas eles provavelmente estão falando metaforicamente[22].

E também,

Os Azande oferecem a mesma explicação para uma "alma" que age para produzir certos resultados naquelas atividades tecnológicas em que há uma lacuna semelhante entre ação e resultado e para a lacuna nas técnicas mágicas, uma lacuna em que ninguém pode ver o que está ocorrendo – por exemplo, é a "alma" do eleusine que explica a lacuna entre o plantar da semente e sua germinação e aparecimento acima do solo[23].

Evans-Pritchard nega que os Azande façam a distinção sobrenatural/natural no sentido europeu, e parece não haver confirmação alguma da assertiva de Malinowski de que os nativos das Ilhas Trobriand fazem a mesma distinção que os europeus entre atos tecnológicos e atos rituais. Na discussão sobre a prática da medicina tradicional a falta de correspondência é evidente: forças "naturais" e "sobrenaturais" como nós as concebemos estão inseparavelmente entrelaçadas[24]. "Em todas as comunidades primitivas, estudadas por observadores confiáveis e competentes", escreve Malinowski, "foram encontrados dois domínios claramente distinguíveis, o sagrado e o profano; em outras palavras, o domínio da magia e da religião e o da ciência"[25]. Mas, pelo exame do material azande, pareceria que isso não é bem verdade; sejam quais forem as diferentes atitudes que existem em relação aos polos das atividades tecnológicas e rituais como nós as vemos, não há evidência suficiente para estabelecer uma concepção universal de "dois domínios claramente distinguíveis". Quando Malinowski declarou que os nativos das Ilhas Trobriand claramente diferenciavam os aspectos mágicos dos aspectos tecnológicos da construção de canoas, ele parece ter querido dizer que eles faziam uma distinção entre as situações em que empregam um certo tipo de fórmula verbal que nós chamaríamos de feitiço e aquelas situações em que não o fazem. Isso é um tipo de distinção bastante diferente.

O que Evans-Pritchard relata com respeito aos Azande aplica-se igualmente aos LoDagaa do norte de Gana. Entre esses povos, não há qualquer distinção reconhecida entre o natural e o sobrenatural e, como o próprio Durkheim observou, isso pare-

---

22. Ibid.: 464.
23. Ibid.
24. Ibid.: 478-510.
25. Malinowski, 1954: 17.

ce ocorrer com a maioria das culturas. E os LoDagaa tampouco parecem ter quaisquer conceitos equivalentes àquela dicotomia – mais vaga e que não deixa de ter alguma relação – entre o sagrado e o profano que Durkheim considerava como universal. No entanto, embora a ausência de correspondências no equipamento cultural das próprias pessoas enfraqueça o argumento de Durkheim e tenha implicações significativas para certos aspectos do esquema conceitual da ação de Parsons, ela não necessariamente destrói a utilidade dessas categorias como ferramentas analíticas se demonstrarmos que é possível isolar critérios objetivos para seu uso. Será que isso pode ser feito?

Caillois começa seu livro, *Man and the Sacred* (O homem e o sagrado)[26] com as palavras: "Basicamente, em relação ao sagrado em geral, a única coisa que pode ser validamente afirmada está contida na própria definição do termo – que é o oposto de profano"[27]. Uma indicação de até que ponto a dicotomia foi adotada de uma maneira pouco crítica é que um escritor mais recente, ao escrever sobre religião comparativa, a qual considera que o objeto de seu estudo são "hierofanias", ou manifestações do sagrado, começa citando esse comentário com aprovação aparente[28]. Por mais adequado que isso possa ser para objetivos teológicos, não é exatamente suficiente como uma ferramenta analítica da sociologia comparativa. E o próprio Durkheim, apesar de sua afirmação relacionada com variações infinitas, oferece algo mais concreto que isso. Parsons observa que, deixando de lado as características negativas, Durkheim introduz duas características positivas de "ritual, isto é, de atos orientados para coisas sagradas. Primeiramente há "a atitude de respeito – utilizada como o critério básico da sacralidade em todas as situações". Em segundo lugar, "o relacionamento meios-fim é simbólico, não intrínseco"[29]. Embora o "respeito" seja normalmente exigido pelos eventos de tipo religioso ou cerimonial, essa não é de forma alguma uma característica invariante dessas atividades. Além disso, uma atitude assim talvez seja igualmente característica de relacionamentos de autoridade na própria família, que poderiam ser designados como "sagrados" apenas em uma interpretação exageradamente vaga. O segundo critério, a natureza simbólica e não intrínseca do relacionamento meios/fim, não é menos problemático. A primeira questão que surge em qualquer discussão de relacionamentos simbólicos é o nível de análise no qual estamos operando. Uma confusão considerável é causada pela inabilidade de ser claro em relação a para quem um certo ato ou objeto é simbólico, i. e., para o ator, para o observador, ou para ambos. No esquema de Parsons, o relacionamento simbólico deve existir dentro do sistema de coordenadas do ator. Mas quando se trata de lidar com a natureza simbólica do ritual, o sistema de coordenadas do ator é parcialmente deixado de

---

26. Caillois, 1939.
27. Caillois, 1959: 13.
28. Eliade, 1958: xii.
29. Durkheim, 1947: 430-431.

lado e o método de interpretação é comparado com aquele do psicanalista[30]. Em outras palavras, a referência do símbolo é necessariamente escondida do ator[31]. Isso pareceria ser verdade no tocante à formulação de Durkheim, segundo a qual a referência simbólica do ritual, de qualquer forma no ritual religioso, é a "sociedade" ou, na frase explicativa de Parsons, "as últimas atitudes de valor comuns que constituem o elemento normativo especificamente 'social' na sociedade concreta"[32].

Radcliffe-Brown, cujas ideias sobre essa questão vêm de Durkheim, escreve em um veio semelhante sobre a natureza simbólica daquilo que ele chama de "atos rituais": "[...] atos rituais diferem de atos técnicos por conterem em todos os casos algum elemento expressivo ou simbólico"[33]. O termo simbólico é explicado da seguinte maneira: "Seja o que for que tenha um significado é um símbolo e o significado é seja o que for que é expresso pelo símbolo". Para Radcliffe-Brown encontramos uma variedade de significados para rito. Às vezes a determinação do significado se aproxima da atribuição de efeitos sociais ou da função social, e a presente passagem continua: "O método [...] que achei mais útil durante o trabalho que se estendeu por mais de trinta anos é estudar ritos como expressões simbólicas e procurar descobrir suas funções sociais"[34]. Em outras ocasiões o referente simbólico é "a estrutura social, ou seja, a rede de relações sociais [...]"[35]; em outras, objetos e ações de importância social[36]. Em de-

---

30. Ibid.: 419, n. i.

31. Ernest Jones escreve sobre o símbolo no sentido freudiano: o indivíduo não tem qualquer noção de seu significado e rejeita, muitas vezes com repugnância, a interpretação que lhe é oferecida ("The Theory of Symbolism". *British Journal of Psychology*, 9, 1917-1919, p. 184, apud Morris, 1946: 276.

32. Parsons, 1954: 433-434.

33. Radcliffe-Brown, 1952: 143.

34. Ibid.: 145.

35. Ibid.: 144.

36. Na introdução da segunda edição de *The Andaman Islanders* (1933) (Os ilhéus de Andaman) Radcliffe-Brown distingue entre o que ele vê como dois conceitos inter-relacionados, *significado* e *função*. O significado de um rito "reside naquilo que ele expressa e isso é determinado por suas associações dentro de um sistema de ideias, sentimentos e atitudes mentais" (viii). A noção de *função* "depende da concepção de cultura como um mecanismo adaptivo [...]" (ix) e refere-se à contribuição da parte para a continuidade do todo. Embora faça essa distinção, ele também observa que "nos dois capítulos teóricos deste livro, a discussão de significados e de função são realizadas juntas. Talvez tivesse sido uma vantagem separá-las" (x). Mas, em seu ensaio posterior, Taboo (Tabu), a palestra de Frazer para 1939, os dois também tendem a ser tratados juntos. Por exemplo, em sua discussão do "significado e função social" da Prática Andaman de evitar o uso do nome de uma pessoa, as duas operações são tratadas como se fossem uma (1952: 146) e o costume é considerado como "um reconhecimento simbólico" de que a pessoa específica está ocupando uma posição social anormal. Em outras palavras, o rito simboliza um aspecto da "estrutura social". Uma vez mais, tanto o significado quanto a função social de ritos totêmicos são relacionados com "o corpo total das ideias cosmológicas das quais cada rito é uma expressão parcial" (1952: 145); aqui afirma-se que o rito expressa a cosmologia e, por sua vez, a cosmologia tem um relacionamento "muito especial" com a estrutura social. Por outro lado, em sua análise dos tabus alimentícios dos Andaman, o referente do ritual é visto como sendo objetos e costumes de importância social, aqueles imbuídos com "valor ritual".

terminados momentos ele fala de o significado ser determinado pelo sistema de ideias com as quais um rito está associado.

As formulações de Parsons e de Radcliffe-Brown não são idênticas, mas ambas concordam que o ritual é essencialmente expressivo ou simbólico em sua natureza. E em cada caso o intérprete do relacionamento simbólico acaba sendo o observador e não o ator. Com efeito, Radcliffe-Brown especificamente rejeita a explicação do ritual em termos dos objetivos conscientes dos participantes; não devemos encontrar o significado na superfície, embora ele afirme, um tanto insatisfatoriamente, que "há um sentido em que as pessoas sempre sabem o significado de seus próprios símbolos, mas o fazem intuitivamente e só raramente podem expressar essa compreensão com palavras"[37]. Como ele próprio percebe, no momento em que esse fato é reconhecido, a atribuição do significado ou da função social para um ritual gera problemas sérios de evidência. Quanto à determinação de significado com referência a valores últimos, a situação é ainda menos clara. Aquilo a que os cientistas sociais se referem normalmente como "valores" não são as *desiderata* demonstradas pelos membros de uma sociedade em suas ações ou em suas crenças. Eles não são aquilo que um filósofo, R.B. Perry, quis dizer com "qualquer objeto de qualquer interesse"; ou outro filósofo, Charles Morris, com "comportamento preferencial", e sim abstrações de alto nível a partir desses dados observacionais. Enquanto autores como Parsons e o antropólogo Clyde Kluckhohn se concentram naquilo que chamam de "orientações de valor" e não simplesmente "valores", um conceito ainda mais abstrato. As dificuldades envolvidas vêm à tona quando os sociólogos Parsons e Shils definem o conceito relacionado variável-padrão como "uma dicotomia, da qual um lado deve ser escolhido por um ator antes que o significado de uma situação esteja determinado para ele e, portanto, antes que ele possa agir com respeito àquela situação"[38]. É difícil ver como isso pode ser assim quando examinamos a lista real de variáveis-padrão; por exemplo, as alternativas de especificidade/difusividade, por mais úteis que possam ser para o sociólogo envolvido na categorização de comportamento preferencial, não representam exatamente escolhas concretas na vida de um fazendeiro de Iowa, e muito menos de um pastor Fulani para quem a formulação de tais conceitos apresentaria problemas de complexidade muito maior. Aliás, no mesmo volume Kluckhohn admite que os esquemas propostos por Parsons e Shils, por F. Kluckhohn e por ele próprio, são "todos análises do ponto de vista de um observador e com um mínimo de conteúdo"[39]. Um passo preliminar essencial, ele comenta, é obter a "sensação da cultura" por meio de uma leitura cuidadosa das etnografias clássicas. Poderíamos acrescentar que, dadas as divergências aparentes no equipamento sensorial dos investigadores,

---

37. Radcliffe-Brown, 1952: 143.
38. Parsons e Shils, 1952: 77.
39. Kluckhohn, 1952: 420-421.

até mesmo o processo de obter "a sensação" de uma cultura contém um número tão grande de imponderáveis que qualquer pessoa mais cuidadosa pode bem ficar desencorajada de prosseguir para esse grau ainda maior de abstração.

A alegação de Parsons de que a referência simbólica do ritual religioso são as atitudes relacionadas com os valores últimos comuns de uma sociedade parece estar por trás da tentativa de alguns antropólogos e sociólogos de usar a definição de religião de Tillich como "as atitudes e ações do homem com respeito à sua preocupação última". Por exemplo, Bellah, em sua análise da religião tokugawa, escreve:

> Essa preocupação última tem a ver com aquilo que é, em última análise, valioso e significativo, aquilo que podemos chamar de valor máximo; e com as ameaças máximas ao valor e ao significado, aquilo que podemos chamar de frustração máxima. É uma das funções sociais da religião dar um conjunto significativo de valores essenciais nos quais a moralidade de uma sociedade possa ser baseada. Quando esses valores são institucionalizados, podemos nos referir a eles como valores centrais de uma sociedade[40].

Lessa e Vogt têm um ponto de partida idêntico e fazem um comentário semelhante: "A religião está interessada na explicação e na expressão dos valores máximos de uma sociedade [...]"[41]. A utilidade de uma formulação tão vaga e tão geral deixa lugar a dúvidas. Mesmo sem considerar a questão da operação envolvida na especificação de valores "máximos" ou "centrais", essa definição incluiria todas as atividades puramente "racionais" na esfera econômica ou política que fossem de alto interesse para os membros de uma sociedade específica. O próprio Parsons observa que essa definição diverge consideravelmente do uso comum; talvez seja significativo que em seu tratamento pragmático dos fenômenos religiosos os autores citados estejam muito mais próximos de uma esfera de discurso "tradicional".

Como a *differentia* positiva dos atos sagrados – aqueles atos que, segundo Durkheim, definem a esfera da religião – parecem inadequados para nosso objetivo, examinemos o que Parsons chama de critérios negativos da definição, ou seja, a premissa de que essa categoria de práticas é uma categoria que fica fora do esquema intrínseco de meios/fim. O esquema meios/fim é intrínseco, segundo Parsons, quando os meios produzem o fim por processos de causação compreensíveis cientificamente. Com a expressão "fica fora do esquema intrínseco de meios/fim" Parsons não quer apenas implicar, como faziam os racionalistas do século XIX, que tais crenças e práticas são automaticamente "irracionais". Ele reconhece um terceiro tipo de ação que não é nem racional nem irracional (ou pseudorracional), mas sim não racional ou "transcendental"; isto é, ela não tem qualquer fim pragmático a não ser o próprio desempenho dos atos em si e, portanto, não podemos dizer nem que foram realizadas nem

---

40. Bellah, 1957: 6.
41. Lessa e Vogt, 1958: I.

que não foram realizadas. Essa distinção tripartida segue a classificação da ação social de Pareto em (1) atos que satisfazem padrões "lógico-experimentais", (2) atos baseado em teorias "pseudocientíficas" ou pela ignorância ou por erro e (3) atos baseados em "teorias que ultrapassam a experiência"[42]. É nessa última categoria, afirma ele, que as práticas religiosas se enquadram.

Parsons considera que essa classificação se enquadra no próprio sistema de coordenadas do ator; ela se refere, diz ele, aos "padrões cognitivos em termos dos quais o ator é orientado para sua situação da ação"[43]. No entanto, já vimos que o depoimento de um número de observadores especializados contradiz a ideia de que todas as sociedades não europeias normalmente estabelecem uma distinção desse tipo entre teorias transcendentais e pseudocientíficas. Se aceitarmos essa outra visão, então nem os critérios negativos nem os critérios positivos do "sagrado", como utilizados por Durkheim, constituem um verdadeiro desvio da distinção feita pelos racionalistas do século XIX entre a ciência, a magia e a religião. Nessa perspectiva, a busca por categorias universais que correspondam ao sagrado e ao profano parecem uma tentativa malograda de romper com a posição anterior, malograda em virtude das dificuldades envolvidas em adotar categorias que são em última instância definidas em referência a métodos lógico-experimentais e tentando encontrar seus equivalentes em sociedades iletradas.

O ponto que estou defendendo foi considerado pelo antropólogo Nadel em seu estudo *Nupe Religion* (A religião dos Nupe). Nesse texto ele escreve que temos de "avaliar a transcendentalidade das coisas por meio de nossa própria maneira de pensar"[44]; a separação do natural do sobrenatural só pode ter um significado preciso em nosso próprio sistema de pensamento. Com efeito, como ele observa corretamente, "o próprio conflito entre conhecimento sobrenatural e conhecimento empírico no qual baseamos nossos juízos provavelmente está ausente em uma cultura primitiva"[45]. Evans-Pritchard nos dá evidência de que isso ocorre entre os Azande e também afirma que a separação entre os mundos natural e sobrenatural não pode ser encontrada no pensamento nuer. Também entre os LoDagaa, como já mencionei, as esferas do tecnológico e do místico não são claramente diferenciadas, seja em termos dos fins que estão sendo buscados ou dos meios utilizados.

As implicações desse argumento vão de encontro à insistência de Weber sobre a análise *Verstehen* nas ciências sociais, análise em termos do aspecto subjetivo da ação, ou seja, seu significado para os próprios participantes[46]. Aliás, o próprio Nadel se

---

42. Parsons, 1937: 429ss.

43. Parsons, 1954: 200.

44. Nadel, 1954: 3.

45. Ibid.: 4.

46. Os esforços envolvidos na tentativa de limitar a análise sociológica à ação "intencional" são apontados na discussão de Dorothy Emmer sobre Nadel e Parsons (1958: 108).

sente pouco confortável com essa discrepância e rapidamente afirma, como Durkheim em circunstâncias semelhantes[47], que embora as sociedades simples não dicotomizem da mesma maneira que nós fazemos, em termos de credibilidade, no entanto, elas sim diferenciam entre o empírico e o transcendental. A evidência para isso, declara ele, deve ser linguística. Mas tendo esboçado uma dicotomia que os Nupe fazem entre o "conhecimento" (kpeyé) e o "ritual" (kuti), ele então solapa sua própria posição com o caveat segundo o qual: "É provavelmente inútil esperar que a linguagem nativa possa sempre fornecer distinções precisas do tipo de que necessitamos, palavras como 'normal' e 'não normal', 'milagroso' ou 'sobre-humano', 'sagrado' e 'profano'"[48].

Até aqui este capítulo esteve voltado para um exame crítico do uso existente dos conceitos de religião e ritual, particularmente como desenvolvidos por Durkheim e por aqueles que o seguiram. Antes de tentar sugerir maneiras mais concretas de empregar aquilo que passaram a ser termos vagos, generalizados e ambíguos, deixem-me recapitular os argumentos até aqui. Estive primordialmente interessado em rejeitar a premissa de Durkheim de que a dicotomia sagrado/profano é uma característica universal das ideias que as pessoas têm sobre a condição humana. A aceitação desse ponto de vista contrário significa que não é mais sólido para o observador basear sua categorização da atividade religiosa na percepção universal pela humanidade de um mundo sagrado do que seria baseá-la na divisão que o ator faz do universo em duas esferas, a natural e a sobrenatural, uma alegação que o próprio Durkheim tinha rejeitado. O pesquisador no campo do comportamento religioso é, portanto, colocado no mesmo dilema que o estudante das instituições políticas. Na sociedade europeia ocidental percebemos, e participamos de certas organizações que são rotuladas de políticas, econômicas, educacionais, e assim por diante. Em sociedades não europeias, as organizações são normalmente menos diferenciadas; um único sistema de grupos sociais pode desempenhar uma variedade maior de funções e o observador, então, depara-se com o problema de definir quais das atividades institucionalizadas levadas a cabo por esses últimos correspondem àquelas que caracterizam as organizações diferenciadas das sociedades avançadas. Em outras palavras, ele ou ela é obrigado a desenvolver ferramentas analíticas a partir de suas próprias categorias populares. Ao fazê-lo, o observador tem a obrigação de respeitar tanto nossas próprias categorias populares, que formam a base de seus conceitos analíticos, e as categorias populares dos próprios atores, que fornecem a matéria-prima à qual esse aparato conceitual é aplicado. Por outro lado, não se pode exigir que o observador se limite ao "significado" como é percebido pelo ator, isto é, às categorias populares do povo que ele ou ela está estudando. Aliás, é difícil ver como aqueles que afirmam a visão contrária poderiam levar as implicações plenas de seu ponto de vista para o tratamento de dados so-

---

47. Durkheim, 1947: 26.
48. Nadel, 1954: 6.

ciológicos específicos. Um filósofo que começa com a aceitação da doutrina weberiana do Verstehen, e tem apenas uma familiaridade limitada com as contribuições mais empíricas da ciência social, argumentou que toda a sociologia é impossível, já que o observador nunca pode se isolar do aparato conceitual de sua própria sociedade e nem, ao inverso, penetrar no aparato conceitual de qualquer outra[49]. Isso não é uma conclusão ilegítima, considerando-se a premissa weberiana. Mas ela implica a não aceitabilidade daquela premissa em sua forma literal.

Demonstrar que a dicotomia sagrado/profano não é uma característica universal da situação do ator não é, é claro, o mesmo que considerá-la inútil como ferramenta analítica. A fim de determinar sua possível utilidade para esses objetivos, eu então examinei os critérios de sacralidade. Das duas características positivas, respeito e elemento simbólico, a primeira não foi capaz de indicar ou uma categoria ou tipo polar de relacionamentos especificamente religiosos. Enquanto à luz do caráter essencialmente externo da dicotomia a atribuição de um elemento "simbólico" ou "expressivo" ao comportamento ritual ou religioso (i. e., "não racional") muitas vezes acaba sendo nada mais que uma maneira de anunciar que o observador não é capaz de fazer sentido de uma ação em termos de um relacionamento intrínseco meios/fim, uma coerência "racional" causa e efeito e, portanto, tem de presumir que a ação em questão representa alguma outra coisa além do que parece representar; em outras palavras, que ela expressa ou simboliza alguma outra coisa[50]. Mas o que é essa alguma outra coisa? É aqui que o reconhecimento do caráter externo da dicotomia sagrado/profano, sobrenatural/natural passa a ser importante. Pois ela aponta para o fato de o referente do símbolo ser fornecido pelo observador, e não pelo ator. O que o primeiro presume estar expresso (ou simbolizado) é sua interpretação da "sociedade", "dos valores últimos" da "ordem social" ou da "estrutura social". Não desejo implicar que algum comportamento mágico-religioso não seja "simbólico" do ponto de vista do ator. Ele o é, claramente. Mas o mesmo se aplica à maior parte dos comportamentos. Aliás, em última análise, todo comportamento verbal é comportamento simbólico. Portanto, a categoria da ação simbólica não delimita, ela própria, uma área ou um tipo polar de ação social que seja, de alguma maneira, possível de caracterizar como ritual ou religioso. Pois podemos dizer, em um sentido importante, que toda ação social é "expressiva" ou "simbólica" da estrutura social porque o conceito mais geral é simplesmente uma abstração do mais específico. Ela não é, no entanto, "expressiva" da maneira que presumem implicitamente muitos sociólogos, isto é, ela não expressa princípios importantes de comportamento social. Re-

---

49. Winch, 1958.

50. Apreensões semelhantes foram expressas por De Brosse em 1760 sobre interpretações alegóricas dos mitos em sua obra *Du culte des dieux fetiches*: "L'allégorie est un instrument universel qui se prête à tout. Le système du sens figuré une fois admis, on y voit facilement tout ce que l'on veut comme dans les nuages: la matière n'est jamais embarrassante; il ne faut plus que de l'esprit et de l'imagination: c'est um vaste champ, fertile en explications, quelles que soient celles dont ou peut avoir besoin" (p. 6-7).

almente, uma abordagem assim simplesmente envolve a reificação de uma abstração organizadora em um fator causal.

O que ocorre, então, é que os atos simbólicos são definidos em oposição a atos racionais e constituem uma categoria residual à qual é atribuído um "significado" pelo observador a fim de fazer sentido de um comportamento que, se não fosse por isso, seria irracional, pseudorracional, ou não racional. E consequentemente a conclusão anterior obtida com o exame dos critérios positivos dos atos rituais é reforçada ao examinarmos o critério negativo, isto é, a alegação de que essas práticas estão fora do esquema intrínseco meios/fim. Uma vez reconhecido que os critérios aceitos para o isolamento dos fenômenos sagrados ou rituais ou mágico-religiosos originam-se não da avaliação do ator, mas da avaliação do observador daquilo que é intrínseco, certos problemas no estudo da religião comparativa são solucionados. O caminho está aberto para uma reabilitação parcial dos usos dos antropólogos do século XIX.

A conclusão deste sumário do argumento nos leva diretamente à parte final deste capítulo, que consiste em uma tentativa de sugerir meios mais definidos de usar não só os conceitos de "religião" e "ritual", mas também o de "cerimonial", pois é isso, eu afirmei, que Durkheim identifica com atividade religiosa. Para começar com "religião", é significativo que em uma das contribuições mais sérias para o estudo da religião de um povo iletrado Evans-Pritchard tenha definido seu campo de discurso em termos tylorianos. Com todas as suas limitações, essa definição parece oferecer a abordagem que mais se aproxima a uma resolução de nosso problema.

Mas a aceitação da definição mínima de Tylor ainda deixa sem resolver o problema de Marett em relação à fronteira entre seres espirituais e forças espirituais. Embora crenças desse tipo devam inevitavelmente se situar em um *continuum*, as práticas a elas associadas apresentam a oportunidade para uma discriminação mais apurada. Podemos tomar como ponto de partida a definição de Frazer de atos religiosos em termos da propiciação de poderes sobrenaturais. Os atos de propiciação dirigidos para poderes sobrenaturais consistem em sacrifícios (oferendas de alimentos e especialmente sacrifício de sangue), libação (oferendas de bebida), presentes de objetos materiais não consumíveis, orações (oferendas verbais) e o "pagamento de respeito" por outras formas de gesto. Podemos dizer, então, que as crenças religiosas estão presentes quando agências não humanas são propiciadas no modelo humano. Atividades religiosas incluem, é claro, não só os próprios atos de propiciação, mas todos os comportamentos que fazem referência à existência dessas agências. Tal formulação não descarta totalmente o caso de Marett do selvagem gritando para a tempestade; na verdade tais atos, se plenamente institucionalizados e relacionados com um conjunto de crenças cosmológicas referentes a seres espirituais, certamente seriam considerados como religiosos dentro dos termos de nossa definição. Mas por mais imperfeito que o instrumento possa ser, sugiro que ele nos fornece um foco para a análise comparativa de instituições religiosas que é mais útil que a definição extensiva preferida por Durkheim; aliás, é aquela utilizada na prática pela maioria dos autores nessa área, seja qual for a teoria expressa que eles possam ter adotado.

Em relação a "ritual", anteriormente chamei a atenção para o fato de Radcliffe-Brown e outros autores usarem esse termo para designar toda a área de atos e crenças mágico-religiosos. Ao adotar tal uso, esses autores seguiram a rejeição de Durkheim da distinção reconhecidamente externa e imposta pelo observador dos "intelectualistas" do século XIX, e aceitaram uma distinção baseada na dicotomia sagrado/profano que presumiram estar incluída na própria definição do autor da situação. As dificuldades conceituais envolvidas nesse uso já foram discutidas. Das possibilidades alternativas, uma é identificar "ritual" com o mágico-religioso no sentido dado por Tylor e Frazer. Aqui surge um problema pelo fato de, tanto no uso comum quanto nos textos sociológicos, esses autores darem ao termo frequentemente um significado mais abrangente. O *Oxford Dictionary*, por exemplo, define rito como "(1) um procedimento ou ato formal em uma observância solene religiosa ou de outro tipo; (2) o costume, hábito ou prática, comum ou geral de um país, classe de pessoas etc., agora especificamente na religião ou na devoção". Não totalmente desassociada da ideia da formalidade do procedimento (p. ex. em "relações sexuais rituais") está a outra implicação de que um ato descrito dessa maneira não é ou direcionado para qualquer fim pragmático ("rituais da mesa") ou, se são assim direcionados, não conseguiram obter a meta intencionada ("rituais de fertilidade"). Assim, o termo muitas vezes tem uma referência mais ampla que a área de comportamento mágico-religioso, e "rituais de alimentação" podem ou não estar relacionados com essas crenças. O ponto foi reconhecido por Nadel quando ele escreveu em sua explicação da religião dos Nupe:

> Quando falamos de "ritual" temos em mente, em primeiro lugar, ações que exibem uma rigidez surpreendente ou incongruente, isto é, alguma regularidade óbvia que não é explicada pelos objetivos professados das ações. Assim, podemos dizer que qualquer tipo de comportamento se transforma em um "ritual" quando é estilizado ou formalizado, e, naquela forma, passa a ser repetitivo. Quando chamamos um ritual de "religioso" atribuímos, além disso, à ação, uma maneira específica de relacionar meios a fins que nós sabemos ser inadequados por padrões empíricos, e que comumente chamamos de irracionais, místicos ou sobrenaturais[51].

Para Nadel, a categoria "ritual" é inclusiva e refere-se a qualquer tipo de ação excessivamente formal, enquanto que ritual religioso (e nisso ele inclui a magia) cobre atos em que o relacionamento meios/fim é considerado inadequado por padrões empíricos. Esse aspecto de sua distinção parece um pouco tênue, já que presume-se que se os meios exibem uma rigidez incongruente, eles também são, até certo ponto, em-

---

51. Nadel, 1954: 99.

piricamente inadequados. Além disso, essa afirmação da situação deixa de levar em conta a visão, explicitamente desenvolvida por Pareto, de que o comportamento mágico-religioso é não racional em vez de irracional. Mas, com essas qualificações, a posição de Nadel é basicamente semelhante àquela adotada neste capítulo.

O que foi dito em relação à natureza "secular" de grande parte do ritual é igualmente aplicável ao "cerimonial". Vamos primeiro explorar o inter-relacionamento entre os dois conceitos. A antropóloga Monica Wilson os usou da seguinte maneira. Ela define ritual como "uma ação primordialmente religiosa [...] direcionada para obter a bênção de algum poder místico [...]. Símbolos e conceitos são utilizados nos rituais, mas estão subordinados a fins práticos"[52]. O cerimonial é "uma forma convencional pormenorizada para a expressão do sentimento, não restrita a ocasiões religiosas". Aqui, o ritual se iguala à ação religiosa, enquanto cerimonial é um conceito mais inclusivo que se refere a qualquer "forma convencional pormenorizada". Ela percebe que pode ser importante não identificar cerimonial com eventos religiosos automaticamente, da maneira que Durkheim tinha a tendência a fazer. Pois embora cerimoniais tais como as procissões de *Corpus Christi*, que celebram poderes místicos, possam desempenhar funções semelhantes àquelas como o aniversário da Revolução de Outubro, que tem uma significância exclusivamente secular, normalmente é útil distinguir entre eles, principalmente quando levamos em consideração as crenças envolvidas. No entanto, parece mais simples fazer a mesma distinção usando o termo ritual no sentido geral daquilo a que Wilson se refere como ação "convencional" e referir-se às atividades direcionadas para "algum poder místico" como religiosas. Segundo a formulação de Radcliffe-Brown, o cerimonial pode então ser usado para se referir àquelas ações coletivas exigidas pelo costume, desempenhadas em ocasiões de mudança na vida social. Assim, um cerimonial consiste em uma sequência específica de atos rituais desempenhados em público.

Em conclusão, então, por ritual queremos dizer uma categoria de comportamento padronizado (costume) em que o relacionamento entre os meios e o fim não é "intrínseco", i. e., é ou irracional ou não racional. Dentro dessa categoria geral encontramos a ação mágica, que é essencialmente irracional, visto que tem um fim pragmático que seus procedimentos não conseguem realizar, ou realizam por outras razões que o paciente, e possivelmente até o praticante, supõem. Essa é a "ciência bastarda" de Frazer. Depois existem atos religiosos, que podem ser irracionais (como no caso de muitas formas de sacrifício e oração) ou podem ser não racionais, como em muitas celebrações públicas, mas todos os quais envolvem seres sobrenaturais. E finalmente há uma categoria de ritual que não é nem religiosa nem mágica: ela nem presume a existência de seres espirituais nem está direcionada a algum fim empírico, embora isso não seja negar que ela possa ter um "objetivo" reconhecido dentro do sistema de coor-

---

52. Wilson, 1957: 9.

denadas do ator, bem assim como alguma "função latente" do ponto de vista do observador. Nessa categoria de ritual encontram-se cerimoniais do tipo não mágico-religioso: cerimônias de casamento civil, rituais de nascimento e morte em domicílios ou sociedades seculares. Aqui também estão os atos que não podemos exatamente chamar de cerimoniais públicos, os "rituais de vida familiar"[53], ou "rituais de liquidação"[54] e tipos semelhantes de comportamento interpessoal formalizado.

A intenção deste capítulo foi examinar a variedade de significados atribuídos a certos conceitos básicos, como são utilizados em alguns textos clássicos na sociologia da religião, com a ideia de esclarecer seu uso como ferramentas analíticas. A conclusão geral é que é impossível escapar do fato de a categoria de atos e crenças mágicos e religiosos só poder ser definida pelo observador e que as tentativas de ver essa dicotomia ou a dicotomia sagrado/profano como uma parte universal da percepção que o ator tem de sua própria situação são enganosas. Qualquer efetividade que esses termos possam ter em estudos comparativos depende de uma percepção de suas limitações e envolve um retorno aos usos de autores pré-Durkheim nessa área, ainda que seja como um ponto de partida para uma exploração mais detalhada.

Pós-escrito

O primeiro esboço deste capítulo foi apresentado no começo da década de 1960 em um seminário em Oxford, e eu gostaria de agradecer o estímulo de uma série de discussões com M. Richter, do Hunter College em Nova York. O capítulo foi reescrito quando eu era um membro do Center for Advanced Study in the Behavioral Sciences (Centro para o Estudo Avançado de Ciências Comportamentais), 1959-1960, mas alguns comentários adicionais com respeito a desenvolvimentos mais recentes parecem ser necessários.

Na primeira versão, o compromisso com a distinção sagrado/profano, *ritus/mos* dominava o pensamento socioantropológico na área de religião comparativa. A influência de Durkheim ainda está muito em evidência nessa área e em nenhum lugar mais evidente que na obra do antropólogo Lévi-Strauss, e daqueles que seguiram seus interesses teóricos. Outro antropólogo, Edmund Leach, achou que a distinção se referia a aspectos e não a tipos de ação social e ritual como "um padrão de símbolos" se referia ao "sistema de relações 'apropriadas' aprovadas socialmente entre indivíduos e grupos"[55]. Outro antropólogo, Rodney Needham[56], no entanto, utilizou a dicotomia radical de uma maneira bastante semelhante à de Durkheim e Lévi-Strauss

---

53. Bossard e Boll, 1950.
54. Leites e Bernaut, 1954.
55. Leach, 1954: 15.
56. Needham, 1960.

quando comentou o material[57] do antropólogo italiano Bernardo Bernardi sobre Mugwe, o Profeta Enfraquecido dos Meru do Quênia. A ênfase que esses autores dão a essa distinção está relacionada com seu interesse geral em "estruturas elementares" com dois ou três componentes ("estruturas binárias" ou "estruturas terciárias), um esquema morfológico que divide tudo em dicotomias e tricotomias conceituais com uma elegância muito atraente[58]. Mas, além da crítica mais geral que fiz no corpo do capítulo, há ainda dois riscos aqui. Primeiramente, essas distinções radicais às vezes são consideradas como tendo em si mesmas um poder explicativo, especialmente quando é feita uma associação entre dois ou mais conjuntos de "oposições". Segundo, apenas porque se dá uma força explicativa à elucidação de tais relacionamentos há uma tendência a presumir sua presença com base em um tipo muito frágil de evidência.

As dificuldades por trás de alguns aspectos da posição de Durkheim ficaram mais claras no decorrer dos anos seguintes e isso produziu uma mudança de abordagem. No próprio capítulo chamo a atenção para a adoção da definição de religião de Tylor por Evans-Pritchard em sua análise dos Nuer[59]. Em sua introdução à tradução dos ensaios pelo sociólogo Robert Hertz, um companheiro de Durkheim, ele também rejeita a polaridade entre o sagrado e o profano que, para Evans-Pritchard, como para mim, parece ser "vaga e mal definida"[60]. O antropólogo neozelandês Raymond Firth, em sua palestra "Huxley Memorial", em 1959, estimula os antropólogos a não terem medo de aderir à "visão intelectual e racionalista" defendida pelos autores dessa área no século XIX, e sugere uma definição de religião que não está muito distante da de Tylor. "Religião", escreve ele, "pode ser definida como uma preocupação do homem na sociedade com fins e padrões de valor humanos básicos, considerados em relação a entidades ou poderes não humanos"[61]. Além disso, a conclusão a que ele chega após examinar o material tikopiano sobre mediunidade espiritual está bastante de acordo com o relato de Evans-Pritchard sobre a religião dos Nuer, ou seja, que embora alguns aspectos das práticas e crenças religiosas estejam intimamente relacionadas com a "estrutura social", outras estão conectadas de uma maneira relativamente frágil e operam como "variáveis semi-independentes".

Para qualquer pessoa externa à tradição da sociologia acadêmica, uma conclusão assim pode muito bem passar sem comentários. Mas um corolário do impulso imenso que a grande obra de Durkheim, *The Elementary Forms of the Religious Life* (As formas elementares da vida religiosa), deu à sociologia da religião foi uma tendência a definir exageradamente o relacionamento das instituições religiosas com outras insti-

---

57. Bernardi, 1959.

58. P. ex., Lévi-Strauss, 1956: 99ss.

59. Evans-Pritchard, 1956.

60. Evans-Pritchard, 1960: 12.

61. Firth, 1959: 131.

tuições sociais. Além disso, as definições de ritual e religião como "simbólicas" das relações sociais tem a desvantagem não só de serem prejudicadas pelas ambiguidades envolvidas no termo simbólico, mas de parecer afirmar como um princípio geral precisamente aquilo que precisa ser demonstrado em cada caso particular.

Na palestra de Frazer de 1957, *The Context of Belief* (O contexto da crença)[62], o antropólogo Daryll Forde chamou a atenção para outras lacunas na abordagem durkheimiana, dando ênfase, em particular, ao fato de outras práticas rituais, tais como o fetichismo dos Yakö, não serem simplesmente expressões simbólicas de relacionamentos sociais, mas estarem também interessadas nas condições determinadas pelo meio ambiente, tais como a incidência de doenças. Aqui, como em outras partes, ele dá ênfase especial aos aspectos manipulativos da "economia sobrenatural"[63], um tema também abordado em minha própria discussão da inevitável "circulação de templos" que surge da obsolescência intrínseca daquelas agências mágico-religiosas "irracionais", as quais fazem promessas específicas que, mais tarde, as pessoas veem que não foram cumpridas[64]. Algumas das implicações mais amplas para a tese durkheimiana foram trazidas à tona pelo exame que Warner fez do material dos Murngin da Austrália[65], do qual é evidente que a distinção entre magia e religião em uma base instrumental-expressiva (para usar a terminologia de Parsons) não é viável. Em seu tratamento teórico do assunto, Goode[66] sugere um *continuum*, com a magia sendo, em geral, mais instrumental e a religião mais expressiva. Em um artigo interessante intitulado "A Definition of Religion, and Its Uses" (Uma definição de religião e seus usos)[67], Horton examinou variações no comportamento religioso ao longo de um eixo semelhante, cujas extremidades ele especifica como sendo manipulação e comunhão. Sua definição de religião é essencialmente a de Tylor e o argumento central está próximo ao que foi desenvolvido aqui, a não ser pelo fato de ele ser mais otimista que eu sobre a vantagem imediata a ser obtida pela adoção dessa posição.

---

62. Forde, 1958a.
63. Forde, 1958b.
64. Goody, 1957.
65. Warner, 1937, cap. 8.
66. Goode, 1951.
67. Horton, 1960.

2
"Literatura" oral

Neste capítulo passo de uma discussão de problemas gerais sobre a definição de religião, ritual e oralidade para uma área mais específica que inclui o "mito" e outras "formas orais padronizadas", ou aquilo que é muitas vezes chamado de "literatura oral". Examino primeiramente as várias formas para que possa, a seguir, analisar e fazer uma crítica do material que eu (e meus ajudantes) coletamos entre os LoDagaa e em outras partes do norte de Gana. Argumento que o contexto da recitação, e especialmente seu público, precisa ser considerado mais seriamente. Colocando todas as coisas em uma só pilha, antropólogos e outros cientistas sociais deram o mesmo peso aos contos populares e aos mitos, não percebendo que os primeiros são muitas vezes especificamente literatura "infantil" e, portanto, não podem ser considerados como representativos do pensamento adulto. Os "mitos" também são considerados como típicos de culturas orais e um gênero que, como muitos outros, é transformado pelo surgimento da escrita. No entanto, os contos populares, direcionados em grande parte às crianças, também persistem nos jardins de infância de culturas letradas.

A "literatura" oral era a forma (ou gênero) padrão encontrada nas sociedades sem a escrita. O termo é também usado para descrever a tradição bastante diferente em civilizações letradas em que certos gêneros são transmitidos boca a boca ou são restritos aos que não sabem ler (o "povo"). Estamos usando o termo "literatura" mesmo para termos puramente orais. Apesar disso, é a melhor palavra disponível para descrever esses dois usos, embora muitas vezes seja necessário distinguir um do outro. Embora certas formas tais como os contos populares continuem a existir, especialmente entre o componente de pessoas iletradas de sociedades complexas, aquilo que também pode ser chamado de "tradição oral" (para indicar que é parte de uma constelação mais ampla) é inevitavelmente influenciado pela elite e pela cultura escrita. O termo "literatura" cria problemas visto que, em última instância, é derivado do latim *littera*, "letra", essencialmente um conceito escrito, até mesmo alfabético. As frases "formas orais padronizadas" e "gêneros orais" foram sugeridas para substituir a expressão "literatura oral", mas como a palavra literatura é utilizada tão amplamente, não deve ser ignorada, embora seja essencial que em qualquer discussão nos lembremos das diferenças principais entre os dois registros, oral e escrito, bem assim como da maneira em que esse último influencia a palavra falada (naquilo que chamarei de lecto-oral).

Parece uma boa ideia falar um pouco mais sobre "literatura" oral. O conceito de literatura em algumas sociedades é obviamente "anacrônico"; não é possível ter literatura sem letras. Mas sem dúvida existem certas formas de falar nas culturas orais que são separadas do diálogo, do monólogo, da fala comum. Pode bem haver mais de um problema de limites em algumas sociedades e um tipo dessas formas orais padronizadas pode imbricar-se com outro, pode não ser distinguido desse outro, como é o caso dos gêneros chamados em inglês de *romance* e *novel*, os quais se distinguem do *roman* em francês e da palavra equivalente em italiano. É possível que mitos e contos populares também se misturem dessa forma. Mas isso não significa que nós, como observadores, não possamos fazer uma distinção, mesmo que as culturas não o façam. Isso envolve o conceito de "gênero". A canção é claramente separada. O mesmo se aplica à recitação como o Bagre, já que ela ocorre principalmente em ocasiões especiais. O mesmo ocorre, para nós, com o conto popular, mesmo quando é "composto" por um adulto (como J.K. Rowling) e usado, em algumas circunstâncias, em recitais míticos (como na *Ilíada*). Mas mesmo que não seja especialmente individualizada na terminologia, essa fala é separada, assim também como o são as orações aos deuses. Refiro-me a esses tipos de fala como "formas orais padronizadas", mas a expressão "gêneros orais" seria igualmente aceitável se nos lembrarmos de que a divisão entre eles é feita por mim, i. e., o antropólogo, e não necessariamente considerada pelos próprios "atores". O termo "literatura" oral é obviamente o termo de uma pessoa em uma sociedade letrada buscando equivalentes; esses existiam na forma de "fala" característica, de tipos que têm uma distribuição muito ampla, apesar das diferenças gerais em caráter entre a América do Sul e a África.

A relação da fala com a escrita

Como a escrita é sempre um registro adicional à fala, seu surgimento teve necessariamente uma influência profunda na última, que nunca é a mesma do que quando está sozinha. Os efeitos da escrita foram dramáticos para a sociedade como um todo, mas, por grande parte do período da história registrada pela escrita, escrever e ler estiveram limitados a uma elite pequena e minoritária de uma população, com uma grande proporção das pessoas continuando a depender apenas da comunicação lecto-oral, especialmente na esfera da "literatura". Em muitos casos essas duas tradições existiam paralelamente. Essa situação cria problemas para a análise dos vários gêneros, pois hoje há uma tendência de reinterpretar as características da literatura letrada (tais como a narratividade, isto é, uma sequência conectada de contagem de histórias, como em um romance) como gêneros puramente orais. A literatura escrita nunca é simplesmente uma questão de escrever o que já existe; um mito – ou uma história – é sempre modificado quando é "transcrito" e ocupa seu lugar entre um conjunto de novos gêneros, assim como entre modificações de gêneros antigos.

O termo "folclore" geralmente se refere a algumas das atividades faladas (ou não escritas) de culturas complexas e letradas em que só uma minoria sabe ler e escrever e em que o resto da população é iletrada ou "analfabeta", uma situação frequente entre os camponeses nas culturas pós-Idade do Bronze da Europa e da Ásia. Embora suas atividades tenham alguns elos com atividades paralelas em culturas puramente orais, elas são inevitavelmente influenciadas pelos modos literários, sempre dominantes, especialmente por aqueles relacionados com as religiões (escritas) principais. Os relatos no "folclore" são em grande parte restritos ao domínio de crenças periféricas. Mas mesma as formas adotadas por gêneros tais como o poema épico, características de culturas antigas com a escrita, podem influenciar o folclore.

É claro que, nas sociedades com a escrita, uma grande quantidade da comunicação – inclusive a comunicação que eventualmente adota a forma literária e artística – ainda é feita boca a boca. Não só esse é um aspecto de todo o relacionamento humano, mas também foi inevitavelmente o que ocorreu em todas as esferas até que a capacidade quase universal de ler e escrever fosse conquistada na Europa no último quarto do século XIX. Até então, a literatura tinha de ser apresentada oralmente para a grande maioria da população. Isso não quer dizer que a literatura não fosse influenciada pela palavra escrita: realmente, parte da comunicação oral consistia na repetição de textos escritos, como quando as lições da Bíblia eram pregadas para uma multidão iletrada. Um poema épico escrito, como foi o caso do Hindu Vedas ou das obras de Homero, podia ser decorado e recitado em vez de ser lido para a população como um todo, pelos recitadores no último caso e pelos brâmanes no primeiro. É claro que uma sociedade com a escrita poderia herdar alguns gêneros, tais como contos populares, em grande parte sem modificações, de uma cultura anterior puramente oral, enquanto outros gêneros, tais como o poema épico, passariam por uma mudança significativa.

Parte da influência que a palavra escrita exerceu sobre a fala consistiu não no desenvolvimento da oratória, que já era praticada, mas sim de seu complemento formal, a retórica, com um corpo explícito de regras escritas. Em culturas puramente orais, aqueles especialistas na palavra falada podiam alcançar a fama e serem recompensados por sua contribuição apresentando um caso em uma discussão ou em um tribunal. Mais diretamente no campo das artes, recitadores especialistas, principalmente em canções laudatórias, mas também em outras recitações longas, poderiam ser recompensados por suas contribuições como artistas autônomos ou como profissionais. O mesmo ocorria com as primeiras formas escritas, tais como os poemas épicos ou as epopeias.

Muitas das primeiras formas escritas, tais como um poema lírico narrativo (*lay*) bretão, tiravam seus temas de gêneros orais, embora inevitavelmente ocorressem transformações em virtude do novo meio de comunicação. Houve também bastante intercâmbio entre a literatura popular oral e a escrita (da elite) que coexistiam. Os poemas de Homero incorporaram contos "populares", por exemplo, como ocorreu também com o anglo-saxão *Beowulf,* embora essas transferências fossem tanto entre gêneros quanto entre os registros da fala e da escrita; o processo era semelhante à adoção de melodias populares, tais como o *bourrée* da França rural, por aqueles que compunham música para a elite nas cortes urbanas europeias do século XVII.

O exemplo da epopeia

Os poemas homéricos são muitas vezes considerados epopeias orais que foram transpostas para a escrita. Comentaristas insistiram na presença de certas características, tais como as expressões em fórmulas (epítetos e versos repetidos), que eram consideradas típicas das formas orais. No entanto, embora a repetição regular de frases seja encontrada nessas formas, alguns autores argumentaram que o formato preciso da "fórmula" de Homero, como definido pelo estudioso americano Milman Parry ao comparar Homero com as epopeias iugoslavas do século XX, é muito provavelmente um artifício literário antigo.

A própria epopeia é um exemplo excelente de como, incorretamente, impomos as características de uma sociedade letrada a uma não letrada. Presume-se muitas vezes que ela é um produto típico das culturas orais, que seria cantado por bardos profissionais nas cortes ou nos acampamentos militares. No entanto, registros de epopeias em culturas puramente orais são esparsos: na África, por exemplo, elas são raras, estando presente principalmente no Saara, onde sua existência parece dever muito às culturas muçulmanas escritas. A não ser por isso, as epopeias tendem a ser encontradas nos Estados antigos com importantes classes guerreiras que gostavam de ouvir sobre as façanhas corajosas de seus predecessores, como *Beowulf*. Essas sociedades já têm a escrita, mas os textos muitas vezes são decorados e reproduzidos verbalmente pelo orador em vez de serem lidos em voz alta; ou são recitados nas reuniões de chefes e guerreiros por bardos especialistas, na verdade obras que já tinham sido escritas, como a Odisseia. Aliás, só são conhecidas por nós porque foram escritas e puderam ser memorizadas com precisão pelos antigos gregos. É uma característica comum das primeiras obras escritas, tais como as de Homero ou o Vedas, que, embora existam versões escritas, essas são decoradas, internalizadas e reproduzidas apenas pela palavra falada. O mesmo ocorre com frequência com os textos religiosos monoteístas como o Corão e a Bíblia. No momento exato na história em que a escrita nos permite descartar a memória verbal como um meio de lembrar essas obras, o papel dessa memória é, na verdade, acentuado – e nisso reside parte da dificuldade em decidir se essas obras foram tanto compostas quanto reproduzidas oralmente. Elas certamente são típicas de sociedades nas quais apenas uns poucos sabem ler e onde as técnicas e artifícios mnemônicos que encorajam a reprodução oral perfeita de textos escritos são, portanto, estimulados.

A maneira como formas puramente orais foram modificadas sob a influência de culturas escritas é exemplificada pelo *Kalevala*, a epopeia nacional finlandesa, cuja versão final foi publicada em 1849 por Elias Lönnrot. Colecionador sistemático da poesia popular, Lönnrot concluiu que aquilo que tinha sido registrado como poemas diferentes poderia ser reunido para formar uma epopeia popular contínua. Reunindo um número de composições mais breves com seu próprio material e impondo ao todo uma trama unificadora, ele impôs as características da literatura erudita e escrita aos produtos de uma cultura supostamente oral. Sua publicação teve uma enorme influência na vida finlandesa. Foi sugerido que a epopeia Gilgamesh (das tabuletas na linguagem acadiana do século VII a.C, encontradas em Nineveh) pode ter sido produzida de uma maneira semelhante; outros casos vindos da África também foram relatados. Na América do Norte, histórias que revolvem ao redor de personagens específicos, tais como o coiote ou o corvo, são às vezes reunidas por estudiosos para formar ciclos, mas parece haver dúvida se esses ciclos representam uma categoria significativa de apresentação contínua para os americanos nativos que criaram esses contos. É bastante provável que eles os considerem como histórias independentes.

As diferenças entre as literaturas oral e escrita

Diferenças óbvias entre as literaturas oral e escrita existem em termos de autoria e em termos de público. Nas culturas orais a memória da autoria, embora nunca totalmente ausente, é de pouca importância geral – ocasionalmente no caso de canções, mas não com mitos e contos populares e raramente com epopeias (embora essas sejam características das primeiras culturas letradas). Isso não é dizer que esses gêneros não passem a ser objetos de direitos de propriedade intelectual. Canções podem ser associadas com clãs específicos, recitações com associações específicas (tais como o Bagre dos LoDagaa). Mas normalmente o autor individual não é pesquisado. Essa ausência, no entanto, não implica a existência de um processo de composição coletiva. Cada recitador irá introduzir variações próprias, algumas das quais serão adotadas por oradores subsequentes para quem a versão anterior terá servido de modelo ou de um modelo. Dessa forma, mudanças vão sendo introduzidas constantemente por uma cadeia de indivíduos, mas de maneira autônoma, sem que olhem para trás para algum original estabelecido. Só com escritos e recitações orais em sociedades literárias, como é o caso de Homero ou dos Vedas, é possível referir a transmissão oral a um original, parcialmente porque a escrita introduz uma nova dimensão à memória verbal e parcialmente porque é sempre possível referir-se a uma versão "correta". Como resultado, parece ter sido nessas primeiras sociedades literárias que foi encontrado, pela primeira vez, um forte desenvolvimento de técnicas mnemônicas e artifícios para auxiliar a memória; essas formas de auxílio à memória estão principalmente conectadas com a escrita, com a "fala visível". Em culturas puramente orais, a recriação normalmente substitui a preocupação com a memória precisa.

Gêneros orais

Além da epopeia, os principais gêneros orais incluem o conto popular; a canção compreendendo as elegias, as canções laudatórias e as de trabalho; o drama popular; o mito; e a lenda e a recitação históricas que estavam intimamente relacionadas. Todos esses gêneros serão discutidos detalhadamente a seguir. Além disso, há também os gêneros menores, como o provérbio e o enigma.

Embora esses gêneros nem sempre recebam necessariamente designações separadas nas linguagens locais, na prática acadêmica eles são distinguidos em virtude das diferenças em sua forma, em seu conteúdo e em sua função, diferenças que são em parte associadas às diferenças de seu público. No nível mais amplo, contos populares são raramente considerados outra coisa a não ser ficção, enquanto que outros gêneros, à exceção da canção, têm uma relação bastante diferente com a "verdade". Em sociedades puramente orais, as recitações e as canções abrangem a totalidade da experiência vital, inclusive a cosmologia e a teologia. Mas nas primeiras sociedades com a escrita, o domínio religioso tende a ser incorporado por meio de textos associados com um cânone (suas obras escriturais mais importantes) deixando a literatura oral para lidar com o periférico – com magia, encantamentos e contos de fadas. Em qualquer literatura é importante considerar não somente o orador, mas também o público e o contexto situacional. A intenção, a forma e o conteúdo fazem toda a diferença entre recitações em uma cerimônia religiosa ou ritual e o tipo de história contada em uma *veillée* (um evento noturno comunitário) na Europa ou em uma reunião equivalente na África. Essas diferenças significam que tentar incorporar todos esses gêneros em uma análise holística de uma cultura, de um simbolismo ou de um mito significa misturar níveis de comunicação que são direcionados para públicos diferentes. Alguns contos, por exemplo, podem ser direcionados especificamente para crianças (contos de fadas), outros para adultos (mitos), outros para os chefes (histórias dinásticas); cada gênero tem uma posição diferente na cultura total, com os primeiros circulando mais livremente entre culturas, e os dois últimos estando mais intimamente conectados com uma única cultura ou com culturas adjacentes.

Contos populares

Os contos populares são virtualmente universais, como Thompson e outros autores demonstraram. Eles são breves, ocasionalmente em verso, às vezes com um final que ecoa as explicações engastadas no *Just so Stories* de Rudyard Kipling (por exemplo, "How the Camel Got His Hump" (Como o camelo obteve sua corcova) possivelmente com uma coda aparentemente irrelevante. Os personagens são seres humanos, animais, deuses e mais raramente outras "invenções", tais como gigantes ou monstros que interagem uns com os outros pela fala ou por gestos. Nessa ampla gama de contos há um lugar para o erótico, e algumas histórias são aparentemente direcionadas especificamente para adultos (ou pelo menos para adolescentes); mas não há dúvida de que a maior parte dos contos populares prevê um público infantil. Na Austrália, como em outros lugares, as mães contavam esses contos para seus filhos pequenos, mas também para turistas e antropólogos. Por mais assustadores que sejam alguns de seus conteúdos, eles são "contos de fada" ou "contos para o quarto das crianças", para traduzir as expressões inglesas que são equivalentes às "histórias de fadas" (*contes de fées*) de Charles Perrault.

Como uma vasta proporção dos contos populares é direcionada para crianças, é incorreto que os antropólogos, os quais os colecionam avidamente, usem-nos como evidência dos pensamentos típicos das sociedades primitivas ou que historiadores façam o mesmo em relação à população rural da Europa do século XVII. Os contos infantis são para públicos de uma idade específica e circulam amplamente em todas as culturas, hoje como no passado; histórias do "homem na lua" não podem ser consideradas como indicativas de uma crença adulta, e muito menos de qualquer sociedade específica. Mas uma abordagem exatamente assim é às vezes adotada por aqueles que veem a cultura de uma maneira totalmente holística, com cada elemento tendo o mesmo *status* representativo e o mesmo valor na caracterização de mentalidades, crenças e práticas e com cada item considerado como se existisse em um conjunto cultural indiscriminado de formas artísticas. Na verdade, o relacionamento dessas histórias com outros aspectos da cultura é muito específico.

Embora seu público seja de uma idade específica e às vezes até de um gênero específico, essas histórias também persistem por longos períodos de tempo e não têm um relacionamento muito próximo com uma cultura particular ou com uma época específica: exemplos de sociedade de língua inglesa incluem rimas e canções infantis tais como *Ring a ring of Roses* (algo como "rodear um círculo rosado"[1]) e *Three Blind Mice*" (Os três camundongos cegos) e a história *Jack and the Beanstalk* (João e o pé de feijão). Como a rima "Frère Jacques", a história da Cinderela (ou a Nancy, isto é, Ananse, ou ciclo da aranha entre os Asantes ou no Caribe), elas atravessam as fronteiras sociopolíticas e linguísticas de uma maneira bastante livre, sofrendo algumas adaptações à medida que vão passando pelas bocas de contadores de histórias individuais. Esse movimento através de fronteiras e entre a África e a América, estimulada pelo tamanho relativamente pequeno das culturais orais individuais, também envolve a transposição dessas histórias para outros dialetos e até outras línguas, o que enfatiza o caráter transcultural de seus temas e de suas expressões. O tamanho relativamente reduzido dessas culturas significa uma série de transações inevitáveis através das fron-

---

1. Essa canção de roda está aparentemente relacionada com a epidemia de peste, em que as pessoas ficavam com o rosto vermelho em virtude da febre. Ela termina com a frase "and we all fall down", ou seja, todos nós caímos, ou todos nós morremos [N.T.].

teiras, incluindo, muitas vezes, casamentos e comércio, de tal forma que as pessoas com frequência falam mais de um idioma; não só as histórias ficcionais viajam dessa mesma forma, mas às vezes a literatura oral inclui textos em mais de um idioma. É esse isolamento comparativo das histórias infantis das pressões culturais específicas que explica sua relativa homogeneidade no mundo todo, e também seu uso frequente de animais não humanos e temas pan-humanos. Elas são parcialmente isoladas porque são repetidas de memória para crianças que estão mais interessadas na continuidade e no ritmo das palavras e no tema pan-humano do que no fato de os ursos terem ou não desaparecido da floresta, e menos ainda no fato de animais poderem ou não falar.

É importante lembrar que as culturas não podem ser consideradas como totalidades em todos os sentidos, que elas muitas vezes têm limites mal definidos e que seus membros estão estratificados por idade, gênero e classe, e cada nível tem suas próprias formas favoritas de literatura. Os romances e os personagens na série sobre Harry Potter da autora britânica J.K. Rowling, por exemplo, não tem a mesma significância para todos, sejam eles parte de um grupo étnico ou de outros grupos; por outro lado, as histórias infantis têm uma atração particular que atravessa as fronteiras nacionais. Adotar uma abordagem inteiramente holística, como é comum em grande parte da antropologia cultural e nas ciências sociais de um modo geral, é infantilizar o pensamento e as práticas das gerações anteriores e de outras culturas de uma forma lamentável. A literatura oral, como a literatura escrita, é diferenciada pelo seu público de várias maneiras. Nas sociedades iletradas, a ficção é principalmente para crianças; os adultos são atraídos por formas mais "sérias", tais como o mito e a lenda, embora o papel do jogo e da diversão em culturas tais como os Navajo da América ou os Bemba da Zâmbia não deve ser subestimado – brincando com palavras, brincando com sons, brincando com gestos.

As fábulas são uma subcategoria dos contos populares, que usam animais e também seres humanos como personagens principais. Na forma em que são conhecidas atualmente, sejam originárias da Grécia e da Roma antigas (por exemplo, as fábulas de Esopo) ou da Índia, são na verdade produtos de culturas escritas como as parábolas são na Bíblia, mas, em muitos aspectos, estão de um modo geral próximas aos contos populares. Com frequência elas são alegóricas, referindo-se a questões morais. Aliás, a alegoria é um gênero próprio, em que o ouvinte é encorajado a procurar significados ocultos sob a superfície literal, mas isso é mais claramente um produto da cultura escrita, na qual a inspeção é mais cautelosa e refletida do que é normalmente possível na cultura oral.

Música e canto

As canções desempenham um papel muito geral na cultura oral. As palavras de uma canção muitas vezes lembram uma poesia lírica em termos de sua forma, precisando ter uma estrutura métrica rígida em virtude do acompanhamento musical. Da mesma forma, quando epopeias ou outras recitações são acompanhadas por um instrumento musical ou por um ritmo forte, a estrutura verbal rítmica é sempre influenciada por eles. Uma variedade de canção importante é o lamento na morte de um indivíduo, que pode adotar a forma de um discurso enfático ou seguir uma linha mais melódica.

As canções podem ser incluídas em rituais bem como em contos populares e outros gêneros, mas normalmente são apresentadas apenas para a diversão do público. As próprias melodias podem ser elaboradas e ampliadas com o uso dos instrumentos musicais, gerando inúmeras variações inventadas para a ocasião, como ocorre com o jazz. Uma subcategoria importante são as canções cantadas durante o trabalho, especialmente por marinheiros do século XIX no mar, ou por mulheres africanas moendo grãos, em que a execução provavelmente será gênero-específica como o próprio trabalho. O ritmo da canção ajuda a coordenar um trabalho pesado ou repetitivo, a distrair de uma tarefa monótona ou simplesmente a celebrar uma atividade conjunta.

A balada é uma forma de canção narrativa que surgiu na Europa durante a Idade Média e por isso é possível argumentar que é parte de uma tradição oral-literária mista (ou lecto-oral). O gênero exibe fortes formas métricas associadas com um acompanhamento melódico; normalmente o conteúdo refere-se a um conflito bélico ou nobre (especialmente nas baladas dos séculos XV e XVI na fronteira da Escócia com a Inglaterra), celebrando heróis e criminosos, mas manteve sua popularidade no período moderno, como ilustrado pelas canções populares tais como "Frankie and Johnny" ou a "Miss Gee", de Auden. Canções narrativas desse tipo são muito menos comuns em culturas puramente orais, embora variedades da forma caracterizem algumas sociedades letradas antigas; a lenda de Gilgamesh da Mesopotâmia é um exemplo.

As canções distinguem-se dos cânticos por serem mais curtas e mais melódicas. O cântico é uma maneira rítmica de apresentar a fala que é quase como uma recitação; embora possa ser acompanhado, o cântico é realizado com um ritmo regular que não interfere muito com as palavras, as quais são consideradas mais importantes que a música. O cântico pode ser usado para recitais mais breves, tais como o haka dos Maori, um canto de guerra que é acompanhado por movimentos rítmicos, batidas dos pés no chão e gestos ameaçadores, e é às vezes utilizado para a poesia épica ou para as longas recitações normalmente categorizadas como mito, como é o caso do Bagre dos LoDagaa do norte de Gana.

Drama popular

O teatro no sentido moderno é um produto da tradição escrita na Grécia, na Europa, na Índia, no Japão e em outros lugares. No entanto, às vezes é difícil estabelecer uma distinção entre drama e ritual; aliás, as origens tanto do drama grego quanto do drama europeu se encontram em representações religiosas e de ritual, como é também o caso do teatro de marionetes oriental que usa contos da mitologia indiana. A ocorrência de drama secular nas culturas orais não é muito comprovada e, onde ela ocorre, é sempre como atividade cultural periférica. Muitas vezes há alguma relutância em representar outros, e o uso de máscaras como disfarce é uma indicação disso; não é uma pessoa, mas uma categoria, *outro*, que está sendo representada. Apesar disso, as peças teatrais (populares) de um tipo mais ou menos secular realmente ocorrem na cultura popular (lecto-oral) de sociedades letradas, tais como as pantomimas ou mascaradas (*mumming plays*) da tradição europeia, que se contrapõem às peças escritas do teatro da elite.

O ritual foi recentemente analisado sob o rótulo de *performance*, uma categoria que incluiria o drama e que representa uma tentativa de juntar o sagrado e o secular em uma única moldura analítica. Embora seja verdade que o drama, como nos casos mencionados, possa ter sua origem em apresentações sagradas, juntá-las em um mesmo grupo é ignorar as intenções dos autores que são muito diferentes nos dois casos. A missa, por exemplo, é uma *performance* que envolve um culto direcionado para uma divindade, enquanto que o teatro envolve construção imaginativa e tipos de público e de experiência bastante diferentes. No judaísmo e no islamismo, bem assim como no início do cristianismo, o ritual era realizado, mas o drama era proibido. Só mais tarde é que o teatro circular ressurgiu. As religiões abraâmicas proibiam a representação figurativa, mesmo em um nível popular em que as pantomimas eram desaprovadas. A tradição do teatro clássico só voltou para a Europa com o Renascimento, com a redução da importância dos dogmas religiosos. O teatro secular, é claro, existia anteriormente, na época clássica nas cortes indianas e entre os mercadores japoneses, como resultado da escrita. Como o romance, grande parte da poesia (por exemplo, o soneto), a enciclopédia, o dicionário e o teatro são produtos da palavra escrita e não da palavra puramente falada.

Mito

O mito é uma forma particular de literatura oral cujo sujeito é parcialmente cosmológico. Pensava-se anteriormente que muitas dessas histórias eram explicativas. Não há dúvida de que algumas delas realmente o são, inclusive aquelas do tipo "that is why the camel has a hump" ("é por isso que o camelo tem uma corcova", que não é um mito), mas a maioria não é, embora a curiosidade intelectual (expressa pela noção de uma busca) seja muitas vezes incorporada. Para alguns comentaristas, o mito era central para os contos populares: acreditava-se que o significado dos contos populares tinha se originado de seu reconhecido *status* como mitos divididos em partes, gerados por mal-entendidos linguísticos e que explicariam fenômenos naturais solares, meteorológicos e de outros tipos. Outros comentaristas (tais como representantes da escola do mito ou ritual no começo do século XX) consideraram a explicação do mito como um acompanhamento do ritual e o ritual como acompanhamento para o mito (como ocorre entre os Navajo da América do Norte). Essa explicação, no entanto, não explica muito bem o conteúdo do mito ou do ritual. Outros, tais como Malinowski e a escola funcionalista, entenderam mito como um "mapa" legitimador das instituições sociais. Mais tarde, no século XX, houve um movimento a favor de interpretações em termos de uma busca para significados ocultos, alguns dependendo da psicanálise, outros de abordagens diferentes para a decodificação simbólica e outros ainda da análise estruturalista, principalmente na obra de Lévi-Strauss, que procurou uma estrutura subjacente, especialmente de semelhanças abstratas (muitas vezes binárias em caráter) entre um grupo de instituições sociais, cuja chave muitas vezes se encontra no mito.

O mito é frequentemente considerado como a maior conquista da literatura oral. Ele certamente provou ser o gênero mais atraente para forasteiros e, ao mesmo tempo, o mais difícil de compreender, porque, embora lide com questões cosmológicas, ele é, de alguma forma, o mais localizado dos gêneros, aquele que é mais engastado na ação cultural (como quando é recitado em um contexto cerimonial). Grande parte da literatura dos aborígenes australianos, por exemplo, tem uma função essencialmente cerimonial. Os ciclos de canção e narrativas estão relacionados com o sonho (*dreaming*), um passado mitológico em que o ambiente que hoje existe foi formado e humanizado por seres ancestrais. Essas representações podem estar abertas para o mundo todo (e daí ser semelhante à diversão) ou fechado para todos aqueles que não sejam os iniciados.

É importante distinguir aqui entre contribuições para mitologias, isto é, relatos de visões do mundo construídos por observadores, e os mitos em um sentido mais restrito, que são as próprias recitações ao redor de um tema cosmológico (por exemplo, mitos sobre a origem ou sobre a criação). Os últimos são relativamente raros e distribuídos irregularmente pelo mundo, sendo recitados em circunstâncias específicas e restritas, muitas vezes em ocasiões de rituais, como parte, por exemplo, dos rituais de iniciação de sociedades secretas. Como tais, o "saber" que eles contêm só está disponível para alguns indivíduos, normalmente de um gênero. Entre os aborígenes australianos, por exemplo, as mulheres são excluídas de algumas ocasiões rituais. No entanto essas mulheres, excluídas de algum tipo de conhecimento, podem também ter cerimônias paralelas das quais os homens estão excluídos e durante as quais as mulheres transmitem corpos de conhecimento diferentes.

Há tempos, acreditava-se que esses mitos eram transmitidos *verbatim* de uma geração para a outra, em parte porque é assim que aqueles que os recitavam compreendiam a situação. Por isso, eram interpretados como "chaves para a cultura" lançando uma luz privilegiada sobre a sociedade como um todo. Mas o surgimento do gravador portátil e das viagens aéreas permitiu que investigadores voltassem várias vezes para gravar essas recitações no verdadeiro contexto da apresentação, e não registrando-as com papel e lápis em uma situação descontextualizada. Com o gravador, várias versões podiam ser tomadas. Essas novas técnicas mostraram que os mitos variam consideravelmente com o passar do tempo, as exigências da reprodução oral fazendo com que a transmissão generativa seja uma necessidade virtual. As pessoas inventam e preenchem as lacunas nos casos em que a lembrança não é perfeita. Um resultado disso é uma pluralidade de versões espalhadas no tempo (e no espaço), mas nenhum texto estabelecido, como ocorre com a literatura escrita, nem nas mentes dos primeiros antropólogos que só estavam "no campo" por um tempo relativamente curto.

Lendas e recitações históricas

Lendas e recitações históricas – ou "histórias" – ocorrem em todas as partes: sociedades tribais sem chefes produzem histórias da migração do clã, por exemplo, e sociedades com chefes criam histórias da vinda dos governantes e do estabelecimento dos reinos. Exemplos proliferam com a escrita e ficam mais diferenciados, mas eles existem nas culturas puramente orais como uma atividade formal importante, para ser contada em ocasiões rituais, como no caso da Vinda do Kusiele nas cerimônias Bagre no norte de Gana ou nos muitos relatos da história dinástica encontrados entre os Asante na África Ocidental. Esses gêneros podem também ser associados ao totemismo, narrando como um animal específico ajudou a um antepassado em momentos difíceis e, com isso, o consumo ou a morte desse animal passa a ser tabu para seus descendentes. O termo lenda (que vem do latim *legenda*, "para ser lido") era utilizado especialmente para as histórias de santos na Europa Medieval católica e na Ásia contemporânea, mas tipos semelhantes de narrativas, que as pessoas acreditavam ser verdadeiras, também são características das culturas orais e mais tarde muitas vezes formam a base para a construção de histórias escritas, como foi o caso na Grécia Antiga.

Muitas vezes nos esquecemos de que uma sociedade puramente oral tem uma abordagem diferente à linguagem do que aquela que existe quando a escrita intervém. A linguagem é evanescente e não pode ser estudada, analisada, revista da mesma maneira que Eliot descreve na frase "a luta interminável com palavras e significados". Essa é normalmente uma experiência com a escrita, mas muito raramente, se é que ocorre alguma vez, com a fala. Essa é a diferença entre os dois registros: a fala é intempestiva, a escrita envolve "pensamento", reflexão sobre o que escrevemos, mesmo que seja apenas porque o que foi escrito passa a ser um objeto material.

Embora uma língua morta seja um conceito relevante apenas nas culturas escritas (nas culturas orais a língua nunca foi registrada, portanto, ninguém jamais saberia sobre esses registros), algumas recitações históricas formalizadas em culturas puramente orais realmente mantêm formas e conteúdo anteriores que já não são utilizados normalmente. A fala de gerações antigas pode legitimar o material de uma recitação, mas ela também pode tornar o material menos compreensível, mais misterioso, e mais passível de interpretações conflitantes e ambíguas. Isso é o que ocorre com as "histórias de tambor", um conjunto de títulos de chefes que são reproduzidos por batidas de tambor que relatam de uma maneira breve e aforística a história da posição dos chefes, recitada em ocasiões de Estado pelos Gonja do norte de Gana, onde as variações das batidas no tambor refletem a língua. Sua interpretação é difícil não só para forasteiros, mas também para os próprios indígenas. De forma mais ampla, as histórias também são muitas vezes relacionadas com a legitimação, especialmente fornecendo um elo sugerido com o passado distante, em vez de algo que é inteligível na própria história.

Apresentação, conteúdo e distribuição

Nas culturas orais esses vários gêneros adultos não são simplesmente categorias no catálogo de uma biblioteca, mas sim parte de um conjunto de ações que constitui o contexto, muitas vezes o ritual, e às vezes a música e a dança dos artistas; isso inclui uma definição da voz, dos gestos e das intenções dos artistas, assim como do público e de suas expectativas. Cada gênero tem seu contexto característico de apresentação, seu próprio lugar, seu próprio tempo, seus próprios artistas e seus próprios objetivos. Mitos, no sentido concreto, provavelmente não são recitados por pessoas comuns e sim por especialistas em contextos rituais. Os contos populares podem ser contados por adultos que ganharam uma reputação por fazê-lo, porém é mais provável que seu público costumeiro sejam as famílias ou grupos de crianças.

Dada a variedade de gêneros de literatura oral, não se pode dizer muito em geral sobre seu conteúdo. Por definição, a mitologia como uma visão de mundo lida com deuses, divindades e agências sobrenaturais em seu relacionamento – seja distante ou próximo – com a humanidade. As epopeias lidam com seres humanos e também com heróis e monstros meio divinos ou até mesmo totalmente divinos. Os contos populares mostram uma preocupação universal com animais e também introduzem como atores seres humanos, deuses e, às vezes, monstros. A inclusão generalizada de animais indica o reconhecimento de uma continuidade entre seres vivos; os animais muitas vezes reproduzem as vidas de humanos, não só falando, mas também em seus papéis (o chefe dos animais) e em suas ações (fazendo reuniões). Dessa maneira, eles podem também satirizar o comportamento humano e indicar possibilidades perdidas, tais como uma mensagem mal direcionada pela qual a humanidade perdeu a oportunidade de imortalidade que foi então conferida à cobra ou à lua. Uma continuidade entre coisas vivas é expressa também em contos de seres humanos que nascem de animais, são cuidados por eles (como no caso de Rômulo e Remo, os lendários fundadores de Roma) e sendo cuidados também por eles em um sentido mais místico (como na noção norte-americana do espírito guardião ou nas versões do totemismo em que a humanidade é ajudada por um animal protegido ou até descende dele). A "descendência do homem" é caracterizada por essa mistura de espécies, incluindo humanos e deuses ou animais e deuses. Um papel específico que ocorre em muitos contos é aquele do trapaceiro, muitas vezes um animal como o coiote norte-americano ou a aranha na África Ocidental; contos de trapaceiros podem também ter como protagonista uma raposa ou uma lebre. Esse trapaceiro é um animal extremamente inteligente, agindo de uma forma humana, mas às vezes inteligente demais para seu próprio bem. Esse uso de animais, sejam eles trapaceiros ou não, é parte de uma característica generalizada de gêneros orais, especialmente contos populares que combinam todos os seres vivos, humanos e outros, enquanto em culturas escritas a ficção adota um caráter mais realista, seres humanos falam com outros seres humanos. Isso também se enquadra com a natureza do conto popular que é orientado para o público infantil. Embora gêneros semelhantes sejam encontrados de uma maneira ampla em culturas orais e nas tradições orais, eles ocorrem com mais frequência em alguns lugares do que em outros. Por exemplo, na Europa Ocidental, são os irlandeses que são considerados como os mais aficcionados contadores de histórias populares, sejam elas sobre eventos contemporâneos ou material tradicional. Por razões muito mais específicas, os países católicos da Europa do sul continuam a encorajar o relato de histórias de santos (ou lendas, uma característica da tradição oral de culturas escritas), enquanto essas histórias praticamente desapareceram do norte protestante quando os próprios santos foram em grande parte banidos.

Da mesma forma, as longas recitações definidas anteriormente como mitos são distribuídas muito desigualmente mesmo em sociedades vizinhas que, em outras coisas, exibem práticas e crenças semelhantes, porque elas ocorrem sob condições muito restritas. Epopeias e histórias são associadas com sociedades guerreiras e com líderes, respectivamente. Da mesma forma, parece haver pouco uso de provérbios e adivinhações entre os índios americanos, ao contrário do que ocorre na África, onde coleções de provérbios (tais como aquelas feitas em zante pelo missionário suíço J.G. Christaller) eram muito comuns.

O conteúdo dos mitos e lendas é considerado como sendo verdadeiro; em contraste, o conteúdo de contos populares e de fábulas é considerado como ficção. Embora os mitos e as lendas estejam ligados a sociedades específicas (e mais tarde a religiões escritas específicas), os contos populares e fábulas viajam de uma maneira relativamente livre entre grupos, inclusive grupos linguísticos. Essa capacidade de viajar reafirma o fato de ambos terem um *status* de "verdade" diferente, com contos populares raramente ligados a cosmologias específicas, mas mostrando, em vez disso, um apelo universal, especialmente para crianças. A noção comum de que adultos regularmente se sentam ao redor de uma fogueira e ouvem contos desse tipo parece subestimar os níveis de sofisticação desses indivíduos. Märchen (contos populares com um elemento de magia ou do sobrenatural) e histórias de fantasmas têm um apelo muito amplo e são característicos tanto da literatura oral quanto da literatura escrita transmitida oralmente; contos de monstros são encontrados em muitas sociedades e mesmo tipos específicos, como dragões, aparecem em áreas extensas. Fadas e ogros são encontrados com mais frequência como personagens em contos populares e cosmologias, funcionando como intermediários entre a humanidade e as divindades superiores, cujas atividades eles tanto ajudam quanto atrapalham. Estudiosos no passado às vezes consideravam esses personagens como lembranças de algum povo pigmeu desaparecido, na África ou na Europa. Não há qualquer evidência de uma distribuição assim tão ampla desses indivíduos, embora possamos encontrar povos pigmeus na África, na Indonésia e em outros lugares.

Uma vez mais, tentativas de explicar "racionalmente" e "historicamente" (mas especulativamente) os conteúdos da literatura oral levaram a pesquisa por caminhos errôneos. Como no caso da literatura oral em geral, é essencial considerar o contexto da apresentação e da transmissão. Seu caráter imaginativo e ficcional precisa ser introduzido no contexto de uma maneira mais séria, inclusive a atuação recíproca entre homem e deuses. Não só com deuses, mas com animais e toda a natureza da qual os contos populares tratam muitas vezes. Ouvimos esses contos quando crianças e para crianças, muitas vezes viajando de um lado para outro, enquanto mitos e lendas estão mais claramente conectados com culturas ou religiões específicas.

3
O antropólogo e o gravador de sons

Os capítulos 3 e 4 foram publicados na França, o primeiro na revista de Régis Debray, *Médium, transmettre pour innover*, em 2005, e o segundo como contribuição para uma conferência em Paris. No primeiro discuti o papel do gravador de sons para o antropólogo. Isso foi essencial para mim pessoal e teoricamente. O fato de ter em minhas mãos um dos primeiros gravadores Philips no campo, depois de minha primeira estadia entre os LoDagaa, significou que eu então podia gravar falas recitadas de uma maneira que ninguém tinha podido fazer antes em situações "primitivas". Eu não só podia gravar no próprio contexto da apresentação, em vez de ter de levar um "informante" para minha cabana, mas também tinha a oportunidade de rever a verdadeira recitação calmamente. Isso já era algo muito significativo, pois quando pedíamos a um "informante" que recitasse, ele provavelmente nos dava aquilo que queríamos ouvir (as partes narrativas, por exemplo, sem incluir as partes filosóficas). No entanto, do meu ponto de vista, o mais importante foi que, em vez de trabalhar com lápis e papel em uma situação de trabalho de campo, agora podíamos gravar com relativa facilidade uma pluralidade de versões de uma única recitação. Isso era fundamental porque, no caso do Bagre, essas recitações mostravam uma variação considerável, embora se eu acreditasse naquilo que os próprios atores diziam, todas as versões eram a mesma (isto é, no mesmo ritual). Isso me mostrou aquilo que Bartlett tinha demonstrado há muito[1], ou seja, que a precariedade da memória oral precisava de alguma reconstrução, mesmo sem considerar o desejo de ser criativo. Para mim, esse entendimento significou uma revolução não só na compreensão do papel do "mito" em sociedades orais, mas também em toda a apreciação da "mentalidade primitiva". O mito já não podia ser visto como se estivesse atado ao resto de sua estrutura social como Malinowski (para a análise funcional) e Lévi-Strauss (para a análise estrutural), tendo apenas uma versão com a qual trabalhar, presumiram com alguma razão; com variações consideráveis foi preciso levar em conta a mudança independente, a criação e a invenção, a exploração intelectual, como nas formas posteriores da "literatura escrita" (embora essas raramente variassem da mesma maneira). Segundo, essa característica da sociedade mostrou que, de certas maneiras (certamente

---

1. Bartlett, 1952.

não nas maneiras tecnológica e científica), elas eram menos estáticas e menos imóveis que as teorias clássicas sobre a sociedade "tradicional" sugeriam (e, portanto, também menos "não racionais" e menos "não lógicas"). Mais ou menos a mesma coisa tinha sido sugerido nos conhecidos comentários de Evans-Pritchard sobre Lévy-Bruhl, e ainda mais especificamente no estudo de Barth sobre a mudança entre povos vizinhos da Nova Guiné[2]. Aliás, grande parte da invenção cultural (no sentido mais estrito da palavra) ocorreu na África e isso é visível quando examinamos a variação considerável nos rituais de povos vizinhos, por exemplo, na área voltaica, em comparação com a relativa uniformidade da produção agrícola. O próximo capítulo sobre criatividade oral trata precisamente desse ponto.

Minha primeira visita aos LoDagaa, no noroeste de Gana, foi em 1950. À época foi difícil gravar as melodias de seu xilofone ou até suas recitações, longas e elaboradas como eram. Para gravar sons eram necessárias máquinas pesadas, desajeitadas e caras. Para fazê-las funcionar era preciso ter eletricidade, algo que só era disponível quando a aldeia tinha seu próprio gerador. Eu tinha apenas lápis e papel. Esses não adiantavam no caso da gravação de música, já que eu não sabia usar notação musical. Quanto a anotar sua fala, isso gerava considerações práticas que tinham seus problemas de um modo ou de outro. As orações eram formais e eram recompostas a partir da nossa memória ou com a ajuda de um auxiliar. Nos dois casos estávamos fora do contexto da cerimônia em que elas eram faladas.

Ocasionalmente eu convencia um "informante" a conversar comigo. Ele me dava um relato de um procedimento, de um rito, de um incidente, ou até mesmo de suas experiências pessoais. Eu então escrevia o que ele dizia diretamente em meu caderno. Mas aquela "observação participante" tão querida dos antropólogos só permitia que fizéssemos uma anotação rápida de vez em quando. Mais tarde examinávamos aquelas anotações para reconstituir os acontecimentos do dia. Era difícil fazer mais sem tirar folgas. A filmagem nos teria permitido reconstruir várias cenas, mas a concentração em um objetivo nos impedia de ver o que estava ocorrendo à sua volta. Daí a necessidade imperiosa, para aqueles que seguiam Malinowski, de escrever as conclusões de nossas anotações no campo na mesma noite, quando a lembrança das discussões ainda estava recente. É claro, sempre havia a possibilidade de pedir aos sujeitos que falassem lentamente, com muitas pausas, e fazermos anotações mais completas. Eu agi dessa forma quando anotei a apresentação Bagre. Tinha estado presente nas cerimônias públicas dessa iniciação na aldeia de Birifu. Um velho soldado, Benima "Dagarti", percebeu minha presença e sugeriu recitar para mim o "mito" que era contado para os iniciados e ao qual eu não tinha acesso. Essa recitação era apresentada no quarto central da casa Bagre onde a parte pública da cerimônia ocorria. O próprio Benima se distinguia dos demais em virtude da descoberta do islamismo (e especial-

---

2. Evans-Pritchard, 1937; Barth, 1987.

mente de suas mesquitas) durante seu serviço no exterior com o exército britânico no sudeste da Ásia. Ao voltar, tinha abandonado sua comunidade local e ido morar em um acampamento muçulmano perto dali. Mas continuou a visitar sua aldeia natal para ver os amigos e vender seus remédios. Aos olhos de ambas as comunidades, ele era considerado um forasteiro, como normalmente ocorre com os convertidos. Mas ao se tornar um muçulmano, ele ainda era um iniciado do Bagre e tinha sido instruído na recitação por seu avô. Um dia, quando ele me fez uma visita, começou a recitação. A fim de fazer sentido daquilo que ele me dizia, eu interrompia seu ditado com perguntas. Nas margens da minha transcrição, acrescentei explicações breves daquilo que ele me falava como resposta às perguntas. Continuamos fazendo isso durante dez dias, em segredo; ele tinha rompido seu juramento ao deus Bagre.

Nosso encontro foi crucial. Ele me permitiu produzir um "texto" do Mito do Bagre. Auxiliado por Rômulo Tadoo, recentemente formado em uma escola cristã, comecei a fazer uma tradução pouco tempo depois em outra aldeia (Gwo e depois Tom). Esse primeiro encontro me permitiu vencer alguns dos limites do trabalho de campo, antes da vinda do gravador portátil e pequeno que captava as falas formais e informais nas cerimônias rituais. Era muito difícil pedir às pessoas que repetissem orações funerárias em privado, pois elas se sentiam pouco confortáveis de agir dessa forma. Quanto às longas recitações "míticas", como o Bagre, as repetições eram quase impossíveis – primeiro, em virtude de sua natureza confidencial, mas também porque era difícil encontrar um orador. Finalmente, o contexto da própria cerimônia era necessário para inspirar alguém, para lhe dar uma voz. E mesmo quando essas dificuldades tinham sido superadas, a recitação nunca poderia ser a mesma que a da própria cerimônia. Não é ilógico pensar que, antes da década de 1940, a maioria daquilo que consideramos literatura oral nunca foi na verdade recitada dessa forma durante a própria cerimônia. No melhor dos casos ela foi dada como uma tradução, em circunstâncias totalmente fora do contexto e por alguém que estava livre das restrições de uma recitação pública. Esse é um dos motivos pelos quais com frequência temos tão poucos dados sobre o público. No momento do registro, não havia ninguém mais por perto – a não ser o próprio antropólogo ou a própria antropóloga. Com isso, os contos muitas vezes são registrados com quase nenhuma informação sobre o público e as condições da enunciação. O que achávamos que estava direcionado aos pais poderia ter sido direcionado às crianças (ou aos antropólogos). Dessa forma, nossa investigação só produzia evidência de uma mentalidade em um sentido especial, o equivalente de nossos contos infantis.

Quais são as outras consequências da descontextualização? Primeiramente, o orador direciona sua atenção para o público presente naquele momento e assim tenta prever o que pode ser do interesse daquele público. Ele ou ela muitas vezes se concentra nos elementos narrativos do mito, excluindo outras seções que eram menos fáceis de lembrar, ou menos relevantes para a situação. O resultado pode ser uma distorção da natureza do mito. Com o Bagre, encontrei diferenças importantes dependendo da maneira como foi registrado. A primeira versão por Benima foi claramente mais longa e mais complicada que aquelas gravadas no gravador. Por quê? Benima era uma pessoa inteligente e séria. Explicarei as diferenças em termos das circunstâncias. Fora do próprio contexto ritual, Benima estava em uma situação mais relaxada e podia desenvolver certos temas de uma maneira mais livre, talvez imaginando que eu estaria mais interessado nos aspectos especulativos e religiosos. O ditado também era muito difícil em virtude da rapidez das recitações feitas para os iniciados. Não é permitida nenhuma pausa para memorizar; o bom recitador é aquele que fala de maneira rápida, fluente, clara e sem hesitação. No caso de Benima, ele tinha de dar um tempo para escrever o mito e também para explicar certas passagens que me parecessem obscuras. Todo o processo era muito mais longo e mais pensado: dez dias em vez de oito horas, um período de tempo que nos permitia refletir sobre aquilo que dizíamos.

A chegada do gravador modificou a situação. Agora podíamos gravar durante a cerimônia e traduzir mais tarde. Esse novo procedimento tinha muitas vantagens. Primeiro, permitia-nos documentar o que ocorria durante a cerimônia. Podíamos então compreender a influência que o público tinha sobre a apresentação: Por exemplo, eles corrigiam o orador? Na apresentação do Bagre, os membros do público faziam alguns comentários, mas não o tempo todo. Podíamos também analisar a maneira como a recitação se desenvolve, porque gravávamos os erros, as lacunas de memória e também as continuidades. Mas, acima de tudo, podíamos fazer várias gravações da mesma recitação e comparar as semelhanças e diferenças entre as versões. Antes disso, os antropólogos normalmente só escreviam uma versão. Como era única, ela passava a ser o ponto de referência. A partir dela, trabalhávamos as relações entre um mito e um ritual, e até mesmo entre um mito e a sociedade em que ele tinha surgido, ao mesmo tempo em que negligenciávamos a possível existência de variações daquele mito. Essa única versão era considerada como uma forma padrão e normalizada, transmitida de geração em geração de uma maneira relativamente precisa.

Uma única alusão à máquina foi feita em nossa primeira gravação. E ela foi incorporada na versão que foi recitada, uma indicação decisiva de mudança. Algum tempo mais tarde, em Gonja, onde estive presente na ocasião do nascimento do profeta, tinha trazido meu gravador, cuidadosamente. A fim de gravar as orações dos muçulmanos, eu o coloquei diante de mim, tão discretamente quanto possível. Poucos minutos mais tarde, um comerciante rico, Abu Jaja, levantou-se para pegar seu próprio gravador e, a seguir, pegou também o meu e colocou os dois no centro da cena, bem em frente aos oradores. A máquina tinha entrado naquela cultura, mesmo que ela destruísse o monopólio da transmissão oral do conhecimento e seus segredos.

Nossas gravações mostravam variações consideráveis, fossem elas feitas pela mesma pessoa em situações diferentes ou por pessoas diferentes na mesma situação, uma prova de que o Bagre não é memorizado palavra por palavra, uma hipótese que adotei desde o começo. Na própria prática, os oradores lembram certas passagens, mais ou menos. Eles memorizam uma série de temas e um método de recitação. As variações não são introduzidas secretamente e sim encorajadas (a recitação continua sendo "única"), ainda que signifiquem o desaparecimento de outro tema. Essas versões mostram a presença de talentos criativos que a ideia de um texto estabelecido de um mito ignora. Finalmente, devemos observar que esse processo de criação também está ocorrendo em aldeias vizinhas.

A introdução do gravador de sons no trabalho nas ciências sociais revela uma relação flexível entre o mito e a sociedade. Essa flexibilidade deve ser reconhecida e contrastada com a suposição de muitos antropólogos antigos. A recitação de um mito não é simplesmente um exercício de reprodução exata, como se estivéssemos copiando uma passagem do Paraíso Perdido de Milton. Pelo contrário, ela envolve a criação incremental de um grande número de variantes, que resulta não só em mudanças na estrutura da superfície, mas também na estrutura profunda do mito. Por certo, sempre existe um nível de abstração que pode reduzir as diferentes versões a variantes de um tipo proppiano. Mas no caso do Bagre, as variações afetam todo o tom da recitação. Elementos importantes que eu tinha considerado permanentes (como a visita a Deus) desapareceram em versões posteriores, quase sem deixar vestígios. Portanto, era impossível prever o que constituía a estrutura profunda e contínua do mito. E nos surpreendíamos com diferenças semelhantes àquelas encontradas no discurso da cultura escrita.

Essas novas técnicas nos permitiram rever nossas conclusões teóricas: o papel e o lápis já não eram os únicos instrumentos à nossa disposição. O gravador ainda está muito longe de solucionar todos os nossos problemas analíticos. Ele constitui uma de nossas ferramentas, assim como ocorre com o computador. Como eu disse, a publicação de uma transcrição estabelecida em um "texto" substitui a heterogeneidade criativa do mito por uma ortodoxia autoritária. A gravação de várias versões faz mais do que revelar que existem sérios problemas sobre a hipótese de uma fonte original. Ela também mostra a criatividade e a existência de versões que sugerem formas diferentes de compreender o mundo, que podem até contradizer umas às outras.

4
Criatividade oral

Normalmente as sociedades sem escrita (ágrafas) são consideradas estáticas e tradicionais e transmitem sua cultura de geração para geração. Essa ideia foi encorajada por muitos antropólogos em cuja opinião o "presente etnográfico" descreve uma cultura estabelecida pelo costume imutável. A ideia muitas vezes tem o apoio dos próprios "nativos". "O mundo é como sempre foi", disseram os esquimós ao antropólogo alemão Franz Boas como se estivessem negando a própria noção de história. A história, como o estudioso de literatura Ian Watt e eu argumentamos, começou com a palavra escrita. Foram os tipógrafos, declarou Franklin, que nos colocaram em um movimento perpétuo. E nós modernos estamos acostumados com o mundo em mudança permanente.

No entanto, para Weber o mundo tradicional é estático, para Braudel ele não se modifica. Wallerstein considera que a busca incessante por mudança, por lucro, é uma característica que define o capitalismo (uma noção herdada de Rostow)[1], enquanto as sociedades tradicionais são governadas pelo costume, não pela racionalidade, e cada geração aceita sem questionar aquilo que a geração anterior estabeleceu. Até que ponto isso é uma verdade das sociedades antigas? Há certos segmentos em que a mudança, especialmente a mudança material, é lenta, por exemplo, na agricultura. E é por isso que essas sociedades permanecem "primitivas". Mas, mesmo nesses casos, a mudança ocorre com o passar do tempo, na forma de um machado de pedra na criação de ferramentas auxiliares. Mas há outras áreas da vida social nas quais a mudança está muito mais em evidência.

Na esfera do ritual e da religião, por exemplo, há uma considerável variação, mesmo entre povos vizinhos. Isso é bastante compreensível. Em primeiro lugar, a exata repetição de longos rituais, apesar de todas as intenções, é difícil de preservar com o passar do tempo, especialmente se são realizados apenas de vez em quando. As variações vão se introduzindo parcialmente porque a memória é imperfeita e as pessoas fazem o melhor que podem. Esse processo é ainda mais evidente com as palavras que acompanham os rituais, especialmente aquelas longas recitações que chamamos de "mitos". Antropólogos que registraram essas recitações com lápis e papel, uma ta-

---

1. Wallerstein, 1999.

refa laboriosa e difícil por si mesma, muitas vezes acharam que estavam registrando uma versão estabelecida, porque as próprias pessoas tinham se referido a todas as versões como sendo "a mesma". Consequentemente temos discussões consideráveis sobre o papel da memória em culturas orais, se comparada com as memórias aparentemente falhas das sociedades letradas onde as pessoas podem depender daquilo que foi escrito em um livro para lembrar. É possível que algumas sociedades tenham desenvolvido um sistema de mnemônicos orais para certos objetivos restritos. Basta lembrarmos o uso de objetos materiais, tais como bancos entre os Asante, para a memorização de genealogias e feitos reais, e de processos semelhantes no Pacífico. Diz-se que o Rig Veda é transmitido oralmente de geração em geração pelos brâmanes na Índia. Mas essa é uma sociedade letrada, existem versões escritas às quais se referir, e uma das técnicas mnemônicas principais, o sistema de rima, parece depender em grande parte da escrita ou da interiorização visual da palavra. Mas, em primeiro lugar, as técnicas mnemônicas orais são pouco comuns e, em segundo, até o surgimento do gravador de sons não tínhamos nenhum meio verdadeiro de estabelecer a identidade com o passar do tempo.

Meu próprio trabalho sobre as versões da recitação do Bagre dos LoDagaa do norte de Gana, coletado durante um período de aproximadamente vinte anos com a ajuda de Kum Gandah[2], que os próprios recitadores em suas discussões conosco declararam ser "única" (a mesma), apresentam variações consideráveis, não simplesmente de um tipo superficial, mas na própria estrutura do mito e em seus temas básicos. (Essas variações são discutidas muito mais detalhadamente no capítulo 6.)

Parece haver pouca dúvida de que no Bagre Negro, que é a mais imaginativa das duas partes da recitação principal, os oradores estão interessados na relação da humanidade com o mundo em que essa se encontra, especialmente sobre os elementos sobrenaturais nele existentes, alguns repetindo (da melhor maneira possível), alguns elaborando, alguns especulando. Essas especulações variam dentro de uma gama de possibilidades, mais ou menos como variavam os relatos do universo europeu entre os cristãos menos ortodoxos que eram investigados pela Inquisição[3] e que não eram retidos por crenças ortodoxas. A imaginação ou a "fantasia" não é prerrogativa de uma cultura ou de um tipo de cultura. E existe o esquecimento bem como a criação; aliás, nas culturas orais eles são duas faces da mesma moeda. O esquecimento exige a invenção e a criação; a criação provavelmente exige algum esquecimento. Isso se aplica até a primeira parte, que é menos especulativa no sentido de que fornece um comentário – uma orientação e talvez um pouco de explicação – sobre a longa série dos próprios rituais, no decorrer dos quais o Bagre Branco é recitado repetidamente. Alguns oradores cometem erros na ordem das cerimônias; todas elas estão obvia-

---

2. Goody, 1972; Goody e Gandah, 1981, 2000.
3. Ginsberg, 1980; Le Roy Ladurie, 1978.

mente incompletas como relatos, algumas mais do que outras. Mesmo nos casos em que os oradores recitam na mesma apresentação ou em que algum orador recita uma vez mais pouco tempo depois de uma apresentação anterior, as versões diferem como esperaríamos que diferissem se tivéssemos lidando com vários oradores e não com o mesmo orador; isso ocorre porque cada um deles internaliza, de uma maneira mais ou menos exata, sua própria versão, e a produz quando é requisitado. Apesar disso, mesmo aqui há variações, visto que é quase impossível, sob condições orais, em que não há qualquer texto de referência, aprender uma longa recitação "de cor". Há esquecimento e há criação, mesmo que seja apenas para preencher as lacunas. Isso se aplica não só à ordem das cerimônias, mas aos aspectos de seu conteúdo selecionado para a apresentação. Com tudo isso, não há possibilidade de se considerar esse aspecto do "mito" oral como estático e isso nos apresenta um quadro muito diferente do lugar do "mito" naquelas culturas – não estabelecido e unitário, mas diversificado e múltiplo – e também do lugar da criatividade neles.

A invenção não era só verbal, embora certamente um dos motivos pelos quais o Bagre Branco era menos variável do que o Bagre Negro era o fato de o primeiro estar mais intimamente conectado com a série de cerimônias, cuja sequência e cujo conteúdo poderiam ser lembrados com muito mais facilidade. Apesar disso, havia criação na esfera do ritual, isto é, nas ações padronizadas orientadas para o sobrenatural. Se não fosse isso, como poderíamos explicar as variações, digamos, nas cerimônias formais relacionadas com o nascimento ou a morte entre grupos específicos no norte de Gana? Certamente havia pontos de referência externos, por exemplo, o islamismo. Mas grande parte da variação realmente parecia ser de origem interna. Tomemos por exemplo os eventos que acompanharam o funeral do "Chefe" Gandah de Birifu em 1949. Em um determinado momento no decorrer da cerimônia final do funeral (*ko dãã gbaaro*), surpreendi-me ao testemunhar a chegada de um caminhão aberto, cujos ocupantes eram nada menos que uma banda de música inteira que tocava seus instrumentos bem alto. A banda tinha viajado várias centenas de quilômetros de uma aldeia perto de Kumasi, em Asante, de onde, muitos anos antes, uma delegação tinha vindo para comprar o relicário de *kungpenbie* do "Chefe" falecido, que, por sua vez, tinha-no obtido dos vizinhos Dagaba, um grupo relacionado, mas etnicamente diferente. Em Asante, o relicário tinha dado muitos bons resultados, ou seja, os negócios e o comércio estavam se expandindo, um número de clientes que tinha vindo consultá-lo tinha prosperado e compartilhado sua prosperidade com os donos do relicário, a quem consideravam parcialmente responsáveis por seu sucesso. Os proprietários asante, por sua vez, tinham compartilhado parte dessa riqueza com o Chefe de Birifu, chegando até a lhe dar um caminhão que, mais tarde, seu filho Kumboone tinha negociado entre Kumasi e o norte[4]. O envio da banda e sua chegada barulhenta no fu-

---

4. Cf. Gandah, 2004.

neral faziam parte da fase mais ou menos final da transferência do relicário, uma transferência que provavelmente iria influenciar os funerais LoDagaa no futuro. Era costume celebrar, em um grande funeral, todas as várias fontes das quais o indivíduo tinha obtido lucros durante sua vida, atuando, por exemplo, como um barqueiro, tocando o xilofone, ou sendo proprietário de um relicário bem-sucedido. Se essas eram novas formas de fazer as coisas e novas maneiras de celebrá-las (como no caso da banda), era bastante provável que elas fossem repetidas no futuro, como a apresentação de várias formas de música além do xilofone e dos tambores "tradicionais".

Claramente essas novas modificações nos serviços funerários refletem mudanças mais amplas na economia. Mas a possibilidade de mudança não é uma novidade. Na esfera ritual isso foi assim há muito tempo, como com os dialetos linguísticos; de outra maneira seria impossível explicar a variação local que surgia em um espaço e tempo bastante limitados. Vemos o mesmo processo ocorrendo com alguns tipos de relicário. Uma vez mais, não podemos explicar a emergência de relicários, tais como *kungpenbie* e Tigari, sem presumir um processo de contínua criação e obsolescência. "Relicários medicinais" desse tipo foram um traço constante nas sociedades africanas do período pós-colonial, muitas vezes se especializando na proteção contra a feitiçaria, mas também em outros aspectos associados à nova economia, uma expansão do comércio e o papel de veículos motorizados, por exemplo. Alguns autores ligaram seu aparecimento com as novas condições de incerteza sob as quais estão vivendo os africanos contemporâneos, e certamente essa situação provavelmente irá produzir mais relicários e aumentar a circulação dos relicários já existentes. Mas considerar "relicários medicinais" como uma categoria totalmente nova nessa situação, a meu ver, é incorreto e reflete uma visão errônea de culturas antigas imutáveis. Há relatos históricos do movimento desses relicários de um local para outro e isso é bastante compreensível. Qualquer relicário que promete oferecer uma cura para as tristezas humanas com certeza ficará sob pressão, quando, por exemplo, as bruxas que ele tinha prometido afugentar voltarem, ou quando a possibilidade recorrente de uma epidemia, tal como a doença do sono, voltar para aquela área. Nesses casos, uma pessoa pode buscar outra maneira de lidar com o problema, seja trazendo a solução de fora ou possivelmente criando-a na própria área.

Tive um amigo, chamado Betchara, que trabalhava praticamente sozinho, em parte como barqueiro. Um dia ele ofereceu para me levar para ver seu novo relicário às margens do Rio Volta Negro. Fisicamente, era constituído por um pau, com mais ou menos 50cm de altura, ao redor do qual tinham sido atados feixes de grama. Ele me disse que tinha construído seu *tub* por ordem dos seres da floresta que estavam especialmente preocupados com a água, com o dinheiro resultante das travessias de rios. Os seres da floresta (*kontome*) são muitas vezes chamados de fadas ou anões em inglês, porque se parecem com essas criaturas no folclore europeu. Mas eles são mais sérios e mais importantes para a religião LoDagaa, e seus relicários antropomórficos estão relacionados com adivinhação e com a revelação para a humanidade dos segredos do outro mundo e com o problema de sacrifícios para suas agências. No decorrer dessa revelação os seres podem indicar uma causa criativa, tal como a necessidade de estabelecer um novo relicário, bem como de fazer uma oferenda a um relicário antigo. Aliás, atribui-se a esses seres o poder de instruir a humanidade nos caminhos de Deus (*Na'rjmin*), que é o Deus Criador, e em um relato deu aos humanos, através dos seres da floresta, as características principais de seu repertório cultural. Algumas versões do Bagre estão relacionadas significativamente com a transmissão da cultura para a humanidade, a preparação da cerveja e a criação do ferro, paradigmaticamente, na criação daqueles processos que estão no núcleo da existência dos seres humanos na Terra. Então, mesmo em relação à tecnologia e a questões semelhantes, o mundo não é sempre como era, como supostamente afirmaram os esquimós de acordo com Boas, mas sempre houve um processo criativo em funcionamento, e em algumas das versões desse processo o papel dos próprios seres humanos é mais criativo do que em outras.

No entanto, sendo visto de fora, essas esferas de tecnologia mudam mais lentamente que as da religião e possivelmente as da "cultura" em um sentido não material. Examinando as várias sociedades do norte de Gana, sua tecnologia agrícola é mais ou menos a mesma e comparativamente estática, mesmo no decorrer de um longo período de tempo. Ela mudou realmente com a introdução dos novos produtos agrícolas americanos pelos portugueses, e os do sul da Ásia por outros. Mas aqui há pouco espaço para a invenção. Isso não é assim de forma alguma nas questões religiosas. Embora existam algumas semelhanças no nível das principais agências sobrenaturais, especialmente o Alto Deus, a Terra, a Chuva, os antepassados, até os seres da floresta, em outros níveis há grande variação. Alguns grupos usam máscaras, para outros máscaras são anátema e um disfarce desnecessário. Essas diferenças vão surgindo. O mesmo ocorre com os muitos relicários, alguns conectados com localidades específicas e com significados também específicos que muitas vezes se modificam com a passagem do tempo. Mesmo o parentesco, que é normalmente considerado parte da estrutura básica, varia consideravelmente entre grupos adjacentes de maneiras que parecem ter sido geradas por dificuldades com um sistema preexistente, tais como complicação na herança das esposas de uma pessoa. Mudanças em uma escala mais ampla entre ajustes matrilineares e patrilineares ocorrem como nas hipóteses que levantei entre subgrupos dos próprios LoDagaa. Não há dúvida de que há uma tendência de que esses arranjos se repitam nas gerações seguintes – é isso, afinal, que é a transmissão cultural –, mas a rigidez desses arranjos muitas vezes foi exagerada com a imposição nas sociedades mais simples de uma visão da cultura quase biológica. Você tem aquilo que veio com você quando você nasceu!

5
Os contos populares e a história cultural

Em um livro bastante conhecido, Darnton (1984) considerou o conto popular como um exemplo do "pensamento primitivo". Meu argumento é que o público para esses contos geralmente não é formado por adultos, e é um pouco como se as outras sociedades estivessem considerando *João e o pé de feijão* como uma representação da sociedade ocidental moderna. Os contos populares são muitas vezes internacionais e não refletem qualquer sistema social específico, a não ser de uma maneira muito periférica, já que são comunicados livremente.

No primeiro capítulo sobre contos populares de seu livro sobre a história cultural francesa no século XVIII, Robert Darnton tenta compreender as mentalidades, a consciência de uma população camponesa que é considerada também como representativa de um eleitorado maior, isto é, da própria França. Ele compara e contrasta contos populares ingleses e alemães com a intenção de determinar o grau de sua "francesidade"[1]. Distingue essa iniciativa do "rapsodismo romântico sobre o espírito nacional" ou da noção de um *Volksgeist*[2]; no entanto, em sua obra, um elemento desse tipo de generalização também está presente. Darnton acredita, por exemplo, que as histórias populares têm um estilo comum e exibem o tema da trapaça, o qual é considerado uma característica permanente da cultura francesa. Como Scott argumentou[3], embora essa caracterização seja normalmente atribuída ao camponês francês, ela poderia razoavelmente ser considerada verdadeira em relação a muitas outras culturas. De qualquer forma, como inúmeros estudiosos do folclore observaram, nos contos das várias culturas as semelhanças são tão significativas quanto as diferenças. E as diferenças generalizadas a esse nível são muito difíceis de avaliar, mesmo por um escritor tão sensível quanto é, sem dúvida alguma, Darnton.

Aqui quero comentar sobre o uso de contos populares, em parte pela importância desses contos e em parte como um comentário sobre uma forma específica de "história cultural". Há outras formas semelhantes: embora o termo tenha sido usado por historiadores já na década de 1980, Jardine e Brotton anunciam "uma nova his-

---

1. Esse aspecto de seu estudo foi recebido criticamente por Chartier, 1985.
2. Darnton, 1984: 61.
3. Scott, 1976, 1985.

tória cultural" em seu livro *Global Interests*[4]; e eu gostaria de ver incluída na história cultural a discussão da significância das mudanças nos meios de comunicação (em particular, a capacidade de ler e escrever). Mas antes de me voltar para examinar essas questões, quero fazer um breve esboço dos objetivos do resto do estudo de Darnton. No segundo capítulo, no ataque aos gatos por parte do tipógrafo, Darnton está interessado na *mentalité* de um grupo de trabalho – e como ela constitui parte da cena sociocultural mais ampla. No terceiro, ele lida com a consciência de um comerciante individual examinando uma procissão municipal em Montpellier, que ele considera como parte de "um elemento básico nas visões do mundo do século XVIII"[5]. E para Darnton, sua própria tarefa não é descobrir como era a cidade à época e sim como "nosso observador a observava". No entanto, certamente ambos estão envolvidos em um relato abrangente, como o estudioso certamente percebeu quando se voltou para discutir uma "descrição da cidade" como foi reconstruída pelos historiadores[6].

O interesse de Darnton na *procession générale* de Montpellier não era como réplica da estrutura social e sim como expressão da "essência da sociedade"[7], um objetivo complexo que é quase impossível de definir. Outros capítulos lidam com um arquivo policial, as categorias do conhecimento e uma leitura de Rousseau, e a conclusão com alguns pontos da história cultural. Mas aqui o que realmente me interessa é o primeiro capítulo e o uso de contos populares.

Darnton usa "contos" (contos populares, "contos de fada") para iluminar "o mundo mental (a essência?) dos não esclarecidos durante o Iluminismo"[8], procurando o mundo e a mentalidade do homem comum em uma tentativa de reconstruir a história cultural francesa. Como antropólogo interessado em história, exatamente como Darnton é um historiador interessado em antropologia, quero comentar esse empreendimento, um comentário que irá envolver uma discussão do papel do povo no folclore.

Embora a análise antropológica possa ajudar à pesquisa histórica introduzindo uma dimensão espacial comparativa e, ao mesmo tempo, mais sistemática (assim como a história pode ajudar a antropologia a lidar com a mudança e a dimensão temporal), a construção de sistemas também tem seu aspecto negativo se ela deixa de ser sensível ao material. E esse é precisamente o problema da abordagem holística, seja ela estrutural ou funcional. Embora, corretamente, essas abordagens exortem o pesquisador a procurar por inter-relacionamentos entre, digamos, política e família, elas podem enfatizar exageradamente a unidade total de "culturas". Na África contempo-

---

4. Jardine e Brotton, 2000.
5. Darnton, 1984: 109.
6. Ibid.: 114.
7. Ibid.
8. Ibid.: 9.

rânea, por exemplo, nunca seria possível discutir vestimentas nesses termos na medida em que o uniforme dos alunos das escolas e das enfermeiras faz referência à interação social que é bem externa a qualquer cultura específica; mesmo que isso tenha um significado local ("saber local"), é necessário levar em conta a significância mais ampla.

Um dos problemas com que a "história cultural" se defronta e com que a "história social" *não* se defronta é que a primeira tende a tratar a cultura, como fazem certos antropólogos, como um todo não diferenciado. Esse era o sentido da definição de "cultura" de Tylor em 1871 e Darnton faz uma comparação disso com o uso de "folclore" por Thoms em 1846. O povo e sua sabedoria popular são vistos como uma unidade não estratificada, não localizada, e às vezes atemporal, pelo menos no nível do homem comum, ou do "não esclarecido", na frase de Darnton. A cultura também tem premissas holísticas semelhantes que foram centrais para grande parte da tradição norte-americana da antropologia, por exemplo, na obra de Geertz, com quem Darnton realizou um seminário permanente em Princeton. Essa tradição difere da tradição anterior britânica, cujo objetivo era uma análise da estrutura social e não da cultura. Ela difere também de um tratamento vagamente marxista da estratificação na história da cultura, por exemplo, nos escritos de E.P. Thompson e Raymond Williams.

Não vejo muita vantagem em discutir a vida social nesse nível de abstração, especialmente na medida em que essas posições tendem a inclinar a análise em sua própria direção. A abordagem socioestrutural tende a lidar com a "estrutura superficial"; a cultura como um epifenômeno de uma estrutura subjacente. Essa visão tende a dar muito pouca ênfase ao sistema de coordenadas do ator e tem, por sua vez, tendências holísticas, especialmente na obra de Lévi-Strauss e dos estruturalistas franceses (que, no domínio do folclore, voltam-se novamente para Propp). O que um estudo de organização social e história social deveria fazer pela "cultura" no sentido de apresentação é chamar a atenção para sua natureza estratificada, não só no sentido de classe, mas em termos de idade e de gênero. Examinando a idade, passagens de *Boy's Own Paper* ou dos livros semelhantes às histórias de aventuras de Henty não lançam muita luz sobre a mentalidade de adultos ou de meninas, embora filogenética e desenvolvimentalmente elas possam em alguns casos ter contribuído para sua constituição final. Mas insisto que, em nossa cultura, nenhum adulto iria voluntariamente se sentar em uma sala para ouvir *Chapeuzinho Vermelho*, o conto que Darnton escolhe para dele deduzir as mentalidades adultas, e parece bastante incorreto achar que o povo ou mais especificamente nossos antepassados do século XVIII também teriam feito isso. Nem mesmo em "outras culturas". Presumir tal coisa seria desmerecer seus modos de pensamento e perpetuar a noção de uma lacuna ampla e inexplicável, a Grande Divisão, entre eles (os outros, os "não esclarecidos", o povo) e nós. A razão argumenta contra isso. E o mesmo fazem minhas experiências contemporâneas na África. E eu precisaria de evidência muito substancial de nosso próprio passado para me convencer do oposto.

A Grande Divisão é uma lacuna na qual Darnton (como outros) pensa que eu acredito. Mas minha tentativa nos escritos a que ele se referiu foi justamente tentar elucidar o contexto das premissas que outros fizeram. E o fiz insistindo sobre o papel específico (mas não exclusivo) das mudanças nos meios de comunicação, que eram múltiplas e não binárias (e incluem a tábua xilográfica, a imprensa, a máquina de escrever e o computador), a fim de deixar de lado categorizações binárias de outros, não explicadas, tais como esclarecido e não esclarecido, moderno e tradicional, adiantado e primitivo. Posso estar indicando o mecanismo errado, mas pelo menos estou fazendo isso de uma perspectiva sócio-histórica concreta, que precisa ser refutada ou complementada no mesmo nível de análise. Darnton tem bastante razão, é claro, em insistir que "contar histórias pode florescer muito tempo depois do surgimento da capacidade de ler e escrever"[9], mas todo esse gênero é fortemente influenciado por esse surgimento e particularmente pela vinda da "cultura impressa"! A divisão entre cultura oral e cultura escrita a que ele se refere não é a mesma que a divisão entre o uso de registros orais e registros escritos e, na verdade, é sobre essa última divisão que ele está realmente falando. Isso caracteriza aquilo que eu chamo de lecto-oralidade, a transmissão oral em uma sociedade que tem a escrita.

Os contos com que Darnton lida *Chapeuzinho Vermelho*, sobretudo, eram conhecidos como contos infantis na Inglaterra pelo menos desde a época da *Pamela* de Richardson[10]. Portanto, se ele está certo, "aqueles camponeses contadores de histórias na França do fim do século XIX contam histórias uns para os outros exatamente como seus antepassados tinham feito um século ou mais antes", e nos dois períodos históricos nós teríamos de aceitar que "contos de fadas" são principalmente "contos infantis" direcionados para crianças e não para adultos, como o nome indica. Mesmo na própria explicação de Darnton alguns dos contos são reconhecidos como sendo direcionados para crianças[11], e muitas vezes "tendem a ser admonitórios"[12].

Em inglês, o conceito de "contos de fadas" ocorre mais ou menos ao mesmo tempo que o "conto infantil", sendo uma tradução do francês, *conte de fées*. Ele surgiu pela primeira vez em 1749 nas cartas de Horace Walpole. E não muito tempo depois começou a ter o significado de falsidade, da mesma maneira que a palavra "histórias" na frase "histórias da carochinha" em português. Darnton prefere o termo "conto popular" a esses conceitos de ator, visto que isso lhe permite se referir à cultura camponesa de um modo geral e não apenas a "coisas infantis". Mas essa não parece ter sido uma categoria do próprio povo e, na verdade, deve ser talvez considerada como abrangendo uma pluralidade de gêneros autóctones ou até mesmo analíticos.

---

9. Ibid.: 28.
10. Richardson, 1741.
11. Darnton, 1984: 62.
12. Ibid.: 53.

A noção de um conto usado por Darnton no título de seu capítulo cobre, é claro, não só contos de fada, mas também outras formas de *contes*, inclusive relatos dos acontecimentos no mercado da aldeia na semana anterior. O mesmo ocorre com a palavra conto popular no uso que dele faz, por exemplo, o estudioso contemporâneo de folclore Alan Dundes. Meu argumento depende fortemente da desconstrução desse termo "cobertor" do século XIX e de distinguir entre as várias formas de narrativa.

Noções de verdade e historicidade que se distinguem da ficção (histórias da carochinha) e, aliás, do mito (embora, nesse caso, os critérios sejam gerados pelo observador e não pelo ator) são constantemente levantadas na análise do folclore, ainda que isso possa parecer uma preocupação fora de moda para muitos. Lowie, que escreveu a etnologia dos índios Crow, descobriu que suas "tradições orais" não tinham "valor histórico"[13]. Darnton interpreta isso como significando "precisão factual", mas é possível que Lowie estivesse indo mais além. Dundes observa que a maioria das narrativas heroicas é, ou era, contada como histórias verdadeiras; são lendas e não contos de fadas[14]. Todas estão incluídas no folclore, um termo que Dundes acha que cobre não só as atividades de pessoas analfabetas em sociedades com a escrita (como ocorria no século XIX), mas também incluía os pensamentos e as ações de povos "primitivos" (presumivelmente nas sociedades sem escrita), por um lado, e nas populações urbanas (o povo em sociedades dominadas pela escrita), por outro; em outras palavras, aquilo que E.B. Tylor chamava de cultura.

Em sua conclusão para seus estudos sobre os contos populares, Darnton refere-se às duas culturas da atividade de contar histórias. Pessoas como Perrault ouviram essas histórias de "amas de leite e babás, que os ninavam para que dormissem com canções populares e os distraíam, depois que tinham aprendido a falar, com *histoires ou contes du temps passé* [...], isto é, crenças populares. Enquanto a *veillée* perpetuava tradições populares na aldeia, os criados e as amas de leite forneciam o elo entre a cultura do povo e a cultura da elite"[15]. Ele continua ao explicar como as versões de Perrault e de outros foram impressas nos pequenos panfletos da *Bibliotèque bleue*, que "eram lidos em voz alta nas *veillées* nas aldeias em que alguém soubesse ler". Os camponeses e os membros dos salões sofisticados "não habitavam mundos mentais completamente separados. Tinham muita coisa em comum – antes de qualquer outra coisa, uma coleção comum de contos que "transmitiam características, valores, atitudes, e uma maneira de interpretar o mundo que era peculiarmente francês"[16]. Mas, de acordo com suas próprias conclusões, esses contos eram para crianças na elite e para adultos entre os analfabetos. Essa é a Grande Divisão que, a meu ver, é difícil de acei-

---

13. Lowie, 1935.
14. Dundes, 1980: 131.
15. Darnton, 1984: 63.
16. Ibid.: 63.

tar no nível das mentalidades e que parece aviltar a cultura camponesa. Devemos ser especialmente cuidadosos com essa maneira de analisar as sociedades camponesas quando, apesar da idade tardia do casamento na Europa, meninos tornam-se homens e meninas tornam-se mulheres com tanta rapidez. Na aldeia francesa em que escrevi este ensaio, meninos de 12 e 14 anos estavam dirigindo tratores pela aldeia, e muito antes disso andavam de *mobilete*. De várias maneiras eles abandonaram as coisas infantis e estão ocupados em tarefas produtivas "adultas".

É compreensível que houvesse ocasiões na sociedade rural em que os moradores das aldeias se sentassem juntos, como nas *veillées* do campo francês. Eu próprio já ouvi falar dessas reuniões perto do *cantou* no Lot, onde mesmo no pós-guerra as pessoas se reuniam para quebrar nozes ou tirar a palha do milho, tarefas longas que eram mais facilmente desempenhadas em comum. Essas reuniões desapareceram hoje em dia, dizem aqueles que participavam delas, por causa da televisão, e as próprias atividades associadas certamente perderam sua importância. No verão de 2001 pedi a alguns amigos no sudoeste da França que conversassem com os habitantes mais antigos e investigassem que formas de discurso eram usadas nas *veillées* e para que público. Um exercício desse tipo sempre tem seus riscos, pois as pessoas têm uma tendência a romantizar seu passado e a comparar a vida adulta com a infância. Apesar disso, parece que todos concordaram que o conteúdo tomava a forma de um intercâmbio de notícias (ou de boatos) de uma maneira informal. Não vejo qualquer evidência de que adultos sentavam-se juntos para contar "contos infantis" (o equivalente de Perrault ou Grimm) uns aos outros no começo do século XX e não vejo por que razão as coisas teriam sido muito diferentes em períodos anteriores.

Especialistas em folclore que lidavam primordialmente com culturas camponesas, isto é, com os segmentos "não esclarecidos" ou "analfabetos" das sociedades complexas com escrita, costumavam ver seus sujeitos como elementos atrasados, não progressistas e "tradicionais"[17]. Por esse motivo muitas vezes achavam que sua tarefa era procurar as formas anteriores e "primitivas" dessas atividades, mais ou menos como Frazer fez em sua obra monumental *The Golden Bough* (O ramo de ouro). É claro, há muitas formas de pensamento e de ação social que trazem consigo evidências de sua história cultural. Mas seria um grande erro não reconhecer que todos esses atos são reposicionados no novo contexto. Ou seja, os remédios populares têm de ser analisados do ponto de vista tanto da sociedade quanto do indivíduo em seu relacionamento (e interação) com a tradição erudita desenvolvida *inter alia* por Galen e Hipócrates, e praticada por especialistas "médicos". O mesmo se aplica aos outros aspectos dos sistemas de crenças. A forma de crenças análogas nas figuras ancestrais nas culturas camponesas é obviamente bem diferente quando os alto-comandos da vida religiosa estão ocupados por uma religião mundial escrita. Essa situação é precisamente o

---

17. Dundes, 1980, cap. I.

que encontrei na Iugoslávia, que foi o *locus* da comparação entre os bardos homéricos e os *guslari* balcânicos. A presença de uma religião escrita claramente influencia a natureza do conteúdo das "epopeias" relevantes; essas últimas obviamente excluem qualquer tratamento extensivo de questões religiosas importantes que são o território de padres, templos e do Livro, seja ele a Bíblia ou o Corão. A existência de uma literatura escrita paralela pode influenciar essas formas "orais" de muitas maneiras.

A meu ver, Darnton dá muita importância a uma Grande Divisão entre os esclarecidos e os não esclarecidos, e ao mesmo tempo sugere que eu perpetuo uma noção semelhante em relação aos que sabem e aos que não sabem ler e escrever. Não tenho certeza de ter jamais dividido o mundo em culturas orais e escritas ou impressas, visto que em todas as culturas as pessoas se comunicam oralmente. Mas eu realmente vejo diferenças entre sociedades com e sem a escrita, inclusive diferenças em suas formas orais (a narrativa e o romance, por exemplo) e é difícil entender como qualquer história da cultura humana é possível sem estarmos cientes dessas mudanças nos modos de comunicação. Eu considero essa uma maneira mais esclarecida de explicar a diferença (mesmo parcialmente) do que aquela baseada no esclarecimento ou até mesmo em um conceito vago de mentalidade.

Darnton refere-se à obra de Parry e Lord sobre "como epopeias populares tão longas quanto a *Ilíada* são transmitidas fielmente de um bardo para outro entre os camponeses analfabetos da Iugoslávia"[18]. Ele reconhece que esses camponeses não possuem os "poderes fabulosos de memorização às vezes atribuídos a povos 'primitivos'". Na verdade, "eles não memorizam muita coisa". Cada apresentação é única. No entanto, "gravações feitas em 1950 não diferem em sua essência daquelas feitas em 1934". Até o material impresso pode ser introduzido, pois "modificações de detalhes quase não modificam a configuração geral"[19]. Mas o que é essa "configuração geral" e como é que nós a configuraríamos? Sugiro que isso só é possível tomando uma série de versões (1934-1950) e designando um núcleo comum. Elementos comuns certamente existem durante esse período, mas é um período um tanto curto. Além disso, as fontes impressas de muitas dessas epopeias sem dúvida alguma restringem a narração, já que muitas vezes as pessoas se referem a elas. Alguns dos *guslari* eram analfabetos (mas em que tipo de letra?), mas nem todos o eram e aqueles que não podiam ler podiam, ainda assim, ser fortemente influenciados pelas fontes impressas, mesmo que indiretamente. Por isso, como vimos, esperaríamos uma variação muito menor lá do que no caso de uma cultura puramente oral, na qual não havia esse tipo de mnemônica, nem essas restrições e nenhum texto estabelecido como pano de fundo. De qualquer forma, as epopeias estão sendo constantemente adaptadas a novas situações e novas epopeias estão sendo criadas. Nos conflitos recentes na

---

18. Darnton, 1984: 19.
19. Ibid.

antiga Iugoslávia, bardos dos dois lados às vezes atuavam na frente dos soldados, um pouco como os tocadores de gaita de foles escoceses; sua apresentação despertava o ânimo da população civil e pelo menos um político importante era também um *guslari* importante. Havia pouca coisa estática em relação a essa tradição[20].

Darnton argumenta que a obra de Lord confirmou, na Iugoslávia, o trabalho de Propp sobre os contos populares russos, "como a variação do detalhe permanece subordinada a estruturas estáveis"[21]. Mas as estruturas estáveis de Propp são muitas vezes tão abstratas que a variação quase não é concebível, visto que as possibilidades alternativas são tantas. De qualquer forma, os gêneros são muito diferentes, epopeia e conto popular, incluindo apresentação, público e estrutura. Raramente encontramos epopeias longas (ou outras recitações longas) em culturas puramente orais. E quando as encontramos, há muito pouca coisa que sugira muita continuidade com o passar do tempo – na verdade, com o Bagre dos LoDagaa do norte de Gana[22], como veremos, as variações são enormes. Mas os contos populares são diferentes; parece realmente haver alguma continuidade com o passar do tempo, em parte porque esses contos breves podem ser memorizados mais facilmente, em parte porque as histórias que ouvimos nos primeiros anos da infância podem ser lembradas com mais facilidade, como aliás ocorre com o próprio idioma. Darnton também argumenta que nas sociedades tradicionais "continuidades de forma e de estilo são mais importantes que as variações nos detalhes"[23]. Nesse nível de abstração o mesmo poderia ser dito sobre qualquer cultura, embora certamente pudéssemos nos perguntar por que a forma deveria "ser mais importante" que o conteúdo.

Há um risco em presumir que, nas culturas puramente orais, as longas recitações são memorizadas com grande precisão. Em muitos casos elas não o são, e não podem ser. Quando nos voltamos para as tradições orais em culturas com a escrita, a situação é diferente. Se há uma versão que foi impressa, como no caso de Perrault, então ela pode ser lida ou consultada, como Darnton sugere que ocorria nas *veillées*, quando era fornecido um texto estabelecido para que o recitador refrescasse sua memória. Ainda assim, pode haver problemas com autores que presumem que as formas orais operam da mesma maneira que textos estabelecidos. Darnton é crítico das tentativas psicanalíticas de interpretar contos populares, especialmente da interpretação de *Chapeuzinho Vermelho*, de Fromm, que ele considera como uma tentativa de decodificar as linguagens simbólicas do inconsciente coletivo na sociedade primitiva. Ele comenta que a versão de Fromm do texto foi "baseada em detalhes

---

20. Agradeço a Bojun Baskar por essa informação, bem como a colaboradores, para a Mediterranean Summer School (Escola de Verão Mediterrânea), na Eslovênia. Ele também me forneceu uma cópia de um estudo croata sobre bardos modernos (ZANIC, 1998).

21. Darnton, 1984: 19.

22. Goody, 1972; Goody e Gandah, 1981, 2002.

23. Darnton, 1984: 20.

que não existiam nas versões conhecidas pelos camponeses nos séculos XVII e XVIII"[24]. A psicanálise nos leva para um "universo mental que nunca existiu", que não aparecia "no conto popular original". Mas tenho dúvidas se é possível falar de um conto popular original. Essa ideia volta à origem de formas orais das quais certamente não podemos ter nenhum conhecimento, ao contrário do texto escrito, com seu estema construído deliberadamente.

Deixem-me retornar ao problema do público para gêneros orais que mencionei anteriormente. A dificuldade é que não temos muita informação satisfatória, por exemplo, sobre o contexto para a atividade de contar histórias. O especialista em contos populares Stith Thompson fala continuamente de fogueiras ao ar livre. Mas quando, seguindo Botte, discute o uso de contos populares na Grécia e em Roma, ele escreve: "Eles falavam de fadas e monstros [...] um termo usado com frequência para esses contos eram 'histórias de velhinhas' e os autores se referiam sempre a como esses contos eram narrados para crianças"[25]. Em seu sumário dos pontos principais sugeridos por estudiosos do folclore não há qualquer menção do público. Em um certo sentido, isso é compreensível porque os coletores precisavam encontrar indivíduos que lhes contassem as histórias *fora do contexto* para que assim eles as pudessem escrever – registrá-las no contexto teria sido virtualmente impossível antes do surgimento do gravador portátil.

Mas embora as observações na própria recitação diante de um público fossem poucas, ou até não existentes, muitas premissas foram feitas, algumas baseadas em uma reconstrução saudosista da vida em outros tempos, quando se reuniam ao redor da fogueira à luz da lua. Algumas premissas mais claras eram implicadas, por exemplo, pelos irmãos Grimm no título de sua coleção *Kinder-und Hausmärchen*[26]. Não havia qualquer dúvida em suas mentes de que no começo do século XIX as crianças formavam um componente essencial do público.

Um dos problemas maiores ao usar esse material para determinar o público e o contexto da apresentação é o da imprecisão de algumas definições de gêneros. A definição do conto popular dada por Stith Thompson é muito ampla. Ele considera a narrativa como sendo universal, a forma adotada por relatórios de eventos recentes, por lendas e pela ficção. No Ocidente ele afirma que a narrativa foi cultivada em todas as categorias, indo desde Homero até as histórias dos padres medievais para "o velho camponês" que, "agora como sempre, se distrai nas noites de inverno com os contos dos *Três Ursinhos*"... "Os poetas escrevem epopeias e os romancistas romances"[27]. No entanto, a seguir ele diz que está apenas lidando com "o conto da prosa tradicional",

---

24. Ibid.: ii.
25. Thompson, 1951: 272.
26. Grimm, 1819 [2. ed.].
27. Thompson, 1951: 3-4.

o qual passa de geração em geração; na forma escrita ou de boca em boca, ele é a essência que é passada de "geração em geração". Para ele, o termo "conto popular" inclui essas narrativas literárias de tal forma que estamos lidando não só com literatura oral ou aquela do "povo" iletrado. O que ele diz sobre essas narrativas é que elas se parecem umas com as outras em sua desatenção pela originalidade da trama ou pelo orgulho de propriedade: esse é o conto tradicional, o conto popular que é, em algum sentido, "oral"[28]. Tradicional (no caso da atividade de contar histórias) é uma categoria que inclui tanto as culturas orais (como no caso dos Índios Crow) e as culturas escritas (como no caso dos camponeses iugoslavos).

A categoria inclui *Märchen* (contos populares), *novellas* ou pequenos romances, contos de heróis, *Sagen* (lendas), contos explicativos, mitos, contos sobre animais, fábulas e sátiras. O problema aqui é que a categoria fica tão ampla que há muito pouca coisa que possa ser dita sobre ela como um todo. Pois alguns elementos são claramente direcionados para adultos enquanto outros (eu argumentaria) são para crianças: alguns são "imaginários", outros factuais. Quando, por exemplo, o folclorista americano R.M. Dorson foi à Irlanda para presenciar a coleção de contos populares (ou folclore), o que ele ouviu, na companhia do colecionador em tempo integral Tradling Murphy, foram histórias que, aparentemente, as pessoas acreditavam serem verdadeiras sobre eventos quase contemporâneos na vizinhança[29]. Não há qualquer problema em considerar esses contos como direcionados para adultos. Mas com outros, sim, há um problema. No entanto, se considerarmos todos esses contos como "populares" como "tradicionais", como originários do povo, certamente deve haver perguntas sobre o público para algumas delas pelo menos, querendo saber se os camponeses realmente ficavam sentados ouvindo a história dos três ursinhos.

Na conclusão de sua valiosa explicação do conto popular[30], Stith Thompson escreve sobre o declínio do conto oral que foi superado pelo cinema, como ocorreu com *Branca de Neve*.

É claro, as crianças gostavam muito dele, pois em nossa civilização são primordialmente as crianças pequenas que continuam a ter interesse pelo conto popular. Apesar dos esforços de certos educadores, esses contos continuam a ser narrados nos jardins de infância e mais tarde a serem lidos em novas versões fáceis. Na verdade, essa situação é tão bem reconhecida que editoras e bibliotecas normalmente classificam todos os contos populares como literatura juvenil. Como uma medida prática essa atitude é justificada, pois adultos em um mundo de livros abandonaram essas velhas histórias, considerando-as coisas de criança. E, no entanto, vimos que em um determinado momento, em todas as partes, esses contos não eram considerados infantis.

---

28. Ibid.: 5.
29. Dorson, 1976.
30. Thompson, 1951.

Eles foram uma das formas de distração principais para todos os membros da sociedade, jovens e velhos. Mesmo hoje em dia, em cantos remotos de nosso mundo ocidental, e em todas as partes entre homens primitivos, os contos populares servem para dar uma expressão artística à imaginação e para trazer diversão e animação para vidas monótonas. E eles continuarão por muito tempo ainda a ser um dos meios principais para prover educação e conforto a homens e mulheres iletrados[31].

Não há dúvida de que as primeiras afirmações sobre o presente estão corretas, mas em relação ao passado elas parecem muito mais problemáticas. Quando é que essa adoção do conto popular pelas crianças supostamente ocorreu? Thompson diz que foi o mundo dos livros (presumivelmente, o livro impresso) que teve esse efeito, ou o cinema; e em algum outro texto, o Iluminismo. A premissa é sempre que o *status* anterior era adulto.

É claro, isso foi verdade em relação aos Grimm, para quem a origem dos contos populares se encontra nos "mitos". "O elemento mítico, cuja significância há muito se perdeu, é mais amplo à medida que vamos voltando mais e mais ao passado"; "aliás, ele parece ter constituído o único tema das ficções mais antigas". Os contos eram "mitos divididos em partes" que vinham de fontes indo-europeias, como, por exemplo, o Rig Veda. Essa obra era considerada "a casa do tesouro da mitologia"[32]. Em sua introdução a *Essai sur les fables indiennes* (Ensaio sobre as fábulas indianas)[33], Deslongchamps achou que todos esses contos se originaram na Índia e foram difundidos na Europa pelo budismo e pelo islamismo. "As transformações que os contos sofrem [...] são [...] quase totalmente uma confusão caleidoscópica de formas, características e motivos que originalmente estavam separados"[34]. Mas, é claro, como os Grimm parecem perceber, essas narrativas antigas não eram consideradas ficção pelas pessoas que as ouviam, de tal forma que os contos populares, que são obviamente narrativas ficcionais, provavelmente não foram seus descendentes. No entanto, ocorre que elementos de tais contos podem estar incluídos em mitos e epopeias, como encontramos em Homero e também no Bagre, a longa recitação dos LoDagaa do norte de Gana, que gravei, transcrevi e publiquei em várias ocasiões[35].

O uso dos contos populares feito por Darnton está relacionado com seus interesses mais amplos em "história cultural." Um momento-chave na proclamação de seu esforço vem em sua crítica da Escola Annales, que ele reconhece como sendo a tendência mais importante na escrita histórica no século XX, por tentar compreender a cultura (civilizações) como se essa se originasse da economia, da demografia e da es-

---

31. Ibid.: 461.
32. Grimm, 1819.
33. Deslongchamps, 1838.
34. Deslongchamps, 1838, apud Thompson, 1951: 377.
35. Goody, 1972; Goody e Gandah, 1981, 2002.

trutura social, e de ser compreensível da mesma forma "por meio de análises estatísticas, a interação da estrutura e da conjuntura e considerações de mudança de longo prazo, e não dos eventos"[36]. Da estatística, ele diz que sua interpretação pode ser muito diferente dependendo do escritor. A cultura, afirma ele, exige um tratamento diferente. Ao contrário dos dados da economia e da história social, "objetos culturais não são fabricados pelo historiador, e sim pelo povo que ele estuda". É claro, o mesmo poderia ser dito de qualquer outro objeto da investigação histórica ou antropológica, embora não de sua análise, seja ela cultural, social ou de qualquer outro tipo. E embora a análise numérica possa ou não ser parte da compreensão que o ator tem da situação (para fãs de esportes muitas vezes é), ela pode ser útil para a compreensão da situação total na qual o significado para o ator é parte do significado para o observador, mas não representa a extensão total de seus interesses.

Nessa discussão a posição de Darnton parece se originar de uma abordagem geertziana que, por sua vez, vem de Talcott Parsons, o qual atribui o social e o cultural a subsistemas diferentes com especialistas diferentes (sociólogos em um caso, estudando as "estruturas", e antropólogos no outro, estudando o "significado") usando métodos diferenciados. Essa não é a situação para a maioria dos cientistas sociais europeus para quem as categorias weberiana e durkheimiana do social incluiriam o cultural, embora isso talvez fique mais claro com o uso do termo sociocultural.

Escrevendo sobre as relações entre a história e a antropologia, Darnton cita Geertz, Turner, Rosaldo e também Keith Thomas e Evans-Pritchard, mas não se refere aos antropólogos mais orientados para o "social" envolvidos no estudo dessas relações – uma série de americanos (Wolf, Mintz), alguns dos fundadores ingleses da análise estrutural-funcional (Schapera, Gluckman, e mais tarde aqueles influenciados por Marx, tais como Gough e Worsley), aqueles interessados em história demográfica e outras mais, tais como Macfarlane, e nem os muitos outros antropólogos franceses, também muitas vezes influenciados pelo pensamento marxista. E não estavam Hobsbawm e Thompson entre os primeiros historiadores a investigar a conexão? Mas considerar esses autores teria levado à integração do cultural, do social e do econômico e não à sua autonomia.

Darnton está fortemente interessado em compreender o evento específico por meio da "descrição densa" e, com isso, compreender a "mentalidade" dos atores. Esse é um veio valioso que ele corretamente explora, seguindo o exemplo antropológico de Geertz. Mas parece pouco sensato rejeitar outras abordagens ao entendimento do passado ou do presente, por exemplo, aquela que examina eventos específicos em termos da longa e também da curta duração, e a estrutura social mais ampla na qual a comunidade está localizada. Vemos tendências a essas abordagens na obra de Darnton

---

36. Darnton, 1984: 257.

e às vezes desejamos que elas fossem mais explícitas, especialmente no nível das mentalidades, que apresentam muitas dificuldades[37].

Certamente deveríamos explorar o texto em profundidade, como Darnton o fez de uma maneira muito frutífera. Mas temos igualmente de levar em consideração o contexto social dos contos populares. Quem é o povo? E, segundo, temos de ter alguma noção da *longue durée* em termos da história cultural. Achar que os contos populares do tipo de Perrault foram um dia a base do discurso adulto não é só contraintuitivo, e, sugiro, tampouco é comprovado pela evidência, mas, além disso, é também presumir coisas sobre mudanças em mentalidades, sobre a natureza estranha do passado (do século XVIII) que parecem depreciar seus membros, e especialmente os camponeses, estabelecendo uma analogia demasiado próxima com o tratamento de culturas "primitivas", um tratamento cujas premissas já precisariam ser questionadas. Isso não é dizer que os camponeses e outros não tivessem recursos a elementos da crença (crença do povo, se vocês quiserem) que se assemelhavam muito àqueles encontrados em outras culturas e que Frazer e seus colegas teriam tratado como "sobreviventes". Isso é outra questão. Mas, de qualquer forma, tratar tais características como se elas oferecessem uma janela para uma "mentalidade" total parece um procedimento questionável[38]. É parte dela, sem dúvida, assim como a matança de Oklahoma ou os tiros nas escolas são partes da mentalidade ou da cultura norte-americana, mas seria extremamente duvidoso considerá-los como "chaves" para obter a compreensão do todo, como seria feito na luta de galos em Bali.

---

37. Cf. Lloyd, 1990.

38. Um dos problemas aqui é usar o idioma como um modelo para toda a cultura, como antropólogos muitas vezes fazem.

6

Animais, humanos e deuses no norte de Gana

As sociedades dos LoDagaa que são descentralizados e tribais (acéfalos) e o estado altamente organizado dos Gonja vivem em ambientes semelhantes e têm um conjunto parecido de contos populares no que se refere às três categorias principais de humanos, deuses e animais. Mas a proporção é diferente: mais chefes aparecem nos contos populares da sociedade descentralizada, poucos naqueles da sociedade centralizada. Isso é relevante para os pontos de vista funcional e estrutural e remete à significância da comunicação entre culturas e o papel da "fantasia".

Existiam diferenças consideráveis em muitos aspectos nas sociedades LoDagaa e Gonja, embora ambas estivessem situadas na savana do norte de Gana. Uma era uma sociedade agrícola acéfala, sem qualquer organização política regular; o posto de chefe não existia, embora não há dúvida de que homens de influência alcançavam posições de liderança de tempo em tempo; não havia nenhuma tradição letrada e o contato com o Islamismo era muito tênue. A sociedade Gonja, por outro lado, era uma chefatura estabelecida há muito tempo e altamente diferenciada cujos membros mantinham contatos constantes com o norte da Nigéria, com a curva do Níger e até com o Mediterrâneo. O reino compreendia uma série de comunidades étnicas. Parte da população era muçulmana, alguns sabiam ler e escrever e toda a sociedade era influenciada pelo mundo islâmico de uma maneira ou de outra.

Mas quando começamos a examinar os contos populares, há uma semelhança extraordinária em raio de ação e temas[1]. Neste capítulo examino apenas os personagens que aparecem nas histórias que foram coletadas entre os LoDagaa (1950-1952) e os Gonja (1956-1957, 1964-1966) respectivamente[2]. Estou plenamente consciente das limitações daquilo que estou fazendo: é claro que uma análise temática mais sofisticada deveria ser aplicada ao mesmo material. Mas grande parte do tratamento da literatura oral, tanto do mito quanto dos contos populares, sofre de pobreza de dados, registros inadequados, falta de conhecimento linguístico (algo que por alguns autores é até tratado como uma vantagem), uma ignorância do contexto da recitação e uma

---

1. Uso a expressão "narrativa oral" a fim de evitar o problema de distinguir entre mito e conto popular; de um modo geral, esses podem ser considerados mais próximos à segunda dessas extremidades e às vezes irei me referir a elas assim.

2. A primeira coleta foi feita por mim, a segunda em colaboração com Esther Newcomb Goody.

confusão entre sistemas de coordenadas e de explicações. Há poucos campos, em minha opinião, em que os cânones da investigação são aplicados tão mal, uma situação que contribui bastante para a preservação do mistério do mito. Algo pode ser feito para corrigir a situação analisando uma coleção de contos reunidos pelo comentarista de uma maneira simples e direta, uma vez que os resultados podem ter uma significância mais ampla.

Os personagens foram divididos em humanos, deuses e animais. As fronteiras entre essas categorias não são totalmente rígidas, pelas seguintes razões:

1) Embora o Gonja e os LoDagaa coloquem humanos e animais em categorias separadas, não há termo algum geral para "seres sobrenaturais". Há apenas um número de grupos que nós, como forasteiros, poderíamos designar como sobrenaturais e cujas características podem se aproximar das características de humanos, de animais, ou até mesmo de objetos naturais. A Terra claramente se aproxima dessa última categoria; o mesmo ocorre com a Chuva, embora essa palavra esteja etimologicamente ligada com a palavra para o Deus superior entre os Gonja (e associada com "deus" entre os Gonja)[3]. Além disso, os fantasmas estão próximos dos humanos, tendo muitas das características de ambos[4].

2) Deuses, animais e humanos interagem nas mesmas histórias, poucas das quais estão restritas a uma única categoria de ser. Para que isso ocorra em um contexto narrativo, a comunicação precisa ocorrer entre eles. Por esse motivo, todos eles têm de falar a língua dos humanos, e comportar-se de forma que sejam geralmente compreendidos por eles.

3) Os atores não são estabelecidos eternamente nessas categorias principais; humanos se transformam em antepassados e transformações mais complexas sempre podem ocorrer entre eles[5].

Animais

Entre os LoDagaa, somente a aranha (*salminder*) ocorre em mais que um quarto das histórias (30%); muitos outros animais, domésticos e selvagens, participam (cf. tabelas 1 e 3[6]). Entre os Gonja, as histórias de aranhas são também as mais numerosas (36%), seguidas pela hiena e pelo búfalo, e depois disso por mais ou menos o mesmo tipo de categorias que entre os LoDagaa (veja tabelas 2 e 3). A predominância da ara-

---

3. Entre os LoDagaa, Deus/deus está etimologicamente conectado com o Sol; nas duas sociedades os atores negam a associação etimológica.

4. Cf. Lang, 1893: xii: "Entre selvagens [...] os personagens são com muito mais frequência animais do que no *Märchen* europeu [...]. Os deuses são animais ou aves".

5. Goody, 1972: 63; Stith Thompson, 1955-1958.

6. Essas tabelas estão no Apêndice.

nha é, claro está, uma característica do cenário da África Ocidental, e o transporte das histórias Ananse dos Asante para as Índias Ocidentais é bem conhecida. Ela é um personagem tipicamente trapaceiro, que às vezes perde, às vezes ganha, e os contos sobre ela muitas vezes têm um fim didático.

Humanos

A semelhança entre os LoDagaa e os Gonja é repetida no caso dos humanos. Aqui a semelhança é ainda mais surpreendente. A natureza é mais ou menos a mesma nos dois grupos, especialmente em relação aos animais selvagens e domésticos, já que eles vivem na savana da África Ocidental. Mas o sistema social difere, especialmente no tocante às instituições políticas: os Gonja tinham um Estado tradicional, os LoDagaa adquiriram chefes quando adquiriram os ingleses, isto é, cerca de quarenta anos antes de eu coletar essas histórias. Portanto, é surpreendente descobrir que de todos os papéis é o do chefe que se destaca nos dois grupos de histórias. No entanto ainda mais surpreendente é o fato de haver uma porcentagem ainda maior dessas histórias (15%) entre os anteriormente descentralizados LoDagaa do que entre o antigo reino de Gonja (8%). A não ser por isso, as narrativas estão relacionadas com homens/pais ou mulheres/mães anônimos (tabelas 4, 5 e 6); de um modo geral podemos distinguir um âmbito bastante limitado de personagens ou papéis. Praticamente nenhum nome pessoal é atribuído aos personagens[7]. Além dos chefes, a única diferença entre os dois grupos é a mais alta proporção de caçadores e leprosos que aparecem nas histórias LoDagaa; uma vez mais essa diferença tem pouca correspondência na própria vida social.

A inversão da esperada associação em relação aos chefes tem um paralelo nos personagens de animais. Embora animais selvagens (*LD*, *wedun*) que formam o corpo principal das *dramatis personae* nos dois grupos de histórias sejam muito semelhantes, há uma ligeira diferença entre animais domésticos (*LD*, *yirdun*). Os animais domésticos de maior importância do ponto de vista de consumo, isto é, a vaca, não aparece em nenhuma das histórias, embora seu parente selvagem, a vaca-do-mato ou búfalo, esteja bem representada. O cavalo e o burro aparecem nas histórias dos dois grupos, mesmo que as atividades associadas a eles (conquista no caso do cavalo, comércio no caso do burro) sejam encontradas entre os Gonja, mas não entre os LoDagaa. Na verdade, como no caso do chefe, os cavalos aparecem com uma frequência ligeiramente maior nas narrativas da sociedade em que eles eram mais raros: são encontrados em 4% dos contos dos LoDagaa, e em 2% dos contos dos Gonja (tabela 3).

As frequências da diferença nos animais são ligeiras, mas ficam mais significativas quando observadas lado a lado com a inversão semelhante em relação aos chefes.

---

7. Lang contrasta contos populares e epopeias em relação à sua anonimidade.

Deuses

Não só os Gonja têm um sistema político diferente do sistema dos LoDagaa, mas suas religiões também são, em muitos aspectos, bem distantes. Uma seção importante da sociedade Gonja é muçulmana e a cidade comercial de Salaga foi um centro de estudo islâmico, em que sua própria "escola" literária floresceu na última parte do século XIX. A influência da sagrada escritura e da prática islâmicas se estenderam bem mais além do estado muçulmano e muitas das cerimônias nacionais são baseadas em um calendário religioso que celebra fases na vida de Maomé.

Consequentemente, Deus (isto é, o Chefe ou Alto Deus, *Ewurabore*)[8] desempenhava um papel central em Gonja, embora outras agências sobrenaturais também tivessem um lugar importante. Entre os LoDagaa, por outro lado, Deus (*Na'angimin*) desempenhava um papel pequeno na ação religiosa: seu papel era o de um ser remoto, em grande parte distante da vida cotidiana, um dos "Altos Deuses supérfluos" encontrados em toda a África. Apesar dessa diferença em ação e crença religiosas, as histórias exibem uma semelhança extraordinária tanto na extensão de seres sobrenaturais quanto na frequência com que eles aparecem. Nos dois grupos o Alto Deus aparece mais do que qualquer outra agência, a porcentagem sendo mais ou menos a mesma, se incluirmos o filho de Deus entre os LoDagaa (tabelas 7, 8 e 9). Mas a segunda característica importante é que, além de Deus, os únicos outros seres mencionados são as "fadas" (ou seres da selva) e fantasmas (isto é, ex-humanos).

Os "seres da selva" (ou espíritos das colinas e da água, anões, gênios ou fadas, como são conhecidos na literatura) desempenham um papel intermediário entre Deus e os humanos. Como vimos, eles têm um papel importante nas atividades rituais dos LoDagaa e em outras sociedades na região, porque, entre outras coisas, estão intimamente envolvidos com os processos de comunicação entre humanos e outros poderes, especialmente no processo de adivinhação. Mas no nível do cotidiano, outras agências, tais como a terra e os antepassados, sem mencionar os inúmeros "relicários medicinais", desempenham um papel maior na ação religiosa. No entanto, nenhum desses são mencionados na extensa amostra de contos que nós coletamos.

Um outro ponto relaciona-se com a interação entre as várias categorias de ser. A tabela 10 no Apêndice mostra que o tipo mais comum de narrativa envolve humanos e animais. A combinação seguinte mais frequente é aquela em que só humanos ou só animais aparecem; entre os Gonja, é o último que predomina, e entre os LoDagaa, o primeiro. Uma vez mais isso parece ir de encontro às expectativas baseadas no resto do sistema sociocultural, pois a sociedade Gonja talvez seja menos interessada em animais e mais no gerenciamento de pessoas. Histórias envolvendo apenas deuses não ocorrem e mesmo aquelas em que os deuses interagem com outras categorias são

---

8. Em Gonja, esse uso específico é limitado principalmente às histórias; na fala comum usa-se apenas *bore*.

poucas. Basicamente essas histórias têm a ver com animais e humanos, mais comumente com a interação dos dois. Elas estão interessadas no mundo natural e não no mundo sobrenatural e a fronteira entre "natureza" e "cultura" tem pouca importância aqui (na verdade, eu concordaria que as próprias categorias não existem no sistema de coordenadas do ator); os humanos se transformam em animais e vice-versa. Mas, exceto como um fantasma, o humano não é transformado em deus, embora um deus possa temporariamente se transformar em um animal ou em um humano.

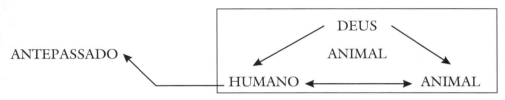

Os problemas que surgem da distribuição de personagens são três. Primeiro, os personagens na narrativa dessas duas sociedades são semelhantes de uma maneira geral (como também parece ser o caso das tramas, embora a evidência não seja apresentada aqui). Segundo, as pequenas diferenças que existem contradizem a estrutura das sociedades; há mais sobre Deus e mais sobre chefes no grupo pagão e acéfalo. Terceiro, a seleção de personagens nas duas sociedades concentra-se sobre um segmento limitado e em alguns aspectos atípico dos papéis totais disponíveis para seres humanos e para agências sobrenaturais.

Embora as explicações que sugerimos para esses problemas estejam interligadas, falaremos sobre elas individualmente. Primeiro, a semelhança na extensão de personagens e nas próprias histórias indica sua relativa independência de outras variáveis socioculturais. Só de uma maneira muito restrita as histórias são específicas à cultura de qualquer uma sociedade na área. Em vez disso, elas formam parte de um *pool* de narrativas que circulam por uma região geográfica, como romances na sociedade ocidental de hoje e contos populares em dias passados.

O processo pelo qual elas fazem isso é compreensível se considerarmos o contexto no qual elas são recitadas e transmitidas. Ao contrário da longa recitação Bagre dos LoDagaa ou de certas histórias muçulmanas dos Gonja – em que ambas podem ser consideradas como estando na extremidade mítica do *continuum* da narrativa –, esses contos não estão associados com qualquer ocasião particular, ritual ou secular. Eles são contados em uma variedade de circunstâncias, mas principalmente para crianças e muitas vezes pelas crianças. A maioria dos contos em nossa coleção foi registrada pelos jovens e os contextos em que normalmente esses contos foram contados eram os de um grupo de crianças sentadas juntas à noite. Alguns adultos realmente atuavam como contadores de histórias, mas normalmente as crianças já tinham começado uma "rodada" de contos e os adultos vinham juntar-se a elas para mostrar o que podiam fazer. Invariavelmente eles atuavam de uma forma especial, reconhecendo que não tinham totalmente abandonado as coisas infantis.

Esse fato teve algumas implicações profundas para a análise das características do *pensée sauvage* que foram pouco reconhecidas. Em seu estudo dos contos relacionados com a origem da morte, Paulme cita um conto da Togolândia da coleção de Cardinall, que se refere à área entre Krachi e Salaga. Experiência dessa parte relativamente sofisticada do mundo (Krachi era o lar de um estudioso cujas traduções da poesia pré-islâmica surpreenderam o antropólogo-administrador Rattray) faz com que eu me pergunte se qualquer adulto "acreditava" nas histórias desse tipo. Eu mesmo sempre ouvi esses contos sendo narrados de uma maneira descontraída e geralmente para crianças. A própria Paulme descreve como "contos para rir" os contos equivalentes dos Bete, pois esse é o nome dado a esses contos pelos próprios Bete, e ela observa que a preocupação principal do contador de histórias é seu público[9]. Se isso é verdade, então usar essas histórias para uma análise do "pensamento primitivo" (como ela o fez) pode não ser muito diferente de usar histórias sobre arbustos de groselha e cegonhas para a análise dos conceitos europeus sobre o universo ou, de alguma maneira, de suas ideias sobre a concepção. A afirmação é mais obviamente verdadeira em relação ao conteúdo da narrativa que é apresentado ao público; mas se os conceitos envolvidos têm qualquer significância, isso também deve se aplicar às análises mais criptofóricas do significado oculto, da "estrutura profunda", seja como for que cheguemos a esses significados.

O problema aqui é em parte um problema de níveis de pensamento. Adultos podem ter níveis diferentes de interpretação para a comunicação entre eles. Para a comunicação com crianças, eles podem adotar um modo menos complexo, que dá ênfase a uma forma simplificada de explicação. Uma das razões para isso é que as crianças em todas as partes do mundo (mas em graus diferentes) exigem explicações para os fenômenos que encontram; fazem perguntas tais como: "Como é Deus?", que adultos raramente fariam e nunca respondem. Parece provável que em muitos desses contextos as pessoas colocam os investigadores de campo na mesma categoria das crianças. Em primeiro lugar, seu conhecimento da língua é muitas vezes limitado; em segundo, eles tendem a fazer a pergunta desconcertante ("O que é alma?") que adultos há muito tempo deixaram de lado considerando que são perguntas irrespondíveis. Nessas áreas as respostas que eles obtêm provavelmente serão semelhantes àquelas dadas às crianças, já que essas respostas são as únicas que eles têm a seu dispor para confrontar desafios diretos desse tipo. Mas quando estão analisando contos populares definitivos ou suas próprias anotações de campo fragmentares, os investigadores enfrentam o sério risco de tomar por "crença primitiva" as simplificações conceituais que, como vimos, caracterizam as comunicações com crianças ou uma ocasião especi-

---

9. Paulme, 1967: 58-59.

ficamente descontraída. Isso não é verdade do conto mais sério, mais sagrado, a que muitas vezes chamamos de mito (embora muitos usem o termo de uma maneira abrangente), mas nos lembra que uma determinação do contexto da comunicação deve ser um precursor de qualquer análise séria de formas orais.

Tenho ainda de tratar do problema de contos semelhantes em sistemas sociais diferentes. Dado o contexto do recital, o contador de histórias às vezes está procurando uma nova reviravolta em um conto antigo, ou às vezes até mesmo um conto novo. Isso ocorre especialmente quando o público é jovem e a ocasião é informal. No momento atual no norte de Gana, podemos observar facilmente a circulação muito rápida de canções e danças entre adolescentes por toda a região, embora algumas delas continuem a ser características de grupos específicos. O mesmo se aplica às narrativas, como mencionamos no capítulo 2 sobre literatura oral. A fonte é muitas vezes irrelevante, contanto que o conto tenha um significado, e o significado aqui está relacionado aos elementos humanos gerais e não aos elementos culturalmente específicos. Portanto, pedir contos emprestados é muito comum; uma pessoa pode ouvir um conto no mercado e repeti-lo quando volta para sua própria aldeia. Aliás, o que ocorre não é realmente um caso de pedir emprestado ou de difusão, já que todos extraem do mesmo reservatório, embora modifiquem as histórias no caminho. Essa situação é confirmada por Paulme em referência aos Bete da Costa do Marfim; escreve ela:

> No meu retorno a Paris, examinei contos de Mali, da Guiné e de outras partes da África e não me surpreendi muito ao ver que praticamente todos os meus contos dos Bete já tinham sido observados em algum outro lugar, embora alguns deles fossem narrados de uma maneira bastante diferente. A situação era a de um modelo que é mais ou menos o mesmo em todas as partes, mas que o narrador, conscientemente ou não, modifica. Sua preocupação é com seu público *"cuja atenção ele precisa manter"*[10].

Na verdade, versões de algumas dessas histórias são comuns no mundo mediterrâneo e aparecem em coleções tais como *As mil e uma noites*. É um fenômeno com o qual estamos bastante familiarizados na Europa a partir da obra de muitos estudiosos da tradição popular, embora eles tenham dado pouca atenção ao contexto da transmissão.

Se essas histórias não são específicas de situações particulares direcionadas para um público jovem ou descontraído, então fica claro que elas são semelhantes em vastas áreas geográficas e entre grupos tribais diferentes. É essa referência maior que a referência tribal que gera uma uniformidade de caracterização em cada lugar. Chefes são encontrados tanto nas histórias dos LoDagaa quanto nas dos Gonja, embora mais ou menos só na sociedade Gonja. Eu gostaria de observar aqui que enquanto os LoDagaa não tinham chefes no sentido comum (embora eles os tenham adquirido com a chegada dos ingleses), nada sabiam sobre as sociedades da região que tinham

---

10. Ibid., grifo meu.

chefes (e que também tinham homens ricos, às vezes conhecidos como "chefes"), especialmente aquelas que anteriormente os tinham atacado de surpresa para obter escravos. Os modelos de acefalia e Estado estavam presentes, mas ao contrário do Kachin da Birmânia, essas sociedades iam na direção do polo centralizado principalmente como resultado de conquista[11]. Consequentemente, eles podem compreender muito bem o papel dos chefes na sociedade; aliás, eles são mais atraídos por histórias sobre esses personagens do que na Gonja centralizada, com sua longa história de organização estatal.

Essa situação poderia parecer um caso do mito sendo o inverso da realidade. Mas, com essa fórmula, e também com algumas outras, tudo – e portanto nada – é explicado[12]. Por que a inversão aqui e não em outros lugares? A meu ver, essa inversão não tem muita relevância; a modificação e a seleção das histórias pode certamente refletir um sistema sociocultural específico, mas as diferenças presentes parecem resultar de uma interrupção do reservatório genético de histórias que flui por toda a região em um momento específico.

O terceiro problema que mencionei tem a ver com a escolha de personagens. Embora a variedade de animais seja extensa, os papéis humanos são muito restritos. E personagens sobrenaturais ainda mais: praticamente as únicas agências representadas são Deus e os "seres da selva". Poderíamos tentar explicar essa seleção referindo-nos à circulação das histórias em que esses constituem o elemento comum entre todas as sociedades. Essa sugestão tem pouca sustentação já que, pela região como um todo, a Terra e os antepassados são mais importantes que Deus, e o adivinho certamente estava em mais lugares que o chefe. Além disso, é significativo que no longo Mito dos LoDagaa, associado com a sociedade Bagre, as mesmas agências sobrenaturais dominam a trama, Deus e os seres da selva. Se fôssemos usar o Bagre como chave para a religião LoDagaa (e muitos autores foram mais além e usaram contos menos elaborados e mais sombrios como chave para entender todo o sistema cultural), ele abriria a porta para um segmento bastante restrito do campo ritual e místico. Qualquer interpretação da sociedade LoDagaa baseada no mito seria parcial, mais parcial do que tentar entender a sociedade da época de Homero a partir do conteúdo da *Odisseia* e da *Ilíada*.

Argumentei que um aspecto importante do Mito do Bagre era "explicativo"; isto é, um esforço é feito para explicar a origem do homem e de sua cultura[13]. Como resultado, uma ênfase especial foi dada a Deus (a causa final) e àqueles seres que atua-

---

11. Possivelmente havia uma oscilação limitada como resultado de pressões internas.

12. Lévi-Strauss, 1968: 207-208.

13. Cf. minha introdução para *The Myth of the Bagre* (O Mito do Bagre). Oxford: Clarendon Press, 1972.

vam como intermediários entre deuses e homens. O caráter teocêntrico do Primeiro Bagre está relacionado com seu papel etiológico.

Foi precisamente esse aspecto etiológico do mito que Malinowski rejeitou a favor de uma abordagem funcional, que tinha a tendência de deixar de lado o "elemento crença". O tratamento recente do mito dá mais ênfase à especulação, como nos fizeram lembrar recentemente, mas é a especulação do observador e não a do ator. Interpretações estruturais com frequência estão mais interessadas em modificar do que em explicar. Para Lévi-Strauss o mito, em seu valor nominal, é arbitrário e ele refuta explicações alternativas do mito que, segundo ele, "reduzem a mitologia ou a um jogo inútil ou a tipo grosseiro de especulação filosófica"[14]. Essas duas abordagens, a "funcional" e a "estrutural" muitas vezes parecem ser meios de eliminar o "irracional" pela explicação. Minha visão é diferente; a narrativa oral, seja o mito, a lenda ou o conto popular, tem muitas funções e muitos níveis de interpretação. Mas quando discutem criação, as pessoas estão (entre outras coisas) exigindo ou fornecendo uma explicação. Como a criação foi um evento único, elas olham para a faceta unitária do sobrenatural – ou seja, Deus[15]. No contexto humano, também olham para o cabeça, o chefe, como representante da situação humana.

Os contos populares não são explicativos como o Mito Bagre. Minha alegação é que, na maior parte das vezes, eles estão direcionados para os jovens e para aqueles que precisam ser entretidos. Apesar disso, em alguns contos um elemento didático é visível na reflexão moral alinhavada no final e muitas vezes só ligeiramente conectada com a história. O elemento explicativo é igualmente visível em outras histórias, por exemplo, aquelas sobre a origem da morte bem como em muitos dos contos de aranhas. Essa ênfase tende a focalizar primordialmente aqueles personagens que se posicionam como os *fons et origo* de seus domínios diferentes, isto é, o chefe para os homens, o Deus para os deuses e (em um sentido diferente) a aranha para os animais. A seleção de personagens e a imposição de uma estrutura hierárquica se originam mais do contexto da comunicação do que da natureza da sociedade organizada.

Conclusão

Nesta discussão dos contos populares dos LoDagaa e dos Gonja, um gênero bem definido em toda a África Ocidental, surge a questão de por que os seres que aparecem nesses contos (animais, humanos e deuses) são tão semelhantes, apesar das grandes dissimilaridades nas próprias sociedades. Argumento que eles formam parte de um *pool* de histórias, narradas em grande parte para diversão (principalmente para os

---

14. Lévi-Strauss, 1968: 297.
15. Cf. minha resenha de G.S. Kirk. "Myth in Ancient Cultures" (O mito nas culturas antigas). *Times Literary Supplement*, 14/08/70.

jovens) que circulam por toda a região com apenas adaptações mínimas às sociedades específicas; sua atração reside em um nível muito mais geral.

Com respeito à seleção dos personagens, perguntei por que o chefe e Deus deveriam ser os personagens principais, mesmo quando em outras circunstâncias eles não recebem muita atenção. Essa escolha é em parte porque as histórias são extraídas daquele mesmo reservatório, mas em parte também em virtude de seus aspectos etiológicos que oferecem algum tipo de explicação da situação humana, porém direcionado para um público jovem ou que esteja disposto a ser entretido. E não só entretido, porque há alguma evidência de que as crianças primeiro acreditam na "verdade" dessas histórias até que a vida (ou os próprios adultos) as desiludam, mostrando que elas são realmente "histórias de fadas". Uma explicação para essa inversão aparente tem a ver com o conhecimento que as pessoas tinham, nas sociedades acéfalas, sobre aquelas que tinham chefes e que elas tinham sempre de levar em consideração, pois essas sociedades com chefaturas regularmente as atacavam com seus cavalos e suas armas em busca de escravos, grãos ou qualquer outra coisa que pudessem levar com elas. Os grupos acéfalos tinham razão em temer essas sociedades com chefaturas, mas também havia a natureza flutuante dos contos populares, que não deixava muito tempo ou espaço para adaptação.

7
O Bagre em toda sua variedade

Os tipos (gêneros) de literatura oral são muitos, mas eles diferem de maneira significativa das formas escritas. O "mito", por exemplo, é considerado uma forma oral típica. E isso ocorre porque nós o definimos dessa maneira. No entanto, ele é muito mais variável do que grande parte da teorização atual permite, o que gera implicações que dificultam sua análise.

O Bagre é o nome de uma associação "secreta" encontrada entre os LoDagaa no noroeste de Gana e nas comunidades vizinhas. Com meu amigo Kum Gandah, agora já falecido, publiquei três volumes contendo a transcrição e a tradução da longa obra que é recitada no decorrer dos complexos recitais de iniciação no acampamento de Birifu. O primeiro foi chamado de *The Myth of the Bagre* (O Mito do Bagre) (1972); o segundo, que foi traduzido tanto para o francês quanto para o inglês, teve como título *Une recitation du Bagré* (1981). O terceiro contém uma nova transcrição e outras traduções, especialmente de outros acampamentos – as paróquias de Gomble e Biro – que estão "sob" Birifu, onde as versões anteriores foram gravadas, e principalmente de Lawra, que fica a uns 16 quilômetros de distância. Lawra preserva a maior parte do ritual mas oferece um "mito" muito diferente para acompanhá-lo.

Para compreender a recitação é preciso algum conhecimento da associação, dos rituais que acompanham o Bagre e, até certo ponto, da própria sociedade. Essas informações eu repassarei rapidamente. Mas quero começar dizendo algo sobre a importância dessa recitação para o estudo do "mito", para o estudo de formas orais padronizadas ("literatura oral"), para a elucidação do "pensamento primitivo" e para o estudo comparativo de processos cognitivos como a memória.

O *Mito do Bagre* é uma recitação longa, em linguagem rítmica, e em 1949 eu registrei uma versão que me foi ditada por Benima Dagarti fora do ambiente do ritual: no interior, isso teria sido impossível antes do surgimento de gravadores portáteis, um fato que vale a pena lembrar quando consideramos versões anteriores de apresentações orais. Levei uns dez dias para escrever o texto e muitos anos para fazer anotações e traduzi-lo, primeiramente com a ajuda de assistentes na localidade e, especialmente nas últimas fases, com a ajuda de S.W.D.K. (Kum) Gandah, um professor, empresário e político do próprio acampamento de Birifu que tinha vindo para a Inglaterra nos anos de 1960 em virtude de dificuldades políticas e com quem eu colaborei mais tarde em versões posteriores. Aquela primeira versão foi publicada pela Clarendon Press, Oxford, em 1972.

Enquanto isso, Gandah e eu voltamos para a África em 1970 com o objetivo de gravar uma versão no processo de sua verdadeira recitação, dessa vez com um gravador portátil. Mas não era o momento certo do ano para as cerimônias e meu companheiro teve de convencer sua linhagem Nayiili, com alguns outros parentes, a apresentarem o recital na frente da casa do chefe. Em virtude de minha situação de não iniciado, eu não podia chegar muito perto, mas me instalei em uma cabana próxima da qual operei o gravador e fiz anotações. Essa é a recitação que publicamos em Paris em *Classiques africaines*[1]. Esse recital incluiu outra versão de *The White, the Black and the Funeral Bagre* (Os Bagres Branco, Negro e de Funeral) que deveria ser apresentado apenas na morte de um membro. Sua apresentação nessa ocasião criou dúvidas nas mentes de algumas pessoas e desgraças subsequentes lhe foram atribuídas. As únicas gravações feitas no contexto de uma verdadeira apresentação cerimonial são as versões publicadas no terceiro volume Bagre e gravadas em Ngmanbili, Gomble, Biro e Lawra.

Uma delas era de uma parte central de Birifu de onde as versões anteriores tinham vindo; essa é a apresentação Ngmanbili (Branca). A seguir há uma apresentação Branca e uma Negra de uma paróquia nas proximidades de Birifu, ou seja, Gomble, e ainda uma outra versão do Bagre Negro da paróquia vizinha de Biro, que foi recitada uns poucos dias mais tarde pelo mesmo orador, mas que é substancialmente mais curta (1.646 linhas em vez de 2.781 linhas). Uma série muito diferente de gravações veio do centro administrativo local de Lawra, situado a uns 16 quilômetros de Birifu. Lá uma sequência semelhante de cerimônias foi apresentada, com mais ou menos os mesmos gestos e significâncias. Mas aqui nós gravamos não apenas as recitações principais, mas também toda a interação verbal que acontecia enquanto os rituais estavam sendo realizados e também a que ocorreu imediatamente antes. Algumas partes dessa transcrição podem parecer inconsequentes, apenas barulho, mas elas dão uma ideia de primeira mão daquilo que ocorre nessas apresentações e como elas são organizadas. As gravações incluem a recitação do Bagre Branco, muito menor se comparada com as versões de Birifu; a recitação do Bagre Negro está praticamente ausente, acredito que em parte em virtude de problemas com nossas máquinas. Mas elas incluem também a longa lenda de como o clã que organiza as apresentações, o patri-clã Kusiele, chegou na área e por que e como ele começou a realizar o Bagre. Essa lenda é recitada tanto em prosa quanto em verso – isto é, nas frases curtas e rítmicas que eu transcrevo como "linhas", cada uma delas com uma ou duas sílabas enfatizadas e muitas vezes marcadas pelo som de um golpe de um pau na madeira.

---

1. Goody e Gandah, 1981.

Por que deveríamos considerar o Bagre importante para a ciência social e para as humanidades de um modo geral? O primeiro ponto tem a ver com a natureza da "cultura" nessa e em outras sociedades orais, pois as gravações mostram a vasta medida de variação que *pode* existir nessas apresentações – ainda que não em todas as suas facetas – mas que, no caso das recitações longas, eu estaria disposto a afirmar que "*têm* de existir". Como essas obras são sempre plurais e a variação entre as versões é muito considerável, essa ideia pôs fim a qualquer questão de elas (mitos é apenas um nome usado para elas) serem consideradas um "texto" básico para uma ordem social específica. O que ocorre é negociado publicamente e o que é recitado é estabelecido verbalmente, usando a imaginação. Vejamos nesse caso a diferença entre o Bagre de Lawra e o Bagre de Birifu. É possível presumir que ambos vieram de um antepassado comum, no entanto a divergência subsequente foi radical, em orientação e também no conteúdo e no tamanho. Em um caso a ênfase está em um relato cosmológico; no outro, em uma história de migração, cada uma delas incorporando buscas bastante diferentes de origem. As longas recitações não são certamente a única forma de atividade cultural que exibe tal extensão de variação. Mesmo os rituais do Bagre, que oferecem mais continuidade, mostram algumas mudanças significativas entre Birifu e Lawra. Tais variações ficaram encobertas porque a maioria do trabalho de campo em culturas orais, mesmo o trabalho de campo intensivo, ocorre em um período curto e em uma área limitada. Mudanças temporais desse tipo são ou ignoradas ou consideradas em relação à "mudança social" de longo prazo, e não como uma característica regular das culturas orais. Consequentemente, essas culturas são concebidas como mais controladas por regras, mais conformistas, mais tradicionais e, portanto, menos inventivas do que realmente são. Voltarei a essa noção de tradicional quando discutir os conceitos sociológicos de modernidade.

Há um problema específico para a análise que é uma consequência desse aspecto do Bagre. Presume-se muitas vezes que uma versão gravada de um mito oral tem o mesmo tipo de relacionamento com a sociedade que o produz que o Antigo Testamento tinha com a antiga sociedade hebraica, um pouco assim como a escola do Mito e do Ritual presumiu que havia um relacionamento direto e único entre os dois. É com base nessa premissa que muitas discussões sobre o "mito" (no sentido de uma longa recitação oral de um tipo cosmológico) ocorreram. No entanto, vemos claramente que essas formas variam tanto – e, afirmo, não ao redor de um núcleo determinativo, mas sim como uma corrente sintagmática – que o problema assume uma natureza distinta. Já não podemos considerar, como Lévi-Strauss fez em seus estudos monumentais da mitologia sul-americana, uma única recitação como uma chave única para a interpretação de uma cultura. O mito não destranca uma única porta porque ele existe no plural, mudando radicalmente com o passar do tempo. Portanto, ele é obviamente uma parte da cultura, mas não exatamente a chave para toda a cultura. Isso pelo menos é o que ocorre com o Bagre. A primeira parte, que discute ritual (o

Bagre Branco), continua relativamente a mesma nessas várias versões. Como já mencionei em outra parte do livro, a ordem das cerimônias é algo que os participantes tendem a lembrar "de cor". Uma leva à outra como o Natal leva à Epifania, e essa por sua vez leva à Páscoa. Ocasionalmente as pessoas cometem um erro na sequência, mas elas são logo corrigidas. Essa sequência é essencial para o Bagre Branco, que consiste basicamente de um esboço e relato muito parcial daquilo que tem de ser feito com os diversos intervalos em cada uma das cerimônias que são realizadas. O relato é elaborado de uma maneira distinta em cada versão e no Primeiro Bagre é muito mais extenso, incluindo uma versão da história de como o irmão mais novo foi levado a começar a apresentar o Bagre e também alguma discussão teórica sobre o papel de várias agências sobrenaturais, inclusive o próprio Deus, no esquema das coisas. Essa versão tem 6.133 linhas, enquanto que a versão de Gomble tem apenas 1.204.

O Bagre Negro, mais especulativo e mais filosófico, muda muito mais radicalmente. Essa mudança radical fica evidente com o Bagre de Lawra, em cuja apresentação todas essas outras gravações foram feitas e na verdade apresentadas por membros do mesmo clã que o dos Bagre Gomble em Birifu.

Mas aqui as recitações são muito diferentes e o Bagre Negro foi, na verdade, substituído por uma lenda ou "história" do clã, aquilo que chamo de Vinda do Kusiele, da qual não encontro nenhum paralelo em Birifu. No entanto, a população local considera tudo isso como o mesmo ritual e a mesma recitação – o Bagre – e uns podem assistir às apresentações dos outros como membros de pleno direito. No entanto, as diferenças são enormes, como podemos ver pelo texto e pela tradução. Para os primeiros estudiosos do tema, essa versão do Primeiro Bagre teria sido a única em existência que tinha sido gravada e poderia facilmente ser considerada paradigmática. Aliás, isso foi o que ocorreu com aquela primeira versão quando foi publicada, pelo menos entre alguns membros dos próprios LoDagaa que sabiam ler. No entanto, gravações e transcrições posteriores mostram que, na verdade, o Bagre não pode ser compreendido dessa forma. Em meu trabalho de campo, eu poderia primeiramente ter encontrado e publicado uma versão muito diferente daquele que publiquei. No entanto, quantas vezes essa possibilidade foi ignorada em casos paralelos quando estamos lidando com material um tanto limitado (por comparação àquilo que estaria potencialmente disponível) gravado de culturas orais? Esse era um problema que poderia não ser notado com as antigas técnicas de gravação, mas que mudou radicalmente com a era eletrônica.

Essa conservação cria mais um problema analítico. Distingui entre mitos como recitações específicas e mitologias que não são encontradas como uma forma cultural propriamente dita, mas que têm suas partes unidas pelos observadores (e ocasionalmente pelos atores) a partir de afirmações oriundas de uma variedade de fontes sobre uma cosmologia específica. Essa façanha presume que nos seja possível extrair um conjunto comum de ideias de uma variedade indefinida de interações culturais, de recitações, canções, conversas cotidianas e das respostas às perguntas do pesquisador. Mas se a variação de crenças é tão ampla como um estudo do Bagre sugere, um procedimento assim deve ser extremamente perigoso e enganoso. Não podemos somar as várias noções de Deus ou da criação a qualquer momento e produzir uma única afirmação adequada para todos os tempos.

O mesmo seria verdade em relação à música, tanto da canção quanto da melodia tocada no xilofone, que muitas vezes toma a forma de elaboração temática de uma canção antiga ou a composição de uma canção inventada. Na ausência de uma notação letrada não há qualquer processo de composição no sentido ocidental. Mas há invenção e há mudança. É claro, existem canções, como no caso do Bagre, que têm de ser repetidas em todas as apresentações, embora possamos ficar em dúvida se elas são apresentadas e cantadas exatamente da mesma maneira todas as vezes – o grau de variação só poderia ser avaliado por meio de uma gravação e uma análise cuidadosas. Mas do ponto de vista dos autores, elas são a mesma canção e minhas observações informais sugerem que existe uma grande medida de identidade. Isso não é verdade em relação à música do xilofone que acompanha a dança. O xilofonista irá inventar, adaptar, ou pedir emprestado uma canção e depois elaborar variações durante um período de 15 minutos ou mais. Nesses recitais, a invenção ocupa um lugar importante e não há qualquer probabilidade de que a repetição seja valorizada por si mesma, como muitos conceitos sobre o tradicional sugeririam.

Esse problema sobre o "mito" é um problema para o qual J.L. Siran chama a atenção em seu pequeno livro muito esclarecedor, *L'illusion mythique*[2]. Siran indica que para os Dogon, a sociedade prototípica da África Ocidental estudada por Griaule e seus parceiros na França, não há recitação, nenhuma forma oral padronizada, e aquilo que é chamado de "mito" compreende uma cosmologia construída pelo(s) observador(es) (antropológicos). Essa é a diferença entre aquilo que eu chamei, com bastante hesitação, de "Mito do Bagre" entre os LoDagaa e o Mito dos Dogon, como relatado pelos antropólogos. No meu caso, trata-se de uma tradução direta; no caso deles, de uma construção.

Siran acha que a noção de recitação presume uma leitura de um texto escrito; por isso tem objeções ao termo que uso para o Bagre. É bem verdade que o termo *pode* presumir um texto, como quando recitamos um poema de Baudelaire. Mas essa noção não é intrínseca ao uso, pelo menos não em inglês. No francês também a palavra *récit* pode incluir qualquer narrativa, se existir ou não um texto escrito. Mesmo na ausência de tal texto escrito, alguns autores usaram a noção de *texte* em relação às narrativas orais e apresentações culturais de um modo geral. Para mim isso é totalmente confuso porque, embora as pessoas tenham precedentes, um uso assim aproxima demais a produção oral do modelo da forma estabelecida em culturas escritas. Há um

---

2. Siran, 1998.

enorme grau de invenção e elaboração e também de memorização no Bagre e eu argumentaria que o mesmo ocorre em qualquer forma longa (gênero) desse tipo. Embora um dos usos da palavra recitação possa ser inapropriado, não vejo por que outro – retornando à palavra *récit* – não possa ser perfeitamente adequado; aliás, o próprio Siran usa a palavra *récit* nesse sentido em várias ocasiões.

Siran faz outra objeção, afirmando que os Dogon não têm nenhum termo categórico (nome do gênero) para seu "mito". Mas os LoDagaa tampouco têm esse tipo de termo, embora seja uma forma padronizada real. Não poderíamos exatamente esperar que um nome assim existisse em qualquer idioma em que, quase que por definição, há apenas um exemplo em qualquer cultura específica. O mesmo se aplica ao Bagre que certamente não é um *aserkpang*, uma história, um conto; e o mesmo também se aplica à Bíblia ou a qualquer outro livro sagrado considerado como a Palavra de Deus. No entanto, não parece inapropriado que observadores forneçam um termo categórico quando percebem semelhanças nas várias culturas e isso é o que nós (não só antropólogos) fazemos com muita frequência. O fato de uma sociedade de humanos (ou de borboletas) não ter nenhuma etnocategoria é um fator relevante, mas não determinante para instituir esse conceito. É por essa razão que eu uso a palavra "mito" para descrever a recitação conhecida como o Bagre a fim de chamar a atenção para as muitas semelhanças gerais com outras recitações cosmológicas longas, como a dos Zuni da América do Norte.

Siran tem uma terceira objeção à palavra mito e isso ocupa a parte mais importante de seu livro. A referência aqui é ao mesmo ponto geral que sugeri no capítulo 1, "Religião e ritual de Tylor até Parsons: o problema da definição"[3], e que se originou de meu trabalho sobre os funerais dos LoDagaa. Considerei que o uso da palavra "ritual" indica atos para os quais os observadores não têm qualquer explicação "racional" em termos dos relacionamentos meios/fim que eles aceitam, em termos, isto é, de sua própria visão do mundo ou orientação. Siran defende um ponto semelhante sobre "mito" e "mítico" que ele afirma – corretamente – serem termos usados para descrever as crenças de outros que não aprovamos, excluindo da categoria até nossa própria explicação do sobrenatural, como na Bíblia. Claramente essa posição é insustentável. Mas eu não iria longe o bastante para incluir nessa objeção nossas crenças "científicas" que me parecem ser de uma ordem diferente. Primeiramente, elas deixam de lado o elemento sobrenatural; elas são seculares e não transcendentais. Segundo, elas são sujeitas a exames minuciosos contínuos, à confirmação e desconfirmação, na maneira discutida por Kuhn[4] no caso da Europa e por Lloyd[5] no caso da Grécia Antiga. Procedimentos técnico-científicos paralelos existem em outras culturas, como Mali-

---

3. Originalmente Goody, 1961.

4. Kuhn, 1962.

5. Lloyd, 1991.

nowski insistia no caso dos trobriandeses da Nova Guiné, mas a eles não se atribui a mesma proeminência cultural, universalidade ou validação experimental explícita. Noções de prova, para seguir o uso de Lloyd, são parte da história cultural e se desenvolvem significativamente com a escrita; não são estáticas no longo termo e se institucionalizaram com o Renascimento[6].

Siran tem bastante razão quando se recusa a caracterizar o pensamento (a mentalidade) das culturas orais de "sociedades simples" como míticos ou mitopoético, em contraposição ao pensamento "científico" ou até "racional" (como outros já proclamaram). Se há uma diferença, ela não pode ser expressa nesses termos, pois ambas coexistem (embora em vários graus). No entanto, ele coloca a diferença, por exemplo, entre a Europa e a América do Sul, em um outro nível totalmente diferente, no nível de esquemas subjacentes como entre o voo (/Vol-/) do último e o olhar (/Regard-/) do primeiro. Esses esquemas são *a priori* para cada indivíduo e para Durkheim constituem as categorias fundamentais do entendimento que se originou na sociedade. Exatamente como isso ocorreu, nunca ficou claro.

A pergunta que resta é sobre a abrangência e a natureza da obrigatoriedade (ou organização) desses esquemas. Se eles encapsulam diferenças, essas diferenças serão relacionadas (como algumas anteriores certamente eram) a diferenças nas realizações científicas e tecnológicas? Embora possamos concordar com Malinowski (e Siran) de que esses dois tipos de atividade estão sempre presentes, eles estão claramente presentes em vários graus; houve desenvolvimentos cumulativos em formas de confirmação (ou não confirmação) e formas de experimentação. A meu ver, essas parecem diferenças com as quais qualquer história da cultura tem de se envolver, mas não no nível das mentalidades e dos padrões estabelecidos do pensamento, mas sim da presença ou ausência de algumas daquelas que chamei de "tecnologias do intelecto" e suas consequências. Como já insisti, isso não implica uma Grande Divisão, mas permite a pluralidade de mudanças desenvolvimentistas, *inter alia*, nos meios e modo de comunicação.

O problema mais geral para as ciências sociais trazido à tona pelo material do Bagre pertence a esse último ponto. Grande parte do pensamento sociológico, hoje e no passado, baseia-se no contraste entre o tradicional e o moderno, como na obra de Max Weber e nas premissas da maioria dos sociólogos desde então. Sociedades tradicionais eram caracterizadas pelo costume e eram relativamente estáticas, seguindo os precedentes de maneira automática em vez de descobrir as coisas "racionalmente". Essas ideias tiveram um viés mais especificamente antropológico nos textos de Lévy-Bruhl, como em *The Soul of the Primitive* (A alma dos primitivos)[7]. Não desejo questionar o fato de o ritmo da mudança social – especialmente a mudança tecnológica e científica – ter aumentado enormemente nos últimos quatrocentos anos. Mas

---

6. Goody, 2009.

7. Lévy-Bruhl, 1928.

quando examinamos as variações na recitação do Bagre, a noção de que as sociedades mais simples eram estáticas e não agiam "reflexivamente" (como diz o atual jargão), pensando a reflexividade como uma característica da modernidade e não da tradição, tem de ser completamente abandonada (pelo menos no caso da religião). Como argumentei, essas não são simplesmente variantes verbais que circulam ao redor de um núcleo permanente, mas inclui mudanças radicais de atitude filosófica, por exemplo entre as perspectivas criacionistas e evolucionárias sobre a origem do mundo, ou entre as visões teológicas e mais materialistas da criação da cultura[8].

Mesmo versões escritas do trabalho oral podem produzir interpretações extraordinariamente diferentes, como vemos no caso da gravação de Braimah da história do tambor dos Gonja. Nesse caso, no entanto, podemos voltar para a versão "original" e para os comentários gravados pelo tocador do tambor[9]. Aqui não é tanto uma questão de versões diferentes e sim de diferentes interpretações de uma linguagem de tambor, arcaica, e do desejo dos autores de fazer sentido de sua compreensão.

O sociólogo Anthony Giddens considera a reflexividade como uma característica da modernidade[10], como um rompimento com aquilo que ocorreu antes, com a tradição – em que aquilo que eram principalmente comunidades face a face agiam de acordo com o costume. Ao fazer essa afirmação, o autor adota a visão dicotômica há muito estabelecida de tradição e modernidade. A reflexividade significa que as pessoas pensam sobre o mundo e sobre sua posição nele. Segundo essa ideia, nas sociedades pré-modernas elas não fazem isso. Argumento que essa noção de "como pensam os nativos" é ainda mais grosseira que a abordagem muito criticada de Lévy-Bruhl, pois ela já não investiga as diferenças, mas é puramente baseada na suposta ausência de reflexividade, de pensamento. Os pré-modernos são vistos não como agentes ativos e sim como atores passivos que aceitam o que a cultura lhes transmite como tradição. Essa concepção pode ser bastante verdadeira em relação a alguns elementos da cultura tais como o idioma, que necessariamente só se modifica lentamente – e se não fosse por isso haveria muito pouco entendimento entre as gerações. Ou da tecnologia mais antiga, a agrícola, por exemplo, em que seria perigoso deixar de lado métodos experimentados a menos que tivéssemos certeza das alternativas, porque a provisão do alimento poderia sofrer. Mas é muito menos verdadeiro em relação ao ritual e ainda menos no tocante ao "mito" no sentido de longas recitações, que, como no caso do Bagre, variam enormemente com o passar do tempo e no espaço, inclusive em esferas altamente significativas como noções do Deus Supremo e da criação do mundo. Nessas e em outras áreas, a cultura precedente, ou até mesmo moldes mentais, podem estabelecer alguns parâmetros vagos, mas dentro desses limites os recitadores individuais es-

---

8. Goody, 1998.

9. E. e J. Goody, 1991.

10. Giddens, 1991: 20.

peculam sobre a natureza dos seres sobrenaturais e de sua relação com o universo. E não parecem muito constrangidos pelas formulações passadas do problema.

Dessa maneira, o exemplo da transmissão de um objeto cultural, o Bagre, parece dizer algo sobre a transmissão da informação (da cultura) de uma forma mais geral. Em seu livro provocativo e estimulante *Religion Explained* (A religião explicada)[11], Pascal Boyer adapta as ideias de outros estudiosos biologicamente inclinados em sua análise da comunicação de ideias e práticas. A transmissão cultural, ele escreve, "poderia até certo ponto ser descrita da mesma maneira que a transmissão genética"[12]. Seguindo Dawkins, ele começa considerando a cultura como uma população de *memes* "que são apenas programas de 'me copiem' como os dos genes". Eles são unidades de cultura tais como histórias "que fazem com que as pessoas falem ou ajam de certas maneiras que, por sua vez, fazem outras pessoas armazenarem uma versão reproduzida dessas unidades mentais [...]. Você as ouve uma vez, elas são armazenadas na memória, e levam a certos comportamentos [...] que irão implantar cópias [...] na memória de outras pessoas"[13]. Essa descrição mecânica da tradição cultural pode até corresponder a uma descrição de algumas religiões escritas (nas quais há sempre um modelo para diminuir ou chamar a atenção para qualquer variação). Mas ela é, sugiro, inadequada para o processo pelo qual o Bagre é transmitido e em que a "memória" é muito mais "criativa" e "inventiva". Portanto, a ideia de um modelo, seja estrutural, funcional ou genético, é bem menos persuasiva.

Na verdade, Boyer mais tarde rejeita a noção de *memes* e de replicação como sendo enganosa[14]. "As ideias das pessoas são às vezes mais ou menos semelhantes às das outras pessoas à sua volta, não porque ideias podem ser transferidas de mente para mente, mas porque são reconstruídas de maneira semelhante." Mas ele ainda mantém a noção de modelos, intuições e inferências. O material cultural está sendo constantemente reembaralhado de acordo com as inferências que são "governadas por princípios especiais na mente" e, portanto, os resultados são "previsíveis" e "não aleatórios"[15]. No entanto, as inferências são claramente menos repressoras que os *memes* e levam a um novo baralhamento em termos dos "princípios especiais" (indefinidos).

A cultura, na opinião de Boyer, "é o nome de uma semelhança"[16]. Isso bem pode ser verdade em relação à descrição antropológica padrão da interação social baseada em uma breve visita que, apesar disso, presume-se irá continuar da mesma (quase genética) maneira com o passar dos séculos. Pode também ocorrer com alguns aspectos

---

11. Boyer, 2001.
12. Ibid.: 34.
13. Boyer, 2001: 35.
14. Ibid.: 40.
15. Ibid.: 42.
16. Ibid.: 35.

da "tradição" que presume uma situação estática e uma "transmissão" mais ou menos exata. Ela pode estar por trás da discussão do caráter nacional, mesmo em algumas versões da teoria antropológica[17]. E certamente pode ser mais verdadeira no tocante a certos aspectos da cena social que em relação a outros, como a agricultura, por exemplo. Mas não pode ser considerada correta para a transmissão do Bagre, *com o passar do tempo*, nem é correta para a descrição interessante que Barth faz de conceitos religiosos e de outros tipos entre os Baktaman da Nova Guiné[18].

Na opinião de Boyer, a vantagem que os *memes* estabelecidos têm para a humanidade pode ser mais bem explicada em termos comunicativos, e tem pouco a ver com um modelo. Pronuncio palavras em inglês da maneira que faço para que possa me comunicar com meus companheiros, que corrigem minha pronúncia, não porque eu esteja obrigado biologicamente a falar de uma maneira específica. Sempre será possível que eu mude para a França e aprenda um idioma bastante diferente com o mesmo objetivo. Essa forma de aquisição é basicamente diferente da transmissão genética, embora nem seja preciso dizer que qualquer comportamento humano deve ser "compatível" com a genética. Isso, no final, é uma afirmação um tanto frágil. Toda a comunicação humana envolve uma medida de reflexividade, mas essa medida é muito maior no caso da escrita, onde aquilo que foi "dito" reflete-se de volta no leitor, normalmente aumentando a velocidade da mudança cultural. Exceto, é claro, no discurso religioso, em que aquilo que é refletido de volta não é a palavra evanescente da espécie humana, mas a palavra duradoura de Deus ou de seus intermediários.

Mais adiante em seu livro, Boyer reconhece que a explicação dos *memes* não permite a variedade ampla de formas culturais que encontramos. Por outro lado, ele não vê os conceitos das pessoas como estando em um "fluxo constante"[19]. Só alguns deles estão sujeitos a inferências complexas que tendem a ir em certas direções e não em outras, dependendo de sua compatibilidade com os modelos mentais; esses itens tornam-se parte daquilo que é transmitido (tradição), o resto é descartado. As inferências muitas vezes constituem uma força centrífuga que faz com que as representações "divirjam de maneiras imprevisíveis". Mas em alguns domínios, "atuando como uma força centrípeta, as inferências e as memórias levam a construções mais ou menos semelhantes, embora o *input* possa ser bastante diferente" "em virtude de um modelo semelhante"[20]. É muito importante que a noção de similaridade e, na verdade, de universalidade, seja reabilitada nas ciências sociais e é uma noção que vem sendo muitas vezes desconsiderada pelas tendências atuais na antropologia cultural. Mas essa explicação, embora criativa, parece vaga, deixando muitas perguntas sem resposta.

---

17. Darnton, 1984.
18. Barth, 1987.
19. Boyer, 2001: 45.
20. Ibid.: 45.

Minha própria ênfase, embora sem negar a possibilidade de "modelos", e de ideias pré-programadas, consideraria também que a universalidade de conceitos religiosos ou outros se originaria mais provavelmente no confronto dos humanos que falam línguas com seu ambiente. Discuti essa questão com mais detalhes em *Representations and Contradictions* (Representações e contradições)[21].

Imagino que a "situação inicial" para a religião seria uma situação em que primatas que usavam a linguagem se defrontavam com o problema de desenvolver um sistema de sons (fonologia) e também um sistema de representações e significados sobre eles próprios e seu ambiente. A humanidade é forçada a criar conceitos verbais a fim de se comunicar. Seja o que for que existisse antes em termos de distinções animadas/inanimadas e coisas semelhantes era de grande simplicidade comparado com aquilo que hoje emerge com o propósito de comunicar-se sobre coisas, pessoas e ações em sua ausência por meio de representações verbais. Pelo simples fato de eles não serem a coisa propriamente dita, sempre envolvem outro nível de realidade, de conceitualização. A natureza binária de alguns desses conceitos, como foram percebidos em termos estruturalistas, está relacionada não tanto com a natureza binária da mente e seus modelos quanto com a maneira em que, em termos linguísticos, nós percebemos nossos corpos e designamos o mundo em geral. A alternativa é descobrir que modelos se desenvolveram nos primatas antes do uso da linguagem, como sugere Boyer. Mas como é que desenvolvemos biologicamente um modelo para ferramentas (ou até para pessoas) quando não temos instrumento algum desse tipo para comunicação (ou apenas de uma maneira muito restrita)? Além disso, que prova pode existir para considerarmos "ferramentas" como uma "categoria ontológica", como ele faz, diferentes de quando examinamos unidades mais concretas? A diferença entre esses níveis também poderia ser descrita em termos de graus de abstração, mas aqui dá-se ao nível mais inclusivo um epíteto próprio sumamente significativo ("ontológico") que parece considerar as premissas centrais como dadas.

A teoria da religião, da cultura e da mente de Boyer presume que há um núcleo de noções estáveis que são selecionadas porque correspondem a intuições que se originam de categorias ontológicas. Ele considera essas categorias como numericamente limitadas, Animal, Pessoa, Ferramenta, Objeto Natural e Planta ("essas mais ou menos esgotam o grupo"[22]). Categorias ontológicas exibem um conjunto limitado de características, algumas das quais a "religião" viola (embora as violações possam ser conceituais). Será que essa presunção de estabilidade é justificada? Argumentei contra isso tanto em relação às recitações do Bagre em um período curto (p. ex. em *Food and Love* (Comida e amor)) e em relação à história cultural em um período mais longo (em *Representations and Contradictions*), considerando as mudanças em repre-

---

21. Goody, 1997a.
22. Boyer, 2001: 78.

sentações, aqui verbais, como quase inevitáveis, dadas as muitas possibilidades para a seleção de palavras e, no nível de ideias, dadas as contradições que são inerentes ao processo de representação (que nunca são totalmente o que parecem ser), produzindo uma ambivalência que leva à oscilação, ao *va-et-vient* das ideias.

Deixem-me voltar agora para um exame mais detalhado do Bagre.

O contexto

A série das apresentações do Bagre começa mais ou menos em agosto e continua com intervalos irregulares durante toda a estação seca; na estação chuvosa, as pessoas se ocupam também com a agricultura. A primeira cerimônia é o Anúncio do Bagre (*Bag puoru*)[23], quando os neófitos que foram propostos para serem futuros membros são levados para a casa do Bagre, onde a apresentação será realizada mais tarde, a casa da "mãe Bagre". São levados lá por seus patrocinadores, os "pais Bagre" que fornecem o grão maltado e outras contribuições que devem ser fornecidas pelos neófitos. Essas contribuições iniciais são então medidas pelos "parceiros jocosos" do Bagre. Quando esses dão a ordem, os neófitos e seus patrocinadores se dispersam, preparados para serem chamados novamente para a próxima cerimônia.

As gravações das cerimônias para o Terceiro Bagre em Lawra começam com a Batida do Malte. Esta não é a primeira cerimônia que ocorre, mas é a primeira na qual estivemos presentes. Nessa casa a recitação ocorreu no estábulo da casa do chefe, ele sendo o cabeça dessa linhagem do clã Kusiele. O que é recitado aqui é consideravelmente diferente do Bagre Branco e do Bagre Negro de Birifu, que também são recitados aqui mas em uma versão muito mais curta. Ela consiste de um longo recital em verso com 3.724 "linhas" e é essencialmente uma lenda de como os antepassados do clã chegaram à presente localização; como Kontol, filho de Dafor, deixou o acampamento de Babile, agora um importante centro comercial na estrada principal perto de Birifu, a uns 16 quilômetros ao sul de Lawra, em busca de terra para plantar e de bem-estar.

> ...para torná-la boa
> para partos
> para caçadas
> e para criar galinhas (linhas 442-445)

Na linha 1.307 essa fórmula se repete agora com a adição da palavra cultivo. Kontol eventualmente chegou perto do local que hoje é Lawra, onde encontrou sinais da presença de búfalos e com isso soube que havia água por perto. O solo era bom e a área tinha até sido tratada por habitantes anteriores, os Janni, que tinham se mudado para a margem direita do Rio Volta (hoje Burkina Faso) com a aproximação de Kusi-

---

23. Goody, 1972.

ele, abandonando suas casas em ruína, seus locais para moer grãos e outros itens que não podiam carregar.

Kontol chamou seu povo, estabeleceu-se ali, e os limites da paróquia, a área do Templo Terra, foram preparados. Mas a fim de ter sucesso nos partos, no cultivo, na caça e na criação de animais, ele compreendeu que tinha de realizar os mesmos ritos, especialmente o Bagre, que seus antepassados tinham realizado. Dessa maneira eles apresentam um relato da sequência das cerimônias como encontramos no Bagre Branco de Birifu (o Primeiro e Segundo Bagres, e o Branco de Gomble no terceiro volume). Esse relato desempenha mais ou menos o mesmo papel que o Bagre de Birifu, porque fala dos eventos que antecederam a apresentação do dia e depois lista as cerimônias na ordem em que ocorrem. Começa com a recitação até a atual apresentação da Batida do Malte. Nesse relato do Bagre de Lawra a Batida do Malte (linha 2.463)[24] é precedida pela Medida do Malte (linha 2.001), depois a Saudação Bagre (linha 2.355), a Cerimônia do Inhame (linha 2.367) e a Subida da Colina (linha 2.438). Essa é seguida pela Dança Bagre.

No Primeiro Bagre de Birifu, a sequência começa com a Aspersão dos Neófitos (*Bag puoru*, p. 64) e é seguida pelo Anúncio (p. 66) que envolve "medir o malte" e às vezes é combinada com a Aspersão, pela Cerimônia dos Feijões (p. 76), pouco depois da qual os inhames são comidos, pela Cerimônia da Flor do Feijão (p. 79), em alguns casos pela Cerveja da Medicina Bagre (p. 81), a Cerimônia do Embranquecimento (p. 81) e depois a Batida do Malte (p. 88), que leva à Dança Bagre (p. 92) seguida por duas apresentações finais mais curtas. As duas primeiras e as duas últimas cerimônias principais são obviamente semelhantes, embora os nomes não indiquem isso. No Segundo Bagre em Birifu, o Anúncio do Bagre (linha 2.241) inclui "a medida do malte" e depois são comidos os inhames (linha 2.807), seguido por Cerimônia do Embranquecimento (linha 2.823), a Cerimônia dos Feijões (linha 2.875), a Cerimônia da Flor do Feijão (linha 2.949), a Batida do Malte e a Dança Bagre (linha 3.602). As diferenças nas cerimônias são muito menores do que as diferenças na própria recitação (especialmente no Bagre Negro); os membros de acampamentos diferentes podem reconhecer o que está ocorrendo, mas existem variações.

Participantes

Quando um neófito desmaia, ele passa a ser um membro de primeiro grau do Bagre Branco (*Bo pla*). Em outra futura cerimônia ele se tornará um membro de segundo grau do Bagre Negro, que terá todo o equipamento e também os remédios. Se ele próprio patrocina um membro Bagre, passa a ser um pai Bagre; se ele patrocina a apresentação toda, usando sua própria casa, ele passa a ser uma mãe Bagre. A mãe

---

24. Os números se referem às linhas no Terceiro Bagre.

(sempre do gênero masculino) tem mais valor que o pai. Além disso, há vários oradores que recitam o Bagre, bem assim como os membros que ficam encarregados de trazer seus instrumentos musicais, xilofones ou tambores, para tocar (ou para que alguém toque) durante todas as apresentações. Os outros atores importantes são os guias, que são membros de primeiro grau atribuídos a cada neófito para lhes mostrar o que fazer e o que não fazer. Esses guias têm uma responsabilidade especial que é garantir que os neófitos obedeçam às muitas proibições, alimentícias e de outros tipos, que lhes são impostas, mas das quais eles gradativamente vão sendo libertados. Os guias podem ser homens ou mulheres, de acordo com o gênero dos neófitos por quem são responsáveis.

Recitações Bagre

No Primeiro Bagre, havia duas recitações, o Branco e o Negro. O Branco era recitado para os membros de primeiro grau (os membros do Bagre Branco) e consistia principalmente de um relato da própria sequência de cerimônias bem assim como da maneira como as desgraças humanas levam às apresentações atuais. A versão do Bagre Negro era mais cosmológica e também mais filosófica que as versões subsequentes; ela relatava a visita de um dos dois homens originais ao Céu, onde ele saudou Deus e lhe mostraram a criação de uma criança. Ensinaram-lhe também muitas coisas sobre como os seres humanos vieram a saber sobre o mundo no qual eles operam hoje, mas por meio dos intermediários dos seres da selva e não pelo próprio Deus. Aliás, um tema importante é a luta entre os dois, bem assim como a luta entre o "pai" e a "mãe" sobre a propriedade do filho ("o filho de Deus"). O Segundo Bagre, publicado em 1981, tem um Bagre Branco que é substancialmente mais curto que o Primeiro (3.940 linhas em vez de 5.515). Ambos dão pouca ênfase a Deus ou aos seres da selva. Os humanos inventam sua própria cultura.

Finalmente, em 1979, duas versões do Bagre Negro (o Terceiro Bagre) foram gravadas em Biro e em Gomble resumindo partes do Birifu, onde o recitador era o mesmo nos dois casos, sendo ele o Chefe do Biro. Por isso as versões são semelhantes de muitas maneiras, embora a última tenha 2.781 linhas, comparadas às 1.646 da primeira. As duas versões começam com uma invocação, na qual eles saúdam o deus bagre (*nminti*) e depois as "pessoas da sala", inclusive aqueles de seus antepassados que recitaram o Bagre no passado, deixando para trás apenas os "filhos" que o manuseiam desajeitadamente e "não podem saber tudo" como seus antepassados sabiam. Essas recitações orais enfatizam a dívida perpétua e a sensação de inferioridade que temos em relação a nossos antepassados, visto que, ao contrário do que ocorre em uma cultura escrita, suas palavras não podem ser registradas para a posteridade, mas só lembradas de uma maneira imperfeita, e recitadas publicamente, sem a possibilidade de confirmação ou correção.

Voltando-nos para o conteúdo, em Gomble, quando o deus "falou" de sua vinda, as "pessoas da sala", ou seja, os participantes reunidos vão para o telhado do qual verão as estrelas. Lá então segue-se a menção de um número de estrelas e constelações, a Estrela de Deus, o machado de Deus, as pedras do celeiro do chefe (ou o celeiro de um homem rico), o galo e seus pintinhos; essas são questões dos céus. O Bagre Biro começa de uma maneira semelhante, com antepassados diferentes, mas com a Estrela de Deus, o boi, o galo, mas o ferreiro-chefe substitui as pedras do celeiro do chefe. Pelo que eu saiba em nenhum outro contexto os LoDagaa desenvolvem uma sabedoria popular sobre as estrelas, um conhecimento explícito dos céus. Meu colega Kum Gandah tampouco conhece nenhum outro contexto desse tipo. O céu da noite está sempre lá e as constelações podem sempre sugerir a forma de objetos para observadores individuais, sugestões que podem, às vezes, parecer umas com as outras. Uma explicação assim dos céus é uma possibilidade sempre presente, mesmo quando a sabedoria popular sobre as estrelas não está "institucionalizada" de uma maneira mais formal ("cultural")[25].

A explicação do começo do homem abre outras possibilidades semelhantes. Diferentemente do Primeiro Bagre (Birifu), que publiquei em 1972, já existem pessoas morando na Terra mesmo antes de a história da "criação" começar – velhos e crianças pequenas morando juntos em uma casa. Há também animais: o pássaro *dulu* que atua como os primeiros homens na versão 1972 indo consultar um adivinho (sobre comida); o adivinho é um lagarto que o *dulu* devora mais tarde. Ele também precisa de proteção contra a chuva. A chuva (macho) vem e fertiliza a terra (fêmea), como em outras versões. Depois subitamente somos transferidos para os machos e fêmeas (humanos) sobre os quais a chuva cai e que querem abrigo. As outras versões também estão relacionadas com a impotência inicial das pessoas diante do mundo, não sabendo como se prover de abrigo e de alimento. O Primeiro Bagre (1972), que descrevi como teocêntrico porque todos esses benefícios em última instância vêm de Deus, mas, a não ser pelo ato inicial de procriação, vêm por meio dos intermediários, os seres da selva ("as fadas") que não só mostram aos humanos como as coisas devem ser feitas ("o caminho de Deus"), mas tentam desencaminhá-los para que sigam seu próprio caminho. É o núcleo de sua luta que domina grande parte da primeira versão do Bagre, ao lado dos problemas de paternidade e da apresentação do próprio Bagre.

Nas versões posteriores (por exemplo, no Segundo Bagre) argumento que se trata muito mais de uma questão de os "humanos se fazerem eles mesmos", embora Deus lhes provenha com algumas de suas ferramentas[26]. Em Gomble e Biro encon-

---

25. "Não temos nenhuma garantia", escreve Stith Thompson sobre as interpretações astrais das mitologias, "nem sequer parece provável que a maioria dos povos primitivos realmente se preocupava com os corpos celestiais" (1951: 394). Embora isso não seja exatamente verdade em relação ao sol e à lua, certamente há uma grande variação no conhecimento das estrelas.

26. Goody, 1998.

tramos outra variante do tema da criação, talvez mais inesperada em virtude de tudo o que foi escrito, inclusive por mim, sobre a natureza do Deus Supremo que se retira do mundo após o ato inicial de criação. Aqui ele desempenha uma parte mais ativa.

O relacionamento entre Deus (*na-angmin* – o deus chefe) e deus (*ngmin*) não é nada claro no Primeiro Bagre. Tentei, então, distinguir entre os dois usando letras maiúsculas para o Deus no primeiro caso. Mas o mito fala da brisa de deus em um determinado momento (linha 1.409) e da brisa de Deus em outro (linha 1.006). Ambos são possíveis. O deus (*ngmin*) que descende (linha 1.991) para a Cerimônia Bagre, eu o traduzi como Deus, o que foi certamente contra meu princípio de tradução. Em outra parte afirma-se que é o deus Bagre (*ngmin*) que descende, pois não sabemos onde se encontra o próprio Deus. Mas o deus Bagre (nunca podemos dizer Bagre Na-angmin, ou seja, Deus Bagre) é certamente uma refração do próprio Deus e pode às vezes ser identificado com ele.

O lugar em que mais obviamente fui contra meus princípios de tradução foi nas passagens finais do Bagre Branco, onde os neófitos fazem a pergunta:

> Os seres da selva
> e Deus,
> qual deles trouxe o Bagre? (linhas 6.005-6.007).

Deus aqui deveria ser "deus" (*ngmin*) mas a recitação continua:

> Eles responderam, "bem,
> Deus os criou,
> colocou-os sobre a Terra
> e eles ficaram lá sentados com as mãos vazias"
> (linhas 6.008-6.011).

Embora *ngmin* seja usado aqui outra vez, na crença dos LoDagaa foi Deus (*na-angmin*) que nos criou, mesmo que nos tenha deixado com as mãos vazias. Foi então que os antepassados descobriram o que precisávamos fazer. Em outro texto é explicado que eles foram ajudados pelos seres da selva. Deus (aqui *ngmin*) sabe tudo sobre nós, mas não desce à Terra porque a humanidade o perturbaria muito com seus problemas (linha 6.059). Portanto, ele enviou outra pessoa, "que é mais poderosa que todos nós" (linha 6.084). Essa pessoa é o deus Bagre (*Bo ngmin* ou *wen*), que é o deus que descende e intervém nas apresentações.

A diferença entre Deus e deus é explicada em resposta à pergunta de um neófito:

> Aquele
> que nós seguimos
> nessa questão
> é Deus (*na-angmin*) que nós seguimos
> ou é deus (*ngmin*)? (linhas 5.244-5.248).

A isso o ancião responde:

> Bem,
> nós seguimos
> Deus.
> Ele é o mais antigo,
> mas não podemos vê-lo.
> É deus que desce até as pessoas,
> esse é aquele que chamamos de deus
> (linhas 5.251-5.257).

A diferença é que

> Um deus está aqui
> e Deus está lá (linhas 5.241-5.242):

deus é aquele que está "visível", que descende, e que é uma refração de Deus. E é por isso que às vezes deus é usado no lugar de Deus (como o Criador) e por que, em resposta à insistência de meu colega, eu às vezes traduzi *ŋmin* por Deus, quando achei que o uso refletia o pensamento dos LoDagaa. Esse é um procedimento perigoso, mas eu o fiz só quando minha própria interpretação e a de meu colaborador, Kum Gandah, coincidiam. "O filho de Deus" que nós seguimos é Napolo, que ele criou.

Nas versões de Biro e Gomble, Deus intervém diretamente e continua a fazê-lo. A chuva vem e o primeiro homem e a primeira mulher sentem frio.

> Eles tremiam de frio
> e chamaram por Deus.
> Quando o fizeram,
> foi Deus
> que desceu rapidamente,
> pegou uma pequena enxada
> e alguns machados,
> deu-os ao homem
> e foi para o mato[27].

O próprio Deus forneceu ao homem seus instrumentos, e não os seres da selva, como no Primeiro Bagre, e tampouco foi a responsabilidade do homem, como no Segundo. Após aquela intervenção inicial, o homem ficou responsável pela tarefa de construir uma casa com a ajuda da "jovem inteligente" que era a "mulher", sua esposa. Ela misturava a argamassa e o homem chamou seus "irmãos" para que viessem ajudá-lo, exatamente como ele faria hoje, deixando de lado a questão da origem deles ou da sua. Quando a casa ficou pronta, Deus "desempenhou suas obras". O homem dormiu e teve uma ereção, por isso chamou a mulher. Mas ela disse a ele que ele tinha de vir até ela. Houve uma briga, mas depois de tudo a "jovem inteli-

---

27. Goody e Gandah, 2002: 218-226.

gente" veio até o homem, tirou seu pênis para fora e se satisfez. O "homem tolo" então repetiu o ato. De manhã

> [...] Deus, foi ele
> com todas as suas maravilhas,
> desceu subitamente
> e foi e perguntou à mulher[28].

Ela lhe disse o que tinha ocorrido e eles estavam "envergonhados" de "se estragarem" um ao outro, porém mais tarde continuaram com a questão de trazer ao mundo uma criança. Por que a vergonha?

Isso está relacionado com as proibições principais do Bagre, que são de vários tipos importantes. Há os tabus sobre comida que são impostos aos neófitos no Anúncio e gradativamente suspensos durante as apresentações, começando com a proibição da noz do carité. É porque o morcego das frutas nos salva de quebrar esse tabu, mostrando-nos quando a fruta está madura, que a noz está entre nossas "coisas" Bagre; essa descoberta dá início ao Bagre. Ele se recusa a partilhar a fruta com sua esposa porque ela tinha se recusado a dormir com ele na noite anterior. Outros alimentos também são proibidos e depois permitidos aos neófitos no decorrer das cerimônias, algumas das quais são designadas pelo nome daquela fruta específica (por exemplo, o Bagre dos Feijões). Mas a ênfase mais importante em que se insiste o tempo todo é o tabu relacionado com as lutas e com relações sexuais. As duas coisas devem ser evitadas durante as cerimônias. A primeira proibição (de brigar) ocorre amplamente em várias situações em que as pessoas se encontram, por exemplo, nos mercados, onde esse tabu é um exemplo específico da instituição generalizada da "paz do mercado". A luta que leva ao derramamento de sangue também é proibida entre membros da paróquia que têm fidelidade a um mesmo templo da Terra. Mas lutar (brigar) não é desaprovado universalmente. Os membros devem lutar por uma causa justa, por exemplo, em autodefesa ou para defender um parente.

Essa avaliação conflitante é ainda mais clara no caso das relações sexuais. Não há a mesma razão óbvia para proibir um dos grandes prazeres dos humanos e dos animais, embora seja verdade que ele possa gerar conflito e até provocar hostilidade e guerra, e nesse caso as "mulheres" são consideradas uma das causas pelos homens. Mas mesmo o sexo legítimo entre um homem e sua esposa vai contra os princípios do Bagre nos quais cada neófito é selecionado e processado individualmente. É verdade que ele ou ela tem o apoio dos parentes e é ajudado(a) por eles. Mas de algumas maneiras significativas o Bagre se sobrepõe às demandas do parentesco. Por exemplo, a senioridade no Bagre não é determinada pelo nascimento e sim pela data da iniciação (como muitas vezes ocorre em associações desse tipo geral). Por isso, a intimidade transversal do sexo é proibida aos neófitos Bagre de uma maneira muito severa. E

---

28. Ibid.: 456-459.

pelo menos na época da apresentação é proibida tanto por deus quanto por Deus. Mas a ambivalência tem repercussões maiores porque, como na história bíblica, parece haver alguns escrúpulos inerentes ao próprio ato, talvez por ele ser tão excludente.

Voltando às recitações, a gravação principal do Bagre de Lawra difere de todas as outras em parte pelo seu conteúdo, que eu já descrevi, e em parte pela sua forma. O conteúdo inclui versões mínimas do Branco e do Negro como deparamos com eles em outras partes, mas encontramos ambas as versões em verso e em prosa da Vinda do Kusiele, uma lenda do clã que é basicamente sobre os feitos do antepassado que encontrou as terras atuais do clã e que nelas inaugurou o Bagre. Mas ele não tem qualquer ajuda explícita de Deus, de deus ou dos seres da selva. Ele próprio faz o que tem de fazer.

Em relação à forma, a gravação do Bagre de Lawra difere das outras gravações que fizemos por sua própria natureza. Em casos anteriores, só gravamos a recitação que é reconhecida pelos atores como uma forma especial de fala (aquilo que em outra parte chamei de "formas orais padrão"). Mas aqui permitimos que o gravador continuasse ligado durante o resto da cerimônia quando os membros mais velhos, e em particular os membros principais, estavam tentando organizar a forma daquilo que tinha de ser feito – e concordar sobre o curso dos eventos. Esse material nos dá uma ideia do curso desses procedimentos, do papel dos membros principais e da natureza de sua autonomia, do grau de incerteza que existe e do papel da consulta. A gravação enfatiza como a natureza desse ritual é diferente, digamos, da missa cristã ou de uma cerimônia budista em Taiwan, onde tudo prossegue de acordo com uma fórmula escrita em um livro que o padre consulta constantemente[29]. Aqui não há nenhum modelo escrito, apenas a tentativa de reconstruir uma apresentação longa e complexa, com sua respectiva recitação, das recitações dos participantes principais. Essa gravação oferece um exemplo de como isso é feito, algo que está muito longe da noção do estrangeiro de que o costume automático e estável domina a cena social. Como o material do Bagre, mais geralmente, a gravação deve nos fazer reconsiderar aquelas ideias de sociedade "tradicional" e mentalidade "primitiva".

---

29. Goody, 1986.

8
Do oral ao escrito: um avanço antropológico na atividade de contar histórias

Acredita-se normalmente que as formas orais de recitação são mais importantes que a narrativa. Minha própria experiência é que, como argumentei no capítulo 5, os contos populares narrativos são principalmente para crianças. Os adultos não escolhem a narrativa ficcional, já que ela é muitas vezes considerada uma inverdade e, portanto, está sujeita a críticas, como no Complexo Puritano. Como vimos, a emergência da "linguagem visível", da escrita, contribuiu muito para as novas formas de literatura, tais como o romance. Porém, mais do que isso, ela teve uma influência profunda na sociedade como um todo e especificamente na velocidade da mudança social em termos do acúmulo de conhecimento.

A atividade de contar histórias é normalmente considerada característica de todo o discurso humano e está fora de moda falar da narrativa como uma forma de expressão universal que é aplicável tanto às experiências de vida individuais quanto aos dramas da interação social. A narração de histórias nas culturas orais é considerada a base sobre a qual o romance foi construído e a atividade é considerada como o foco de muita criatividade nas sociedades letradas. O cego Homero foi o modelo, ao colocar toda sua imaginação oral na epopeia. Ao discutir a atividade de contar histórias, estamos claramente nos encaminhando para os tópicos da ficção e do romance. Mas contar histórias nem sempre é ficcional; ela pode também envolver narrativas pessoais, embora a atividade seja tipicamente associada a culturas orais e com "o cantor (ou contador) de contos"[1]. Em seu artigo sobre o tema, Walter Benjamim acredita que o contador de histórias desaparece com a chegada do romance, cuja disseminação ele associa com o surgimento da imprensa; a partir daí, a atividade de contar histórias já não está diretamente conectada com a experiência direta da interação humana da mesma maneira que estava antes[2].

O momento do surgimento do romance é tema para discussão. Mikhail Bakhtin usa o termo romance (ou "romancidade") em um sentido muito mais amplo. Mas ao lidar com as origens mais concretamente, ele remonta o romance (do "tempo de

---

1. Lord, 1960.
2. Benjamim, 1968a: 87.

aventura") aos romances gregos do século II d.C., ao romance cotidiano na história de *O asno de ouro*, de Lúcio Apuleio; há um terceiro "cronotopo" centrado no tempo biográfico, mas isso não produz nenhum romance nesse período. Todas as três formas são precursoras do romance moderno[3]. Esse é basicamente um produto do advento da tipografia no final do século XV, mas como vemos a partir desses primeiros exemplos, a natureza da atividade de contar histórias já tinha se transformado radicalmente com o surgimento da escrita. Aliás, quero argumentar que, ao contrário de grande parte da opinião, a narrativa (já em 1566 usada para "um relato, narração, conto, recital") não é tanto uma característica universal da situação humana quanto uma característica que é estimulada pela capacidade de ler e escrever e subsequentemente pela tipografia.

Hoje a palavra narrativa veio a ter uma significância icônica, até mesmo como um jargão nos círculos literários e sociocientíficos do Ocidente. Eu sugiro uma abordagem um tanto diferente, usando o termo narrativa de uma maneira muito mais restrita, que implique uma trama com uma firme estrutura sequencial, caracterizada por um começo, um meio e um fim na maneira aristotélica. Se não fizermos isso, envolvemo-nos em um tipo de abrangência do termo semelhante àquele que Derrida tentou dar à "escrita", um termo em que ele inclui todos os "vestígios", inclusive vestígios da memória. Esse uso faz com que seja impossível estabelecer a distinção, às vezes essencial, entre arquivos escritos e bancos de memória. O mesmo se aplica ao uso do termo "literatura" para gêneros orais, aquilo que chamo de "formas orais padrão", já que esse uso, o qual utilizei no capítulo 3, obscurece diferenças analíticas importantes. Da mesma forma, às vezes afirma-se que a narrativa inclui qualquer discurso vagamente sequencial. "Qual é a narrativa?" É um brado que ouvimos com frequência. Quando emprego o termo, faço-o em um sentido totalmente mais restrito, como uma forma-padrão que tem uma trama definitiva que se desenvolve por estágios estruturados.

Deixem-me dar um exemplo recente e digno de crédito do uso mais amplo. Em seu livro sobre *The Political Unconscious* (O inconsciente político)[4], que tem como subtítulo *Narrative as a Socially Symbolic Act* (A narrativa como um ato socialmente simbólico), o crítico literário Fredric Jameson considera que sua tarefa é tentar "reestruturar as problemáticas da ideologia, do inconsciente e do desejo, da representação, da história e da produção cultural, ao redor do processo da narrativa que tudo imita e que eu considero ser [...] a função ou instância central da mente humana"[5]. Há pouca coisa que possamos dizer sobre uma meta tão assustadoramente inclusiva que tem como centro um conceito totalmente abrangente do processo da narrativa. Jameson

---

3. Clark e Holquist, 1984. Doody (1996) rejeita a distinção categórica, encontrada somente em inglês, entre romance e "novel" – ambos normalmente traduzidos por romance em português –, situando a origem desse último na Grécia Antiga [N.T.].

4. Jameson, 1981.

5. Ibid.: 13.

não está sozinho nesse uso da palavra. Alguns psicólogos consideram a atividade de contar histórias como um modo principal de cognição: em uma conferência recente sobre o tema, filósofos propuseram a criação da narrativa como uma das competências-chave da humanidade. Ao tentar questionar essas premissas e outras semelhantes, também quero lidar com outra. Em um artigo sobre "a estrutura narrativa da realidade", refletindo mais um uso desse termo que tudo inclui, Stuart Hall comentou: "fazemos uma distinção simples e falsa demais entre narrativas sobre o real e as narrativas de ficção, isto é, entre notícias e histórias de aventuras"[6]. Será que essa distinção não é realmente "simples demais e falsa"? Na minha experiência, a distinção existe se não universalmente, pelo menos transculturalmente. Aliás, eu iria mais além e sugeriria que ela é uma característica intrínseca do discurso linguístico. Como sabemos que alguém não está nos enganando, nos contando uma ficção, uma história, um conto, se não fizermos essa distinção?

Como Orwell comentou sobre a Catalunha em seu *Looking Back on the Spanish War* (Lutando na Espanha), "esse tipo de coisa me assusta porque muitas vezes me dá a sensação de que o próprio conceito de verdade objetiva está desaparecendo do mundo. Afinal, é bastante provável que aquelas mentiras ou de qualquer forma mentiras semelhantes passarão à história"[7]. Se aquilo que nos estão contando é uma ficção ou uma mentira deliberada (implicando intencionalidade), as duas coisas são desvios da verdade literal. Não me importa nesse contexto se há uma justificação filosófica para a verdade objetiva, com uma teoria da correspondência da verdade. Preciso apenas de um reconhecimento de que os atores precisam distinguir entre verdade e inverdade. É verdade que a psicologia, a psicanálise e talvez também a sociologia qualificaram nossa visão da mentira a partir do ponto de vista do indivíduo, em uma tentativa de trazer à tona os motivos pelos quais as pessoas nem sempre dizem a verdade. Mas em interação diádica, na comunicação social entre duas ou mais pessoas, a questão da verdade ou inverdade de uma afirmação continua a ser crítica. Ele pôs ou não a carta que eu lhe dei para botar no correio como disse que pôs? A inverdade pode não ser uma mentira. Pode também envolver fantasia ou ficção, a fantasia sendo o equivalente não realista da ficção. A fantasia não convida uma comparação literal com um relato fiel dos eventos em um nível superficial. Mas a ficção pode fazer exatamente isso, pode afirmar ter um valor de verdade. Essa era a diferença entre *romances* e romances (*novels*) na Inglaterra no começo do século XVIII. Os romances realistas de Defoe e de outros deliberadamente convidam a uma avaliação da verdade ou da falta de verdade do conto. Os autores muitas vezes afirmam que a ficção é verdade, não a verdade subjacente, da experiência do autor, mas a verdade literal e factual.

---

6. *Southern Review*, 17, 1984, p. 3-17. Adelaide. Apud Sommerville, 1996: 173.
7. Orwell, 1968.

A distinção é comparável àquela que é feita comumente entre a história e o mito, caracterizadas respectivamente pelo tempo linear e pelo tempo circular; o primeiro, na verdade requer a disponibilidade de documentos e, portanto, da escrita, mas sua ausência não exclui um sentido do passado nas culturas orais, das quais o mito é apenas uma variedade da "história" no sentido formal de um estudo baseado no exame de documentos. Podemos desejar qualificar essa distinção para nossos próprios objetivos, mas não pode haver muita dúvida de que ela surgiu no sistema de coordenadas do ator; o *mythos* homérico era separado da *historia* e até do *logos*, pois os dois implicavam alguma avaliação da verdade[8].

Na ausência da escrita, a comunicação nas culturas orais tem de depender principalmente da fala. No entanto, a experiência na África sugere que, ao contrário, esse discurso raramente consistia em uma narração de contos, se com isso nós queremos dizer histórias pessoais e ficcionais criadas para adultos. Os LoDagaa do norte de Gana certamente fazem uma distinção desse tipo entre aquilo que eu traduzo como "fala apropriada" (*yil miong*) e mentiras (*ziiri*), ou seja, entre verdade e falsidade. "Fala apropriada" incluiria aquilo que traduzi como "o Mito do Bagre" mas aquela recitação por si só faz surgir a questão de se aquilo que ela oferece é uma mentira ou se é "a maneira de Deus", a verdade de Deus. Não se diz que os contos populares são mentiras, visto que eles não afirmam ser verdade, mas eles tampouco são verdade (por exemplo, os animais falam e se comportam como humanos; as pessoas não "creem" que os animais sejam realmente assim ou que a lua seja feita de queijo azul); como irei afirmar, esses contos são principalmente direcionados para crianças e eles estão muito próximos da mentira no sentido platônico, como vemos pelo relato de um autor LoDagaa.

Pois o problema com a narrativa ficcional surge de outro ângulo em uma biografia um tanto imaginativa de um membro desse mesmo grupo LoDagaa, Malidoma Some, que afirma que as pessoas não fazem qualquer distinção entre o natural e o sobrenatural ou entre a realidade e o imaginado (algo que duvido). Some é descrito em seu livro *Of Water and the Spirit* (Da água e do espírito) como "um homem da medicina e adivinho", assim como detentor de um doutorado de Brandeis que dá palestras em um centro espiritual nos Estados Unidos. Ele decidiu testar a ausência dessas distinções mostrando aos anciãos de sua aldeia africana um vídeo de *Star Trek*. Eles interpretaram o filme como um retrato "dos eventos atuais nas vidas cotidianas de outra pessoas que vivem no mundo". "Eu não consegui fazê-los compreender", escreve ele, "que tudo aquilo não era real." "Embora as histórias existam em abundância na minha cultura, não temos nenhuma palavra para ficção. Só consegui lhes transmitir o conceito de ficção ocidental associando ficção com falar mentiras"[9]. Essa afirmativa corresponde à minha própria experiência, pelo menos em relação aos adultos.

---

8. Goody e Walt, 1963: 321ss.
9. Some, 1994: 8-9.

Narrativas verdadeiras entre os LoDagaa, em minha própria experiência, seriam aquelas relacionadas com sua própria vida pessoal, talvez relatos sobre a migração de mão de obra para as minas de ouro no sul do país, ou os relatos sobre brigas ou guerras locais que ocorreram antes da vinda dos conquistadores coloniais no começo do século passado. Histórias desse tipo são contadas ocasionalmente, mas ocupam um lugar bastante marginal; a narrativa e o contar histórias, mesmo não ficcionais, não são exatamente tão importantes como é imaginado por aqueles que buscam reconstruir as formas de discurso nas primeiras culturas letradas e supostamente herdadas de culturas puramente orais ainda mais antigas.

As discussões de Derrida, Hall e Jameson me parecem representar a eliminação ou negligência das distinções histórica e analiticamente úteis em um esforço mal orientado e influenciado pela pós-modernidade contra o "binarismo" e na direção do holismo. Na verdade, as distinções que adotamos não ameaçam a unidade total do *esprit humain*, da mente humana, nem incorporam uma visão nós/eles do mundo.

Voltando-nos mais especificamente para a questão da narrativa em culturas orais; há cinco aspectos das formas "literárias" que quero examinar: são elas as lendas, as epopeias, os mitos, os contos populares e, finalmente, as narrativas pessoais. A epopeia é um gênero claramente narrativo, parcialmente ficcional, embora muitas vezes tenha uma base nos feitos heroicos no campo de batalha. É definida como uma espécie de poesia narrativa que celebra as conquistas de algum personagem heroico da história ou da tradição (isto é, pode ter uma parcela factual). O grande estudioso da literatura antiga, Chadwick, considerava a epopeia como um produto típico daquilo que ele chamava de Idade Heroica, povoada por chefes, guerreiros e membros da tribo[10]. Como normalmente acredita-se que esse gênero tenha surgido em sociedades pré-letradas, muita pesquisa acadêmica foi dirigida à tentativa de mostrar que, por exemplo, os poemas homéricos, como epopeias, foram compostas em culturas pré-letradas e não nas letradas. Durante a década de 1930, os estudiosos clássicos de Harvard Parry[11] e Lord[12] fizeram uma série de gravações de canções em cafeterias iugoslavas e tinham como objetivo mostrar que o estilo dessas canções, especialmente no uso de expressões formulistas, tornava-as representantes das epopeias da tradição oral. No entanto, a Iugoslávia não era de forma alguma uma cultura puramente oral e suas formas verbais foram fortemente influenciadas pela presença da escrita, e especialmente das religiões escritas. Algumas das recitações, na verdade, apareceram como textos em livros de canções que estavam disponíveis para os "cantores de contos" e havia uma referência mútua. De um modo mais geral, é verdade também que as sociedades da Idade Heroica em que a epopeia floresceu eram aquelas nas quais a capacidade

---

10. Chadwick, 1932-1940.
11. Parry, 1971.
12. Lord, 1960.

de ler e escrever estava precocemente presente. Em contraste, nas culturas puramente orais da África, a epopeia é uma raridade, exceto nas margens do sul do Saara, que foram muito influenciadas pelo Islã e suas formas literárias.

A África ao sul do Saara era, até recentemente, uma das principais áreas do mundo onde a escrita estava totalmente ausente; o mesmo ocorria em tempos recentes com partes da América do Sul (e da Australásia e do Pacífico). A maior parte da América do Sul foi transformada pelos espanhóis e pelos portugueses no século XVI, embora umas poucas áreas remotas tenham escapado de sua influência hegemônica e esmagadora. A África oferece o caso mais verdadeiro da sociedade puramente oral, embora influenciada pelas civilizações que tinham a escrita da Europa no Oeste, do Mediterrâneo no Norte e dos árabes no Leste. É também um continente cuja literatura oral recebeu muita atenção. O trabalho mais importante de síntese foi realizado por Ruth Finnegan. Sobre a epopeia, ela é muito incisiva:

> Presume-se com frequência que a epopeia é a forma poética típica dos povos não letrados [...] Surpreendentemente, no entanto, isso não parece ser sustentado pela evidência africana. Pelo menos no sentido mais óbvio de um "poema narrativo relativamente longo", a epopeia mal parece ocorrer na África Subsaariana, a não ser por formas tais como o [escrito] *Swahili utenzi*, que são diretamente atribuídos à influência literária da língua árabe[13].

O que foi chamado de epopeia na África é muitas vezes prosa em vez de poesia, embora alguns dos longos poemas laudatórios da África do Sul tenham uma certa qualidade épica. Além disso, são mencionados com muita frequência os contos Mongo-Nkundo do Congo; esses também são principalmente prosa e lembram outros exemplos africanos em suas características gerais. O mais famoso é a epopeia Lianja, com 120 páginas impressas entre texto e tradução. Ela cobre o nascimento e as tribulações do herói, suas viagens, a liderança de seu povo e finalmente sua morte. Finnegan sugere que a forma original pode ter sido um fascículo de episódios separados vagamente relacionados, contados em ocasiões diferentes e não necessariamente considerados como uma única obra de arte (embora narradores recentes e sofisticados digam que idealmente ele deve ser contado em uma única apresentação)[14]. Em outras palavras, um tipo semelhante de amálgama de contos curtos pode ter ocorrido sob o impacto da escrita, como aparentemente ocorreu com a epopeia Gilgamesh da Mesopotâmia.

É claro, muita coisa já foi coletada desde a época em que Finnegan escrevia, mas essa coleta não foi muito disciplinada em termos de verificação antropológica das fontes, do conteúdo e do público, e as próprias culturas foram tão influenciadas pela capacidade de ler e escrever e pelas escolas que é difícil considerar a sociedade africana

---

13. Finnegan, 1970: 108.
14. Ibid.: 109.

como "puramente oral" da maneira presumida. A maioria das recitações pertence àquilo que chamo de "lecto-oral" e foi influenciada pela presença da escrita e de uma religião hegemônica, exatamente como Finnegan considerou a presença da epopeia na África Subsaariana. A presença de escolas, de um Estado nacional (letrado), de religiões escritas, da forte pressão para inventar o passado influenciou formas que anteriormente eram puramente orais.

É bem verdade que encontramos alguma poesia do tipo lendário na literatura *mvet* dos povos Fang do Gabão e da República dos Camarões, bem como nas recitações dos griôs entre os Mande ao sul do Saara. Finnegan conclui: "Em termos gerais e sem contar com as influências islâmicas, a epopeia parece ser de pouquíssima significância na literatura oral africana, e a premissa *a priori* de que a epopeia é a forma natural para muitos povos não letrados no final parece ter muito pouca sustentação aqui"[15].

Desde o primeiro livro de Finnegan, a situação no tocante a composições mais longas mudou bastante, tanto em relação ao material "mítico" quanto ao material "lendário" (inclusive a epopeia). No que diz respeito aos "mitos" mais longos, temos hoje três volumes publicados do Bagre dos LoDagaa, sendo que a primeira versão compreende algumas 12 mil linhas curtas em comprimento que precisam de umas oito horas para serem recitadas. Esse trabalho está relacionado não com os feitos de heróis (como nas epopeias), mas com a criação do mundo do homem, com a posição dos humanos em relação a seu Deus e seus deuses, com problemas de filosofia e da vida.

Ele contrasta fortemente com a recitação dos griôs de Bambara e Mali, cujos produtos bem podem ter sido influenciados pela literatura islâmica. Os griôs (a palavra é de uso geral) são um tipo de menestrel que pertence a um grupo endógamo semelhante a uma casta. Eles se apresentam principalmente nas cortes de chefes, mas também em outras ocasiões públicas seculares, pois as sociedades em que são encontrados são reinos, ao contrário da acéfala tribo LoDagaa, onde o canto laudatório é pouco desenvolvido e as lendas nada mais são do que histórias de migração do clã ou da linhagem[16].

Ouçam, por outro lado, o relato de sua profissão dado pelo griô Tinguidji que foi gravado por Seydou.

> Nós, os mâbos, só rogamos aos nobres: lá onde está um nobre, lá estou eu. Um mâbo não se incomoda [com nada] a não ser onde exista algum valor. Se ele vê um homem pobre e rogar a ele, se ele o vir com nada e o elogiar, se ele vir alguém que tem o ar e o elogia, um mâbo que agir assim não vale nada. Quanto a mim, se alguém não for meu superior, eu não o elogio; eu lhe dou com liberalidade. É assim que eu sou, eu, Tinguidji.

---

15. Ibid.: 110.
16. Goody, 1977a.

(Nous, Le Mābos, nous ne quémandons, qu'auprès des nobles: là ou il y a un noble, j'y suis aussi. Un mâbo ne se préoccupe pás de ce qui n'a pás de valeur; s'il voit un pauvre et qu'il quémande auprès de lui, s'il le voit dénué de tout et qu'il le loue, s'il en voit un qui en a l'air et qu'il le loue, un mâbo qui agit de la sorte, ne vaut rien. Moi, celui qui ne m'est pas superieur, je ne le loue pas. Celui qui n'est pas plus que moi, je ne le loue pas; je lui donne. Voilà comment je suis, moi Tinguidji) [17].

Seria portanto errado presumir que todas as atividades dos griôs tinham como objetivo agradar ou elogiar a aristocracia para obter recompensas generosas. Havia alguns que adotavam uma atitude agressiva para com o mundo de um modo geral, "griôs vulgares e sem escrúpulos cujo único objetivo era extorquir presentes e favores e que, para esse fim, operavam com tanta autoconfiança e audácia, elogiavam-no e insultavam-no usando o panegírico ditirâmbico e a diatribe retaliatória, tanto na linguagem da nobreza quanto na gíria mais baixa"[18]. Além dessas diferenças de abordagem, os griôs diferiam de outras maneiras, mas todos pertenciam aos "gens castés", o *nyeenybe*, os artesãos que formavam algo parecido a uma casta que incluía ferreiros, entalhadores, pessoas que trabalhavam com o couro, tecelões (que também eram cantores, os *mâbo*); esses menestréis, "artesãos da palavra e das artes musicais", incluíam os "griôs-intelectuais que estudaram o Corão, os *awlube* tocadores de tambor, que eram associados a uma família específica cuja história, genealogia e elogios eles cantavam, os *jeeli* de origem Mandingo, que tocam muitos instrumentos, não estão associados a nenhum grupo e sobrevivem graças à sua profissão, e os *nyemakala*, cantores e guitarristas ambulantes que organizam as diversões noturnas"[19].

Os griôs-intelectuais eram aqueles que estudavam o Corão, confirmando o argumento de Finnegan sobre as influências islâmicas. A maior parte das epopeias na África é encontrada nas margens do Saara, onde essas influências são fortes e de longa duração. A epopeia Fulani de Silâmaka e Poullôri conta a história do filho de um chefe e seu escravo, que juntos com um companheiro tentam livrar seu país de sua dívida de impostos. É uma epopeia de chefatura recitada em uma cultura que estava conectada com a tradição escrita do Islã. A.-H. Bâ descreveu a sociedade daquela época como baseada na aldeia, com cada aldeia chefiada por um homem que sabia ler e escrever em árabe[20], mas de qualquer forma a língua e sua literatura eram conhecidas por todas as cidades da região, influenciando a natureza da vida e do pensamento locais, especialmente suas formas artísticas e também sua história[21].

---

17. Seydou, 1972: 13-14.
18. Ibid.: 15.
19. Ibid.: 17-20.
20. Ibid.: 81.
21. Hiskett, 1957; Wilks, 1963; Hodgkin, 1966.

Nessas condições, surgem as recitações narrativas de um tipo épico. O modelo é fornecido pela tradição islâmica; elas são encontradas em chefaturas complexas, cujos governantes são servidos por profissionais de vários tipos, inclusive cantores de elogios. Concentrado nos feitos passados dos chefes antepassados (a história do Estado), essas canções adotam um formato de narrativa, relatando as lutas dos heróis dos tempos antigos.

Deve ser observado que o conteúdo dessa epopeia Fulani era "estabelecida" em certas características mais amplas, mas variava enormemente em sua apresentação. Seydou descreve como a lenda atravessava fronteiras, era divulgada pelas bocas dos griôs que, "cada um de seu jeito e de acordo com sua prática própria, enriqueciam-na, transformavam-na, reconstruíam-na com o uso de vários elementos que extraíam de outros recitais". Portanto, a epopeia terminou como uma recitação que alguns consideravam como parte de um ciclo completo, seja na literatura bambara ou entre o povo, isto é, em Fulani[22]. Consequentemente, encontramos um grande número e uma variedade de versões[23] que desenvolvem um episódio específico e exaltam esse ou aquele herói, porque ela é recitada para ambas as partes que se enfrentam na luta, os Fulani e os Bambara. Em cada ocasião, os griôs tocam para um público específico, mas variado. Eles vivem de acordo com as reações daquele público; viajam, tocam o alaúde e modificam sua história para se enquadrar com a comunidade onde estão trabalhando. Em outras palavras, embora a epopeia Fulani, como a epopeia de um modo geral, pareça ocorrer em uma sociedade influenciada pela escrita, a forma que ela adota varia consideravelmente de acordo com o bardo, o momento e a situação. Essas variantes não devem, a meu ver, ser consideradas como parte de um ciclo definitivo – pois um ciclo assim existe apenas quando a inventividade parou e a epopeia ficou circunscrita ao texto –, e sim como parte de um universo que se expande ao redor de um tema narrativo.

Tanto Finnegan (1970) quanto Tedlock (1983) rejeitam a proposição de que a epopeia é tipicamente uma característica de culturas puramente orais e a associam com as primeiras culturas letradas do Velho Mundo. Finnegan trabalha principalmente na África, Tedlock nas Américas. O último conclui que os únicos "textos épicos com longas sequências métricas vêm de tradições populares em culturas letradas maiores"[24]. No entanto, ao comentar sobre essas conclusões, Rumsey afirma que as recitações encontradas entre um grupo de sociedades vizinhas nas montanhas da Nova Guiné realmente constituem uma "tradição épica oral". Os exemplos que ele nos dá têm um forte conteúdo narrativo e são caracterizados por uma repetição formulista do tipo para o qual Parry e Lord chamaram a atenção em sua análise de can-

---

22. Seydou, 1972: 9-10.
23. P. ex., Veillard, 1931; Bâ e Kesteloot, 1969.
24. Tedlock, 1983: 8.

ções iugoslavas. Ele discute dois tipos de história, *kange* e *temari*, que foram assimiladas à diferença europeia entre "ficção" e "factual"[25], mas que outros acharam que tinham mais a ver com a distinção entre o mundo dos eventos narrados e o mundo do aqui e agora no qual elas estão sendo narradas[26]. Apesar disso, algum tipo de "valor de verdade" parece estar envolvido. *Kange* tende a ser narrada dentro de casa, à noite, depois da refeição noturna; com um único indivíduo falando durante dez até vinte minutos, há uma regra de "turnos" com um "orador ratificado". Algumas histórias são contadas por mulheres, mas nesse caso para crianças e não para o mundo em geral.

Rumsey compara esses contos às epopeias europeias. Mas embora eles certamente sejam narrativos e muitos tenham um personagem central "heroico", são, na verdade, recitações curtas, a maioria com trezentas até setecentas linhas de comprimento. Não é parte de minha intenção negar a presença da narrativa ficcional nas culturas orais, mas apenas dizer que as narrativas longas são raras e que qualquer narrativa é menos frequente do que tem sido muitas vezes pensado; eu sugeriria que isso ocorre em virtude dos problemas inerentes da ficção. O fato de Rumsey encontrar epopeias (curtas) nas montanhas da Nova Guiné, e de Finnergan negar sua existência na África Negra e Tedlock nas Américas, por si só já gera um problema de presença e ausência. Por que é que esse problema deveria existir afinal? Por que é que as epopeias, definidas por Tedlock como "uma narrativa heroica com um texto métrico cantado"[27], são relativamente raras nas culturas orais? Por que é que as narrativas, especialmente as ficcionais, não dominam o discurso das culturas orais, especialmente nos gêneros artísticos, da maneira exigida por grande parte da teoria contemporânea sobre a atividade de contar histórias? Não estamos nos referindo aqui apenas às recitações longas e substanciais. As chamadas epopeias das montanhas da Nova Guiné são bastante curtas. Mesmo se passássemos a considerar esses contos como epopeias (e eles certamente são narrativos), temos um problema em relação ao que isso implica; um problema que precisa ser confrontado em vez de simplesmente dizermos que essa distribuição é "cultural". Essa é uma questão a que voltaremos mais tarde.

E o que dizer de outras formas de narrativas e de contar histórias? As lendas são muitas vezes conectadas às epopeias, mas não adotam a mesma forma métrica. Apesar de sua presumida associação com a palavra escrita (*legenda*, o que é lido) em sua associação com contos escritos de santos e coisas semelhantes, elas são encontradas nas culturas orais e nas culturas tribais na forma de histórias de clãs, e em chefaturas na forma de histórias dinásticas. No último caso, elas são muitas vezes muito mais fragmentárias do que se pensa; em algumas ocasiões as histórias do Estado apenas

---

25. Rumsey, 2006.
26. Merlan, 1995.
27. Tedlock, 1983: 8.

adotam a forma de títulos de casas (*drum titles*) para chefes e de crônicas, em vez de narrativas em um sentido mais forte.

Uma vez mais, quanto aos mitos, que são talvez o gênero mais estudado, costuma-se presumir com extrema frequência que são universais. As mitologias são (no sentido de construções universais de uma ordem sobrenatural), mas os mitos – no sentido de recitações longas orientadas sobrenaturalmente ou do tipo gravado para o Zuni da América do Norte ou o Bagre dos LoDagaa, que levam horas para serem recitados – são distribuídos muito irregularmente e são muito menos narrativos em sua forma, no entanto, que o antigo Mahabharta hindu ou até que a "epopeia" Gilgamesh da Mesopotâmia (ambas criações de culturas letradas) nos levariam a crer. Os mitos são formas orais padrão; as mitologias são corpos de contos sobre o sobrenatural vindas de uma multiplicidade de fontes e reconstruídas pelo observador, como no caso das *Mythologiques* de Lévi-Strauss[28].

O mito faz um número de coisas diferentes. Tem algum elemento narrativo. Mas a importância disso foi muito exagerada pelos coletores de mitos (e mitologias), que muitas vezes pediram histórias deliberadamente a seus respondentes e não se importaram muito com os aspectos filosóficos, teológicos e da sabedoria da recitação. Isso é um erro que, no passado, antes do gravador portátil, levou a uma série considerável de concepções errôneas. Em um nível eu compararia o Bagre com a Bíblia no número de tarefas que ele desempenha. Há a narrativa etiológica do Gênesis, a "sabedoria" dos Provérbios, as prescrições rituais do Levítico. O que não há é uma narrativa sequencial ou sequer uma continuidade em todo ele. Hartman[29] escreve não só sobre a peculiaridade da Bíblia, mas também sobre sua unidade. Cada texto é, em algum nível, único, mas não é isso, acho eu, o que está sendo dito. De qualquer forma, a unidade não é sua característica óbvia; os livros foram reunidos como um cânone quase que por acaso. A unidade é dada pelo contexto ritual, não pelo texto.

O que chamei de "o Mito do Bagre" encontrado entre os LoDagaa do norte de Gana servirá como exemplo. Ele está voltado para negócios sobrenaturais sérios, fazendo parte da categoria "fala apropriada" e está associado com ser membro da sociedade Bagre que, segundo o que se afirma, confere benefícios médicos (e em um sentido, espirituais). Essa longa recitação leva de seis a oito horas para ser recitada na maneira adequada, com cada frase (ou "linha", em minha transcrição) sendo repetida pelo público de neófitos e membros (seus guias) e depois todo o processo é repetido duas vezes mais pelos outros oradores. O tempo de recitação varia com o orador e o grau de elaboração que ele utiliza, bem assim como com o momento na cerimônia em que a recitação ocorre.

---

28. Lévi-Strauss, 1969.
29. Hartman, 1999.

Ela consiste de duas partes, o Branco e o Negro. A primeira é um relato das várias cerimônias que são realizadas durante várias semanas e é recitada até o ponto na sequência que foi alcançada. O Negro, por outro lado, é apenas para ser ouvido pelos ouvidos daqueles homens (agora as mulheres são excluídas) que passaram pela primeira iniciação e inclui algum relato de como os humanos foram criados (e como aprenderam a se criar) assim como vieram a adquirir os elementos básicos de sua cultura que é o cultivo, a caça, a criação de gado, a elaboração do ferro e a fermentação da cerveja.

Isso é "fala apropriada" porque está voltada para o relacionamento da humanidade com o sobrenatural, especialmente com os seres da selva que atuam como intermediários, algumas vezes travessos, entre os humanos e Deus. E embora o forasteiro possa considerar a recitação como um "mito", como uma expressão imaginativa do relacionamento da humanidade com o mundo e com o divino, para os LoDagaa ela é bastante real (como a Bíblia é para muitos entre nós), embora a possibilidade de que ela nem sempre seja verdade é aventada muitas vezes. Aliás, no Bagre Negro, que vem a seguir, mostra-se que a salvação contra os problemas, inclusive a própria morte, que a medicina Bagre oferece aos novos iniciados é uma ilusão; as esperanças são criadas apenas para serem destruídas mais tarde.

No entanto, o ponto que quero sugerir aqui é que, se deixarmos de lado a questão da ficção, da verdade ou da falsidade, o conteúdo narrativo da recitação é limitado. É fornecido um certo arcabouço para o Bagre Branco, o relato das cerimônias, que explica como o Bagre começou após uma consulta com um adivinho em virtude de uma série de problemas atribuídos a origens transcendentais. Há obviamente uma sequência no relato das cerimônias e das proibições e injunções que lhes são associadas. Mas isso não toma exatamente uma forma narrativa. O que encontramos, em três ou quatro ocasiões, são narrativas curtas, parecidas a contos populares, engastadas na recitação em pontos determinados no contexto de uma cerimônia específica. Page observou módulos semelhantes embutidos nos poemas homéricos[30]. Esses contos realmente assumem uma forma narrativa definitiva, com um começo, um meio e um fim. Eles também parecem exigir um compromisso em relação à "crença" que é diferente da maior parte da recitação. Eles são obviamente contos.

O Bagre Negro começa de uma maneira mais promissora no tocante à narrativa. O mais velho de dois "irmãos" passa por problemas que ele atribui a causas místicas. Ele consulta um adivinho para descobrir quais. Como resultado, embarca em uma viagem longa e árdua, uma busca, que o leva até o Outro Mundo. Encontrando um rio, provavelmente aquele que separa este mundo do outro, ele se depara com um velho, provavelmente o Deus Supremo. Com a ajuda da aranha, ele sobe até o Céu (para "o país de Deus"). Lá ele conhece uma "jovem elegante" e o Deus Supremo

---

30. Page, 1973.

lhes mostra como uma criança é criada de uma maneira mística. A recitação continua durante muito tempo com o homem e a mulher brigando sobre a propriedade do filho homem e de sua educação. Enquanto isso eles são apresentados, com a ajuda dos seres da selva ("fadas"), a vários aspectos da cultura dos LoDagaa, à preparação do ferro, ao cultivo das safras, à fermentação da cerveja e eventualmente à procriação, em vez da criação, de filhos. Embora exista uma moldura pouco definida, a maior parte da recitação está relacionada com a descrição dos aspectos centrais da cultura, especialmente seus processos tecnológicos. E grande parte do resto trata de problemas filosóficos (como o problema do mal) e teológicos (como o relacionamento entre o Deus Supremo e os seres da selva). Narratividade não é a característica dominante. E, mesmo assim, essas longas recitações, mitos, são distribuídas muito irregularmente nas culturas. Os LoDagaa as têm, mas nenhum de seus vizinhos parece tê-las (exceto alguns dos Bagre).

O que parece ser universal, pelo menos no Velho Mundo, são os contos populares. Encontramos esses contos em todas as partes, muitas vezes de uma forma surpreendentemente semelhante – contos curtos, às vezes acompanhados por uma cauda ou final de pouca importância, envolvendo atores humanos, animais e muitas vezes deuses. Podemos pensar que as histórias Ananse dos Akan (com a aranha trapaceira) são prototípicas ao lado de suas variantes caribenhas, os contos Nancy do Irmão Coelho.

Alguns observadores acham que esses contos são representativos do "pensamento primitivo". Normalmente, imagina-se que eles sejam contados ao redor da fogueira, à noite, para um público misto. Minha própria experiência na África Ocidental é bastante diferente. Como já mencionei, essas histórias, como aquelas nas obras dos irmãos Grimm, são principalmente direcionadas para crianças e não representam o pensamento dos adultos nas culturas orais, embora eles possam também ouvi-las. A maior parte são os contos populares curtos ("contos de fadas") do tipo contado para crianças, não o alimento para o consumo de adultos comuns. Eles representam a "mentalidade primitiva" só até o ponto em que a história de *João e o pé de feijão* na Europa atual pode ser considerada como representativa da "modernidade contemporânea". Elas são separadas como discurso de crianças. Aliás, de um modo geral, a ficção é para os jovens; os adultos exigem assuntos mais sérios, não as histórias ficcionais da vida ou até do Outro Mundo, mas sim relatos verdadeiros ou quase verdadeiros. A possibilidade de esses contos serem as formas principais da ficção narrativa em muitas culturas orais tem outra implicação, que a própria ficção é considerada apropriada para crianças, mas talvez não para adultos.

Finalmente, chegamos às narrativas pessoais. Na psicanálise a "cura pela conversa" exige que tanto o analista quanto o analisando construam uma "história de caso" extraída de conversas fragmentárias, "histórias" que aparecem na forma de *Dora e o homem-lobo*, de Freud. A história de caso nunca é produzida de forma autônoma, mas é trazida à tona e criada; e é uma criação de uma sociedade letrada e de procedimentos letrados; como o Gilgamesh mesopotâmico ou a epopeia contemporânea Mungo em toda probabilidade, ela representa uma costura de fragmentos para formar uma narrativa contínua, que nunca é (ou só muito raramente) oferecida ao pesquisador em uma bandeja, exceto por escrito.

Parece natural que devêssemos criar um sumário narrativo de nossas vidas, para incorporação em um CV, a fim de apresentá-lo a um analista como o objetivo de elaboração de um diário ou de uma autobiografia. Mas até que ponto essas narrativas são necessárias em culturas puramente orais? Só consigo pensar em umas poucos situações – se é que houve alguma – em que isso ocorre. Sou eu, o antropólogo, o psicólogo, o historiador, que tenta construir histórias de vida (com outras histórias) dos fragmentos de conhecimento que vieram até mim, ou a partir da árdua luta de fazer perguntas e conseguir que nosso respondente as responda, a fim de expressar para mim aquilo que nenhuma outra situação iria inspirá-lo ou inspirá-la a fazer. Histórias de vida não surgem automaticamente, elas são fortemente construídas. A natureza construída das histórias de caso é maravilhosamente revelada por Gilbert Lewis em seu *A Failure of Treatment* (Uma falha do tratamento)[31]. A história não traduz exatamente os "fatos", mas dá uma forma narrativa aos fragmentos da experiência que se apresentam de uma maneira bastante diferente.

As exceções parciais que encontrei são nas visitas ao adivinho, onde ele provoca uma reação perguntando qual é o problema, e em relatos de eventos passados nas audiências de casos de disputa em assembleias e tribunais. No entanto, nos dois exemplos a lembrança narrativa não é elaborada em uma história de vida completa e sim concentrada na situação imediata. O adivinho irá instigar o cliente a fazer perguntas que sua parafernália de instrumentos de adivinhação irá tentar responder; em assembleias e tribunais temos relatos narrativos da disputa mais estruturados, mais direcionados para o incidente, embora a noção de relevância possa ser mais inclusiva do que é normal em um tribunal ocidental contemporâneo.

A narratividade, a narrativa, sobretudo toda a narrativa ficcional, não me parece uma característica proeminente da maioria das culturas orais. O surgimento da narrativa, ou de alguma maneira das histórias longas, está associado às culturas escritas. É verdade que encontramos, ainda que irregularmente distribuídas, algumas recitações como a do Bagre, mas elas são justificadas por sua "verdade" religiosa. Podem ser consideradas ficcionais apenas no mesmo sentido em que o Velho ou o Novo Testamento poderiam ser ficcionais.

Essa ausência não é apenas uma questão do *status* juvenil de grande parte da ficção, de sua relação imaginativa com a "verdade". Parte do problema com longas recitações é a atenção que elas exigem. A situação de um público sentado em círculo ouvindo em silêncio qualquer recitação longa me parece ser uma ocorrência rara. A

---

31. Lewis, 2000.

maior parte dos discursos é dialógica; os ouvintes reagem ao que ouvem, interrompendo qualquer sequência longa. Podemos começar a ouvir durante algum tempo o relato de um indivíduo sobre sua viagem a Kumasi quando ele foi trabalhar nas minas ou de outro sobre suas férias em Majorca. Mas não permitiremos que ele ou ela continue por muito tempo sem alguma interrupção, do tipo "eu já tive uma experiência semelhante". A exceção é quando um monólogo, porque essa é a natureza da narrativa, é validado por seu caráter ou contexto sobrenatural. Não estamos ouvindo sobre questões mundanas, mas sobre "a obra dos deuses". Por isso esses relatos "míticos" tendem a ser contados em contextos rituais nos quais a atenção é exigida por razões mágico-religiosas. É o ritual, a cerimônia, e não a narrativa que é o foco da recitação. E com frequência essa é muito menos um exercício de contar histórias do que sugere o termo narrativa. Na verdade, é mais parecida à diversidade de discurso que encontramos na Bíblia. E de qualquer forma, para o ouvinte, aquilo não é ficção.

O romance

Na opinião de Walter Benjamin, o surgimento do romance pôs um fim na atividade de contar histórias (que ele considera basicamente uma forma oral), um fim que começou com a introdução da tipografia na Europa no término do século XV. Para Lévi-Strauss, o mito deu lugar ao romance no começo do século XVIII. Meu argumento anterior sugeriu que a atividade de contar histórias, pelo menos para adultos e, aliás, a narrativa de um modo geral, receberam muito menos ênfase nas culturas pré-letradas do que normalmente se presume. A ruptura veio com a chegada da palavra escrita. Escrever ocorre em privado. Construímos uma autobiografia, como um diário, em privado. A privacidade significa que não enfrentamos o problema de uma comunicação direta e imediata com o público, o problema de interrupção ou sua supressão autoritária; temos a paz e o lazer para construir. É claro que, mais tarde, o que foi escrito provavelmente passará a ser um documento público. E ao fazê-lo estabelece um modelo, uma agenda, até mesmo pela lembrança oralmente elaborada de nosso passado. Saber ler e escrever impõe seu próprio modelo à autonarrativa e prepara o cenário para as pesquisas médicas, sociológicas, psicológicas e analíticas em que se pede ao indivíduo que forneça uma "história", um *curriculum vitae*. Há um retorno daquilo que o que foi escrito estimulou e alcançou. Narrativas, monólogos, recitações longas, são estimulados pela escrita. Os produtos incluem alguns tipos de ficção ou formas semelhantes à ficção, tais como as epopeias de um personagem heroico ou as lendas como a vida de santos. Os problemas que anteriormente as narrativas ficcionais geraram nas culturas orais ainda estão lá, e isso é talvez um dos motivos pelos quais o romance entrou em cena tão tardiamente, quando a tipografia estava disponível para divulgá-lo, e não só com a escrita (embora também esteja presente no período clássico posterior). Quando ele realmente surge, sinaliza o florescimento da narrativa que subsequentemente deixa sua marca em filmes e na mídia eletrônica.

Não é difícil perceber como a narrativa, a narração de histórias verdadeiras ou ficcionais, foi estimulada pela escrita. A escrita automaticamente envolve distância entre o contador do conto e seu público de uma maneira bem diferente da atividade oral de contar histórias (onde o cara a cara é necessário). Tanto o narrador quanto o leitor têm tempo de refletir sobre aquilo que estão fazendo, escrevendo ou lendo, enquanto que o orador está em contato imediato com o público. Uma folha de papel em branco e uma caneta são um convite para produzir uma narrativa de lembranças estruturadas ou de invenção imaginária. Começamos no alto da página e continuamos até o fim dela, depois vamos para a próxima. Não somos (relativamente) interrompidos na escrita ou na leitura. O discurso oral não funciona assim; o orador está sendo interrompido constantemente porque, a não ser em situações autoritárias, o discurso oral é dialógico e interativo. De um ponto de vista não há nenhuma separação real entre o orador e o público. Todos são oradores, todos são ouvintes (de certo tipo) e a conversação prossegue com começos e pausas, muitas vezes com frases incompletas e quase sempre em narrativas não terminadas.

É claro, há ocasiões em uma cultura oral em que o orador tem uma posição de autoridade e apresenta um discurso contínuo, dirigido a uma ocasião específica ou em uma forma oral padronizada (que seria "literatura" se fosse escrito). Essas ocasiões são raras e especiais. Talvez um viajante retornando de sua viagem contando suas aventuras e falando sobre o conhecimento que adquiriu. Ou em regimes politicamente centralizados, um chefe ou seu porta-voz dirigindo-se a seus subordinados reunidos diante dele. Ou um súdito oferecendo canções laudatórias a seu governante, relembrando os feitos de seus antepassados, canções que são quase ficção.

Assim como a escrita possibilita a "história", ela também estimula histórias de vida. Não é minha intenção implicar que as culturas orais não têm qualquer concepção do passado em um nível social ou pessoal, mas a história organizada, narrativa, é rara, e, sem documentos, é fragmentária. Portanto, em termos de história cultural, o que é surpreendente sobre o romance, se comparado à narrativa de um modo geral, não é simplesmente sua ausência nas culturas orais, mas sim seu surgimento tardio e esporádico muito tempo depois de a escrita ter sido introduzida, acompanhado por sua grande popularidade, apesar da hostilidade contínua que ele atraiu até o século XIX na Europa e até mais tarde em outros lugares. Hoje vivemos em uma cultura dominada pela ficção, como nenhuma cultura foi até hoje.

A palavra romance parece ter vindo para a língua inglesa das línguas românticas no final do século XV como sendo uma novidade. Dez anos depois do surgimento da prensa tipográfica na Europa, mais ou menos em 1486, Henrique VII começou a publicar relatos diplomáticos partidários, assim como "notícias" ou anúncios em uma folha grande de papel impressa de um só lado e distribuída ocasionalmente. Na época elisabetana, vários grupos além do governo já faziam uso desse meio de comunicação, muitas vezes para assuntos domésticos e na forma de baladas. O termo usado para essas baladas-notícias era *novels*, como o francês *nouvelle* ou o espanhol *novela*. "O nome apenas sugeria algo novo, e não dava ênfase à questão de fatos *versus* ficção"[32]. No século XVI, a palavra é usada, vindo do italiano, para se referir a uma história ou um conto do tipo encontrado no *Decameron* de Boccaccio. No século XVII, ele começa a ser utilizado como no inglês contemporâneo para se referir a uma narrativa ficcional, longa e em prosa, que se distingue dos *romances* (a palavra em francês e italiano *roman*, *romanzo*, cobre os dois tipos[33]) em virtude de sua forte conexão com a vida real. Apesar disso, o problema de aceitabilidade continuou. Ainda havia uma dúvida, expressa por Steele no *Spectator*[34], quando ele escreveu: "Temo que suas mentes estejam um pouco desordenadas com *romances* e *novels*". A grande difusão de ambos estava relacionada com a mecanização da escrita na forma tipográfica, reduzindo a necessidade de ler em voz alta, já que muitos podiam adquirir, ainda que temporariamente de um amigo ou de uma biblioteca, sua própria cópia do livro para uma leitura silenciosa.

Foi essa possibilidade de uma mente desordenada que estimulou a noção de as pessoas estarem sendo desencaminhadas pela ficção, o sintoma chamado de *bovarismo* em virtude do romance *Madame Bovary* de Flaubert, no século XIX, uma possibilidade que tinha surgido muito antes em relação aos *romances*, nas muitas objeções às *novels* que foram expressas no século XVIII na preferência da maioria de leitores homens pela não ficção e no desenvolvimento de um público de leitores predominantemente feminino.

O romance (*novel*) é claramente um produto de culturas letradas bem como de culturas com a opção de lazer; no entanto, ele floresceu relativamente tarde na história cultural e certamente não acompanhou de imediato a invenção da escrita. Narrativas prematuras surgem na Grécia e em Roma, e um pouco no período anterior no Oriente Próximo. Mas histórias como *O asno de ouro* de Apuleio ou *Dafne e Cloé* de Longo e os romances eróticos dos gregos eram, no melhor dos casos, precursores do romance como nós conhecemos hoje[35]. Exemplos prematuros da ficção narrativa, muitas vezes chamados de romances ou *novels* que foram encontrados na literatura grega, romana e egípcia antiga, eram relativamente curtos, muito diferentes em campo de interesse daquele das novelas posteriores na Europa ou na China. Embora se acreditasse que essas obras eram direcionadas a um público popular, o público leitor era muito menor e mais elitista, e incluía mulheres e homens[36]. No Egito, as narrativas ficcionais eram escritas em demótico (a partir, digamos, do século VII a.C.), mas

---

32. Sommervillle, 1996: 18.

33. O mesmo se aplica à palavra romance em português [N.T.].

34. Steele, 1711, num. 254.

35. Sobre o romance nas sociedades clássicas, cf. Perry, 1967; Heisermann, 1977; Hägg, 1983; Tatum, 1994; Morgan e Stoneman, 1994; Holzberg, 1995.

36. Egger. "Looking at Chariton's Callirhoe". In: Morgan e Stoneman, 1994.

todas elas eram aparentemente "de um comprimento bastante modesto". Modesto poderia significar menos de 6.000 palavras. Algumas eram mais longas. "O meio estrutural mais importante pelo qual as histórias foram feitas mais extensas que um simples caso é o artifício de uma história dentro de uma história"[37]. Que tipo de *status* tinha essa ficção? Não há qualquer evidência de que os textos narrativos eram usados na educação. Protótipos mais próximos que esses "romances antes do romance" surgiram na Europa no final da Idade Média, mais especialmente em Rabelais e Dom Quixote, mas também na grande quantidade de romances franceses do século XVII.

Após o período clássico e do longo hiato que se seguiu na Europa, a ficção parece ter revivido só nos séculos XII e XIII. Na opinião do historiador N. Daniel, esse renascimento representou um elo com a cultura oral: "O súbito aparecimento de uma literatura ficcional é evidência dos elos naturais da Europa com as outras culturas que se originam das antigas fontes do Oriente Próximo" – em outras palavras, as culturas da Idade do Bronze com sua invenção da escrita[38]. Daniel acha que o exemplo mais prematuro da história "enquadrada" (a história dentro de uma história como em *Arabian Nights* (As mil e uma noites), cuja história-moldura é provavelmente indiana e a primeira referência data do século IX) é *Discipline Clericalis*, de Pedro de Alfonso. O autor era um judeu converso que traduziu o conto do árabe e "foi o primeiro a introduzir o gênero da fábula, uma espécie de subdivisão da literatura da sabedoria"[39].

> Obras conectadas de origem indiana tais como *Kalila wa Dimma* e *The Seven Sages* (Os sete sábios), também conhecido como *O livro de Sinbad*, começaram a aparecer no século XIII [na Espanha; na Grécia, no século XI] e um pouco mais tarde, *El Conde Lucaver*, de Don Juan Manuel. As histórias "enquadradas" europeias incluem *Confessio Amantis*, de Gower, a *Novella*, de Giovanni Sércambi (um futuro nome importante para o gênero em inglês), Boccaccio (não só *Decameron*, mas também *Arreto*) e, sobretudo, *Canterbury Tales de Chaucer*, assim como o *Tale of Bergis* associado durante algum tempo com Chaucer. Todos esses datam do final do século XIV e representam pelo menos aquilo que chamamos de "cultura mediterrânea"; em alguns casos há fontes árabes e, em última instância, indianas[40].

O que é fascinante aqui é o aparecimento relativamente tardio dessas formas narrativas mais ou menos na mesma época em partes diferentes do globo.

Um problema central sobre a história do romance é precisamente sua chegada tardia em cena, sua distribuição inicialmente irregular e sua popularidade enorme e generalizada a partir do século XVIII. A chegada tardia ocorre não somente na Europa, mas

---

37. Tatum, 1994: 206.
38. Daniel, 1975: 310.
39. Ibid.: 108.
40. Ibid.: 310.

também na China. Plaks comenta sobre "a extraordinária coincidência de o surgimento da prosa ficcional ter ocorrido quase que simultaneamente, passo a passo, na China e na Europa", ou seja, no século XVI[41]. Ele tenta explicar o surgimento dos romances dos literatos do período Ming, "as quatro obras-mestras" em termos da transformação da economia, da política de facções e da expansão do sistema educacional naquele período[42]. Em outras palavras, a forma certamente não é um fenômeno puramente ocidental. Embora ela não seja encontrada em todas as primeiras sociedades letradas, a limitação da discussão do aparecimento do romance à Europa, e muito menos à Inglaterra do começo do século XVIII, não tem qualquer justificação.

Mas por que a distribuição desigual e por que a chegada tardia? Sugiro que o problema nos leva de volta à nossa primeira discussão sobre narrativa, especialmente narrativa ficcional, nas sociedades orais. Apesar do desenvolvimento da narrativa na escrita, surgiram dúvidas semelhantes sobre suas formas ficcionais. A atividade de contar histórias sempre foi uma atividade ambígua, que implicava "contar uma história" no sentido de contar uma inverdade ou até mesmo uma mentira. Ela deixava de representar a realidade, não era séria.

Havia duas maneiras de evitar o problema. Como no caso do mito, a narrativa poderia ser legitimada na forma de um relato de eventos sobrenaturais que automaticamente se livrava de uma objeção à falta de realidade da representação. As primeiras narrativas da Europa cristã foram legitimadas por serem relatos de milagres celestiais (o Novo Testamento) ou das vidas dos santos, da mesma maneira que a pintura e o desenho tornaram-se possíveis no começo da Idade Média desde que os temas fossem tirados de fontes religiosas. Mesmo no século XVIII, foi esse aspecto do *Pilgrim's Progress* (O progresso do peregrino), de John Bunyan, que o tornou aceitável aos muitos protestantes não conformistas.

O romance moderno, depois de Defoe, era essencialmente um conto secular, uma característica que está contida no significado de "realista". A mão de Deus pode aparecer, mas o faz por meio de sequências "naturais", não por meio de milagres ou extravagâncias. As primeiras estruturas narrativas muitas vezes exibiam o tipo de intervenção que, em um mundo banhado pelo sobrenatural, estava presente em todas as partes. Realmente, podemos argumentar que em tais circunstâncias os atores faziam pouca distinção entre o natural e o sobrenatural; ele certamente era matizado, mesmo nas narrativas pessoais. Aqueles tempos específicos tinham passado, com as histórias de santos e a fantasia do *romance*. E mesmo antes disso, no mundo clássico, havia uma separação entre os dois que era mais clara em alguns campos do que em outros.

Com a vinda do Renascimento e da prensa tipográfica, os romances seculares surgiram em grande número. Mas eram muitas vezes ridicularizados, considerados

---

41. Plaks, 1977: 321.
42. Ibid.: 6ss.

como diversão para mulheres desocupadas e não para homens sérios, e tendo potencialmente efeitos muito negativos em seus leitores. No século XVIII, na Inglaterra, os romances de fantasia foram complementados pelos romances realistas de Defoe e seus seguidores, que eram mais sérios e menos fantasiosos.

O romance do começo do século XVIII adotou uma estratégia diferente de legitimação, que foi sua afirmação de que era verdadeiro como a vida, que era "história" e não "estória". Considere os esforços de Defoe para estabelecer os detalhes do tempo e do lugar do conto que ele estava narrando. E, com efeito, o próprio conto, no caso de *Robinson Crusoé*, ou *A Journal of the Plague Year* (Um diário do ano da peste), realmente oscilava entre a verdade e a ficção, incorporando detalhes de eventos reais. O mesmo ocorria com o tempo e o lugar em Fielding ou Smollett. O modo epistolar, adotado por Aphra Behn no final do século XVII e mais tarde por Samuel Richardson em *Clarissa*, foi talvez outro exemplo dessa afirmação.

Usei as palavras "verdade", "real" e "realidade" em seus significados literais, comuns, talvez até superficiais. Há um sentido igualmente óbvio em que essas palavras poderiam ser aplicadas à ficção que tinha como objetivo dizer algo imaginativo sobre a condição humana. Mas a discriminação entre a verdade literal e a verdade poética é muitas vezes reconhecida e se refere a modos distintos de discurso. A narrativa ficcional que incorpora o segundo é certamente estimulada pelo uso da escrita, mas sua natureza ficcional é às vezes ocultada ou por uma preocupação com o sobrenatural, o não natural ou, no começo da história do romance, pela pretensão de oferecer a verdade literal. Dessa maneira, desafia-se o blefe do leitor, e suas dúvidas são acalmadas.

Apesar do novo realismo no século XVIII, o romance ainda era fortemente criticado. Como ficção, era acusado por muitos de exibir falta de seriedade; como eu argumentei, ocorria muito em muitas culturas orais. A resistência ao romance continuou na Europa do século XVIII, especialmente quando essa resistência formou parte daquilo que chamei de "o Complexo Puritano"[43].

Essas objeções ao romance e a preferência por não ficção são visíveis na história da tipografia americana. A primeira obra nessa categoria foi a ambígua produção de Defoe, *The Dreadful Visitation in a Short Account of the Progress and Effects of the Plague... extracted from the Memory of a Person who Resided there* (A terrível visita em um breve relato do progresso e efeitos da peste... extraído das memórias de uma pessoa que residia lá). Essa obra, que como sabemos hoje era em sua maior parte imaginativa, foi publicada em 1763 por Christopher Sauer de Germantown: *Robinson Crusoé* veio vinte anos mais tarde em 1774. Novos romances eram importados da Inglaterra; eram raros no mundo das editoras, até mesmo daquelas do final do século XVIII na América, pois, no começo, a Nova Inglaterra rejeitava firmemente as tendências seculares que ela considerava como uma volta com vigor renovado à Inglaterra com a

---

43. Goody, 2009b.

restauração dos Stuarts no trono. Os puritanos eram contra a preguiça, o teatro, a literatura irreverente. Isso incluía os *romances*, que eram considerados especialmente atraentes para mulheres. Em 1693, Increase Mather escreveu sobre essa "vasta calamidade de falsas noções e imagens das coisas, particularmente do amor e da honra". Embora esse material fosse importado e difundido por meio de bibliotecas ambulantes, os árbitros morais continuavam a desaprovar todos os tipos de ficção[44].

Essa resistência à ficção por parte de importantes autoridades culturais significava que seu consumo e, até certo ponto, sua produção dependiam de elementos "marginais" como as mulheres. Na Europa do século XVII, como já lembramos, os leitores principais de ficção eram as mulheres; os *romances* franceses eram muitas vezes escrito por elas e eram elas que constituíam o público principal do romance inglês no século XVIII. A predominância das mulheres entre o público era uma das razões para que ele fosse criticado. Elas eram as pessoas que mais provavelmente seriam desencaminhadas e enganadas, especialmente pelos *romances* longos, embora não somente elas. O grande romancista espanhol Cervantes construiu o romance picaresco *Dom Quixote* ao redor da decepção do herói que foi desencaminhado como resultado da leitura de romances antigos.

O mesmo ocorreu no século XVIII. Como observamos, o "realismo" dos escritos de Defoe e de outros tinha a intenção de contrastar com esses contos fantasiosos; eles "enganavam" de outra forma, afirmando, falsamente, que representavam a verdade histórica como uma maneira de apresentar um conto imaginativo que chegava mais próximo da "realidade". Dessa maneira, eles tentavam evitar a crítica feita aos antigos romances de que eles desencaminhavam as pessoas não só fazendo com que elas tivessem crenças falsas, mas também uma falsa conduta. A afirmação dessa posição é mais evidente do que em qualquer outro autor no livro *The Female Quixote* (A Quixote feminina) de Charlotte Lennox, no qual a autora conta a história de Arabella que foi, ela própria, desencaminhada pela leitura "da grande quantidade de romances" deixados por sua mãe.

Essa possibilidade de engano não era limitada aos romances franceses e de outra nacionalidade; ela era criticada também em relação aos romances góticos do final do século XVIII, sobretudo por Jane Austen em *Northanger Abbey*. Q.D. Leavis realçou "que enorme parte a guerra consciente ao *romance* desempenha nos romances de Jane Austen. Ela fez com o *romance* de sua época (fosse o romance doméstico de Fanny Burney ou o tipo gótico da Sra. Radcliffe) o que Cervantes tinha feito na época dele"[45].

A heroína do romance é Catherine Morland, que faz amizade com Isabella Thorpe na Sala das Bombas em Bath. O relacionamento entre as duas se desenvolveu rapidamente. Quando chovia, liam romances juntas. "Sim, romances", declara a autora,

---

44. Mather, apud Daniels, 1995: 46.
45. Kettle, 1965: 112.

pois eu não adotarei aquele hábito pouco generoso e apolítico tão comum entre os romancistas de degradar com sua censura desdenhosa as próprias apresentações para cujo número eles próprios estão contribuindo [...]. Deixemos que os críticos façam quanto quiserem a crítica de tais efusões de fantasia e falem nos mesmos estilos vulgares daqueles disparates com os quais a imprensa agora está sobrecarregada [...]. Embora nossas produções tenham propiciado prazer mais extenso e mais sincero do que qualquer outra corporação literária no mundo, nenhum outro tipo de composição foi mais aviltado.

Com essa reputação, que a própria autora discute, Jane Austen contrasta a reputação do *Spectator* ou de outro tipo de não ficção ("os cavalheiros leem livros melhores").

Toda a experiência de Catherine veio da leitura de ficção. Ela "tinha lido demais para não estar perfeitamente ciente do cuidado com o qual uma figura de cera poderia ser introduzida [no caixão] e um falso enterro realizado". Como com Dom Quixote, com o qual o tema é muitas vezes comparado, a leitura a levou para longe da realidade para [um mundo] de fantasia que no final acabou sendo "insensatez".

Aquela leitura coloriu sua viagem inteira para Northanger Abbey. Nada "poderia abalar as dúvidas da boa leitora Catherine"; castelos e abadias eram "o encanto de seus sonhos", e com eles ia "a esperança de algumas lendas tradicionais, algumas terríveis lembranças de uma freira ferida e desditosa". Viajando até lá na carruagem com seu pretendente, Henry Tilney, ela esperava "um lindo lugar antigo, exatamente como aqueles sobre os quais a gente lê". Ele brinca com essa expectativa: "Você está preparada para encontrar todos os horrores que um lugar como 'aquele sobre o qual a gente lê' pode produzir?" elaborando a seguir todas as possibilidades "góticas" daquela abadia gótica. Suas reações são plenamente estimuladas pela tempestade que atingiu a abadia em sua primeira noite e pela cômoda e pelo armário fechados que mostraram conter nada mais que lençóis e toalhas sobressalentes e uma lista de lavanderia. Ela sofreu de "terror sem causa" de "ilusão autocriada", tudo em virtude da indulgência daquele tipo de leitura. Pois não estava nas obras da Sra. Radcliffe que "a natureza humana, pelo menos nos condados centrais da Inglaterra, deveria ser procurada".

Sua suspeita era infundada e Henry Tilney a repreendeu. "Lembre-se de que nós somos ingleses, de que somos cristãos. Consulte seu próprio entendimento, seu próprio sentido do provável, suas próprias observações daquilo que ocorre a seu redor." Não os livros, mas sua própria experiência. Sua desilusão foi total. "As visões do romance tinham terminado, Catherine estava totalmente desperta [...] das extravagâncias de suas antigas fantasias."

A defesa do "realismo crítico" em *Northanger Abbey* não é um ato isolado[46]. A crítica do romance, pelo menos do romance romântico e gótico, aparece em *Belinda*[47], de

---

46. McKillop, 1963: 52-61.
47. Edgeworth, M., 1801.

Maria Edgeworth, onde Lady Delacour comenta: "Minha querida, você vai ficar lamentavelmente desapontada se em minha história você esperar qualquer coisa como um romance". Em seus primeiros escritos, Jane Austen emprega paródias que tomam a forma da "valorização direta do estilo do romance". Em *Love and Friendship*[48] (Amor e amizade), o pai de Edward pergunta: "Onde foi, Edward, em nome da curiosidade, que você aprendeu essas bobagens sem sentido? Suspeito que você tenha estado estudando romances". O gênero foi sujeito à forte crítica ou por ser uma imitação ou uma paródia da vida.

O exemplo literário mais conhecido desse tipo de ilusão é sem dúvida *Madame Bovary*, de Flaubert (1857); aliás, as dificuldades da heroína do título fez surgir a chamada questão do "bovarismo". Seu problema não era apenas ser induzida em erro pelos romances, mas pela leitura de um modo geral. Como Dom Quixote e Arabella, Emma Bovary está efetivamente "em isolamento" morando no campo, casada com um médico desinteressante e tendo muito pouco a fazer além de levar uma vida fantasiosa de imaginação em que a leitura desempenha um papel predominante. Mas sua imaginação revolve ao redor da vida contemporânea, não do passado; ela constrói uma realidade virtual para si mesma.

Compra um mapa das ruas de Paris e, com a ponta do dedo, vai fazer compras na capital.

> Ela fez uma assinatura [...] de Le Sylphe des Salons. Devorava cada palavra de todas as resenhas das noites de estreia, de corridas de cavalo nacionais, e de jantares importantes [...] Conhecia as últimas modas [...] lia Balzac e George Sand, procurando satisfazer na fantasia seus anseios secretos. Mesmo à mesa, tinha o livro com ela, e ficava virando as páginas enquanto Charles comia e falava com ela. A memória do Visconde rondava sua leitura. Entre ele e os personagens fictícios, ela inventava conexões[49].

Ema usava os romances para escapar de seu próprio presente em outra existência imaginária. Os livros dominavam sua vida. Ela diverte o jovem empregado do escritório com as revistas de moda que traz consigo. Ele "sentava a seu lado e os dois olhavam as ilustrações juntos e esperavam um pelo outro no final da página. Com frequência ela lhe pedia que lesse alguma poesia para ela [...]". "E assim, entre eles nasceu uma espécie de aliança, um comércio contínuo em livros e baladas [...]". Quando um certo romance começou uma moda de cactos, ele comprou um cacto para ela em Rouen. O livro eclipsa todo o resto e direciona grande parte do curso dos eventos para aqueles que mergulham nele. Isso faz surgir uma dependência da ficção, uma espécie de vício, com uma desvalorização da vida em que se nasceu e uma fome por uma vida de luxo, de uma camada social mais alta. Essas qualidades eram consideradas como características

---

48. Austen, J., 1790.
49. Flaubert, 1857: 45.

das "mulheres desocupadas" e um romancista que as retrata revela sua própria ambivalência em relação ao feminino; ao criticá-las, Flaubert está conscientemente jogando com aquilo que ele chamava de sua própria disposição feminina.

Essas críticas dos efeitos da ficção, é claro, não apareciam apenas nas páginas dos próprios romances. Já em 1666 Pierre Nicole, em *Visionnaires*, descreveu "um escritor de romances e um poeta do teatro" como "um envenenador público". Cem anos mais tarde o Dr. Pomme, em *Traité des affectives vapoureuses des deux sexes*[50], sugere que entre todas as causas que tinham prejudicado a saúde das mulheres "a principal tinha sido a infinita multiplicação dos romances de cem anos para cá". A preocupação com a saúde continuou. Em 1900, La Baronne Staffe ainda estava se preocupando com mulheres em *Le Cabinet de toilette*: "Ficar sentada, até tarde da noite, lendo romances, é isso que produz ao redor dos olhos aquelas terríveis marquinhas que estragam o rosto mais bonito".

A saúde moral estava ainda mais ameaçada. Em 1884 Gustave Claudin anunciou: "É sobre todas essas senhoras frívolas que são as grandes leitoras de romances"; enquanto tão tardiamente quanto em 1938, Jacques Leynon protestou que logo todos os romances terão de ter um capítulo que se passa em um bordel[51]. O Livro Sagrado e a literatura cristã eram aprovados. Esses eram os alimentos das senhoras romanas nos primeiros séculos da cristandade, não os romances leves de hoje em dia, cuja leitura é tão perigosa. Tampouco essa leitura está limitada às cidades: "encontramos, no campo, a pastora de cabras que escondeu sobre sua capa o mau romance que já passou de mão em mão e que ela ainda tem vergonha suficiente para querer esconder".

Por que as críticas do romance e da ficção de um modo geral predominaram especialmente na Europa do século XVIII? Essa, é claro, era a época em que o gênero decolou; portanto, poderíamos esperar também que fosse um período caracterizado por uma resistência pronunciada. Foi também o período do Iluminismo, da nova Enciclopédia, quando muitas instituições estavam sendo questionadas.

Como o próprio romance não estava restrito à Europa, o mesmo ocorria com suas críticas e as dúvidas sobre sua legitimidade. Essas objeções estavam na raiz de seu *status* frequentemente considerado marginalizado e, aliás, também de a impossibilidade de ele sequer surgir em muitos períodos e em muitos lugares. O primeiro romance do Japão no século XI, *The Tale of Genji* (O conto de Genji), por Lady Murasaki, alcançou um *status* canônico. Apesar disso, atraiu muitas objeções, principalmente por parte de estudiosos de Confúcio, em virtude de "seu caráter ficcional [...] e a concentração em relacionamentos amorosos"[52]. Na tradição confucianista, a des-

---

50. Dr. Pomme, 1767.

51. Essas citações foram extraídas de Bechtel e Carrière, 1984, por cuja referência estou grato a Volfgang Klein.

52. McMullen, 1999: 308.

confiança da ficção é normalmente atribuída a um ditame nos *Analectos*: "Os temas sobre os quais o Mestre não falou eram coisas extraordinárias, feitos de força, desordem e seres espirituais"[53]. A ficção estava entre os gêneros da literatura desprezados pelos literatos confucianistas. McMullen comenta: "Essa desconfiança vem do teor racional e didático da tradição. Os eventos fantasiosos forçavam a credulidade e não tinham poder persuasivo. Eram falsidades, os produtos de mentes indisciplinadas"[54]. Essa visão está representada no próprio *Genji*. Realmente, o romance foi defendido por um grande comentarista do começo do período Tokugwa, Banzan, como sendo um registro verdadeiro: não é um "livro cheio de mentiras". Banzan adotou outra linha ainda, no entanto, também encontrada na Europa, justificando um gênero em que "nenhum fato existe, mas a verdade moral é compreendida e um fato fornecido para ela" – ou seja, a verdade subjacente, imaginativa ou experiencial[55].

Críticas semelhantes surgiram em qualquer parte onde encontramos o romance, como, por exemplo, na China. O conceito de *wen*, imitação, é discutido no contexto da literatura narrativa, tanto histórica quanto ficcional. Aliás, a forma preferida da ficção é muitas vezes histórica; o puramente ficcional é duplamente suspeito. Como Plaks comenta, o ato de escrever ficção é "o negócio de fabricar ilusões de realidade"; a fórmula de abertura do "Sutra do Coração" que aparece em *Jin Ping Mei* (The Golden Lótus) (O lótus dourado), diz: "A realidade é o vazio, o vazio é realidade"[56]. Os próprios romances oferecem críticas sobre o modo de vida que descrevem, "os quatro flagelos da indulgência excessiva de vinho, mulheres, riqueza e ira"[57]. Realmente, as próprias obras também contêm alguns avisos sobre a indulgência na ficção. Como no romance inglês do século XVIII, "os narradores simulados" fazem uso recorrente da retórica de historiografia nas seções introdutórias, apartes e comentários conclusivos [...] para enfatizar a sensação de julgamento que acompanha a apresentação mimética de eventos", o que pode encorajar "a sensação de que a narração ficcional pode transmitir uma verdade generalizada mesmo quando ela abre mão da presunção de veracidade histórica"[58]. A literatura chinesa tem um importante componente didático, muitas vezes com a introdução de monges budistas ou reclusos daoistas que se adiantam para "pregar aquilo que parece ser a própria mensagem de renúncia do mundo do autor", mostrando "a futilidade de tudo aquilo". Essa mensagem moral cria problemas diante do conteúdo manifesto que muitas vezes apresenta "indulgência excessiva" e pode levar à introdução de avisos contra a ficção, pelo menos nas

---

53. Apud McMullen, 1999: 310.
54. McMullen, 1999: 310.
55. Ibid.: 315.
56. Plaks, 1977: 511-512.
57. Ibid.: 505.
58. Ibid.: 328.

mãos da juventude. Essa parece ter sido a visão mais geral; os conteúdos dos romances eram essencialmente frívolos e até lascivos e imorais. Mas há um problema mais amplo de verdade e ficção que nenhuma quantidade de imbricação (história/estória) pode evadir totalmente e que emerge nas reações confucianistas, tais como as críticas de *The Tale of the Genji* no Japão. O equilíbrio que Plaks vê entre os dois também contém uma contradição que (sob algumas circunstâncias) pode levar tanto à rejeição quanto à aceitação.

Obras específicas podem ser suprimidas por razões específicas. Achava-se, por exemplo, que *Water Margin* (À beira d'água), um conto de ilegalidade e rebelião, estimulava a formação de bandoleiros. A ficção e a realidade se misturavam: a obra atacava o abuso de poder e o mau governo, e é reformista em seu tom, apesar "das ações anárquicas de seus heróis". No entanto, "muitos líderes dos camponeses rebeldes no fim do período Ming adotavam os nomes ou apelidos dos heróis de *Water Margin* para si próprios"[59]. As autoridades viram isso como uma ameaça e ordenaram que a obra fosse proibida em 1642. O mesmo ocorreu com *The Merry Adventures of Emperor Yang* (As alegres aventuras do Imperador Yang), não tanto em virtude de "suas descrições explícitas das aventuras sexuais menos convencionais do imperador", mas porque o livro levantava a questão dos limites da lealdade[60]. *The Prayer Mat of Flesh* (A carne como tapete da oração) foi "proibido mais eficientemente"[61].

Essa constelação de oposição ao romance nos faz lembrar imediatamente o conjunto semelhante de sociedades que discuti em outras partes de minha obra em relação à oposição às imagens e ao teatro, bem como às relíquias (ossos) e flores[62]. A suspeita de que estamos lidando com um fenômeno geral é uma vez mais reforçada. E isso ocorre ainda mais quando examinamos eventos recentes na China, onde novamente encontramos a supressão de flores, de imagens religiosas e de outros tipos e do teatro. O romance compartilha essa história. Na cidade de Yebin, em Sichuan, durante a Revolução Cultural, a mãe de Jung Chang inicialmente teve momentos difíceis em sua célula do partido, estando sujeita a críticas constantes. Mas quando ela foi transferida para um novo trabalho e uma nova célula, as coisas melhoraram: "Em vez de ficar criticando-a como a Sra. Mi, a Sra. Tung deixou minha mãe fazer todos os tipos de coisas que ela queria, como ler romances. Ler um livro sem uma capa marxista atraía uma chuva de acusações de ser uma intelectual burguesa"[63].

No islamismo e no judaísmo as objeções parecem ter ido ainda mais fundo. O primeiro estabeleceu uma forte distinção entre verdade histórica e mitos religiosos,

---

59. Hegel, 1981: 77.
60. Ibid.: 85.
61. Ibid.: 227.
62. Goody, 1997.
63. Chang, 1991: 26.

por um lado, e ficção imaginativa, por outro. Esse tipo de narração de histórias pode ser usado como em *As mil e uma noites* para distrair, mas consistia essencialmente de uma distração que afastava o leitor das atividades mais sérias. No mundo árabe havia objeções gerais à fabulação em obras históricas e exegéticas e expressão de desdém ocasional e casual de um ponto de vista erudito foi dirigida a *As mil e uma noites*. Mas tais contos não eram lidos apenas diante de públicos plebeus: parece que a corte gostava deles, especialmente daqueles com coisas fantásticas, como as viagens de Simbad. Uma vez mais as objeções à ficção, ambivalências em relação à narrativa criada, parecem estar enraizadas no fato de ela "re-presentar" realidade e não ser ela própria a verdade. Mesmo narrativas sérias podem ser desdenhadas por serem consideradas como uma maneira de revelar verdades mais apropriadas para crianças e para aqueles que precisam de orientação do que para o pesquisador sofisticado, um pouco assim como os ícones para os primeiros cristãos e para os budistas.

Mais tarde, no século XIX na Europa, essa crítica era feita mais em surdina. Isso foi quando a ficção começou a ter sucesso com o público leitor, com os grandes romancistas, Scott, as Brontes, Dickens, Eliot, Meredith e Trollope na Inglaterra. Essa predominância do romance foi considerada a causa para uma profunda transformação das emoções e do comportamento humanos. Embora isso possa ser parcialmente verdade, o romance também foi acusado de tornar o comportamento mais superficial, como resultado de copiar as ações dos personagens em "romances". Essa era uma crítica constante no século XVIII e continuou verdadeira no XIX, quando Madame Bovary foi seduzida a se afastar da "realidade" por essas ficções, na verdade, pela própria leitura. A defesa uma vez mais residiu em sua capacidade de olhar sob a superfície para a "verdade subjacente" do romance, pelo menos do romance de boa qualidade. Mas aquela abordagem não fornecia nenhuma defesa contra a maior parte da ficção, seja a de Mills e Boon, de Dame Barbara Cartland ou da maioria das séries de detetives, de suspense ou de *westerns* que são francamente "escapistas", como é a maioria dos filmes e a televisão. Aquele movimento certamente representa uma mudança importante mais ou menos no decorrer dos últimos cem anos. Até a metade do século XIX, a maioria dos livros publicados era de caráter teológico. Se os homens lessem – o que era raro –, a maioria deles lia obras sérias não ficcionais, enquanto que a ficção era deixada principalmente para as mulheres lerem e, às vezes, criarem. A situação começou a mudar com os romances históricos de Scott, e hoje os leitores do romance já não são classificados por gênero da mesma maneira, embora alguns tipos ainda possam ser.

Essa forma hoje tornou-se totalmente aceita como um gênero, e em grande parte imune àquela antiga crítica. Realmente a frase "crítica do romance" adquiriu um significado totalmente diferente à medida que o gênero saiu das sombras para uma posição predominante na cena literária. No mesmo período, a imagem foi difundida em todos os cantos da sociedade a partir da tipografia e o iconoclasmo virtualmente desapareceu, tão esmagadora foi a presença da imagem. Algo parecido a esse processo parece ter ocorrido com a ficção; as objeções foram abafadas pela mera quantidade de material sendo publicado e a incorporação do romance à vida diária. Apesar disso, as contradições, que, como argumentei em outro lugar, são inerentes ao processo de representação, ainda encontraram expressão ocasional. Mesmo na esfera das artes visuais, na qual o renascimento tanto da pintura quanto da escultura precedeu em muito a predominância do romance, a oposição continuou. Walter Benjamin chamou a atenção para a vitória recente das artes visuais (talvez especialmente perceptível para um judeu ou para um puritano) e ele atribuiu isso à onda gigantesca de publicações baratas disponibilizadas pelas mudanças nos modos de comunicação. Apesar disso, a resistência continuou, pelo menos no domínio visual, tomando forma nas obras dos pintores abstratos franceses. Para eles o objeto representado era meramente a manifestação superficial de uma verdade mais profunda, uma essência, uma pureza, que só poderia ser expressa na ausência de objetos, de representação figurativa, de iconicidade. Talvez o mesmo tipo de resistência às representações pictóricas adota a forma contemporânea de preservar a carcaça de uma ovelha em formol; só a coisa real é verdade, nunca a natureza morta, *nature morte*.

Será que o mesmo processo ocorreu com as representações ficcionais? Houve uma série de tentativas de criar um antirromance, e esforços radicais para reorganizá-lo em menos linhas narrativas. James Joyce, Virginia Woolf e também outros, *le nouveau roman*, movimentaram-se nessa direção. Basicamente a forma de narração de histórias resistiu, enchendo as vitrines de nossas livrarias e as bancas de jornal de nossas estações de trem e aeroportos. Mas na arte, a abstração e a repressão da "realidade" tiveram suas raízes nos últimos impressionistas e atingiram seu apogeu na Rússia com Malevich e Kandinsky, com suas justificações filosóficas para o abstrato como uma forma de alcançar a pureza da visão. Será que a predominância do romance, pelo menos em um nível popular, foi parcialmente devida à mudança de seu conteúdo, isto é, à elaboração de temas especificamente sexuais (por exemplo, no romance romântico) e do mistério do assassinato (na história policial)? Esses dois tópicos eram muitas vezes suprimidos na literatura anterior. O amor não era eliminado, mas o sexo sim, exceto nos romances chineses, como *Jin Ping Mei*, e nos romances eróticos da antiga Grécia, e essa também foi a situação nos séculos XVII e XVIII na Europa.

Esse fato gera a pergunta de até que ponto a narração de histórias está relacionada com a sedução. Em Otelo, o mouro afirma que ele atraiu Desdêmona, a filha de um senador veneziano, com seus contos de terras estrangeiras, de

> os antropófagos, e homens cujas cabeças
> realmente cresciam abaixo de seus ombros (1.3.143-144).

Apesar disso,

> ela vinha outra vez e com um ouvido guloso
> devorava meu discurso (linhas 148-149).

Ele conclui: "Ela me amava pelos perigos que eu tinha passado" (linha 166). Contar uma história, criar nossa biografia ficcional ou vida pessoal, é parte de muitos encontros onde se faz a corte. A história e sua narração seduzem ou evitam a sedução, como com Sherazade e Simbad.

A transformação para a leitura em massa de romances representa uma mudança de interesse, em que a maioria está preocupada com "diversão", com distração, após suas horas no colégio ou na universidade. As cifras das vendas de livros ilustram amplamente a perspectiva diferente, e isso deve ser considerado como uma mudança de consciência. É verdade que os indivíduos agora leem mais jornais, mais jornalismo "sério", provavelmente mais biografias e autobiografias e que seu conhecimento do mundo é mais profundo do que em épocas anteriores. Mas seu desejo de divertir-se também é maior, especialmente a "diversão doméstica", possibilitada pelos preços relativamente baixos de material de leitura e pela instalação do rádio, da televisão e do computador no lar, trazendo com ela a ficção, o filme e também "as notícias" e comentários, inclusive as discussões públicas de questões contemporâneas.

Com o romance, ouvimos reclamações de trivialidade, de escapismo, mais ou menos com o mesmo espírito com que o século XVIII via a ficção como sendo mais apropriada para mulheres em suas capacidades domésticas que para homens trabalhando no mundo externo. Hoje, a biografia talvez seja mais masculina, mais interessada no mundo. Será que o romance, oferecendo uma versão imaginativa da experiência, jamais poderá competir com a realidade da vida cotidiana, especialmente como resultado do Holocausto? Isso pelo menos é o problema proposto pelo romancista Wolfgang Holdesheimer, um intérprete nos julgamentos de Nuremberg. Em uma palestra em Dublin, em 1981, ele previu o fim do romance, visto que a ficção foi incapaz, a seu ver, de avaliar as complexidades de nossa era, em particular os horrores do extermínio em massa. Há tópicos com os quais não podemos esperar que a ficção imaginativa possa lidar.

Em suma, meu argumento é o seguinte. A narrativa e, em particular, a narrativa ficcional, não é uma característica predominante do relacionamento de adultos em culturas puramente orais (não letradas). Longas sequências narrativas, sejam elas ficcionais ou não, exigem situações de discurso especiais. Narrativas ficcionais curtas, ou contos populares, são direcionados principalmente para crianças – os adultos já conhecem *Cinderela* e não precisam que ela seja repetida, em parte porque o conteúdo é claramente direcionado para um público juvenil. Recitações mais longas, em que o elemento narrativo é raramente o mais proeminente, exigem um ambiente de ritual para obter um público atento para quem a audiência possa ser uma experiência um tanto penosa que exige uma validação vinda de mais além do domínio humano. Ao contrário de muitas crenças, a epopeia não é característica de culturas orais (embora possa ser apresentada oralmente), mas sim das primeiras culturas letradas. Na visão deste autor, o mesmo ocorre no caso de Homero e das epopeias indianas[64].

A razão para a escassez de narrativas ficcionais longas é diferente daquela para recitações longas em geral. Como no caso de contos populares mais curtos, as primeiras podem ser reconhecidas como triviais, apropriadas para crianças e para a distração, em comparação com as exigências mais pesadas da verdade. Em outras palavras, sua escassez está relacionada com o problema inerente às representações de todos os tipos indicados por Platão, mas em nenhum sentido limitado à tradição ocidental, ou seja, que a ficção não é verdade histórica (autoevidente); do ponto de vista literal é uma mentira, embora ela possa ter como objetivo outro tipo de verdade imaginativa. Ter como objetivo, mas não necessariamente conseguir alcançá-lo. E para alguns aquele objetivo sempre continuará sendo ilusório; a biografia que sem dúvida contém seu elemento de fantasia pode ser preferida a uma história inventada, que pode oferecer apenas uma distração e não uma "verdade" de qualquer tipo.

Na vida real, a narrativa raramente deixa de ser questionada. O processo legal/jurídico talvez seja o critério, já que a narrativa é parte do duelo, o queixoso conta sua história, o acusado, outra; uma é considerada verdadeira, a outra uma mentira (ou, pelo menos, não é para ser acreditada).

Dúvidas sobre a ficção, sobre o romance, perseguiram a história desse gênero porque essas preocupações estão engastadas na situação humana. Com a predominância da "ficcionalidade" na Europa desde o século XVIII, à medida que ela passou a ser uma característica tão central da vida com o surgimento da tipografia, da prensa rotativa, e finalmente da mídia eletrônica, com o cinema e a televisão, a resistência à ficção e ao romance ficou menos explícita. Apesar disso, alguma tensão ainda permanece, pois a ficção é o terreno da imaginação e da fantasia. O forte contraste entre fantasia e realidade é um tema-chave nos poemas de John Keats. A fantasia é extremamente elogiada no poema com esse nome[65].

> Que a alada Fantasia vague sempre,
> nunca acharemos o Prazer em casa.
> A um toque só, o doce Prazer se esfaz,
> como bolhas se a chuva tamborila[66].

A fantasia pode intervir quando a vida nos desaponta[67]. Mas só o faz de uma maneira enganadora (mentindo), como na estrofe final de "Ode a um rouxinol":

---

64. Goody, 1987.

65. Keats, 1818.

66. Tradução do poema no site: www.john-keats.tumblr.com/poemasemportugues [N.T.].

67. Sobre o conceito de fantasia e seu papel na vida social há, é claro, Dickens, *Hard Times* (Tempos difíceis) (1854).

Perdidas! Esta palavra é como um sino
que, dobrando, me faz voltar a mim mesmo!
Adeus! A fantasia não pode tanto iludir
como parece, ó elfo ludibriador[68].

Meu interesse na narrativa, especialmente na narrativa ficcional, vem de meu interesse nas representações. A própria narrativa, eu argumento, não é tão difusa como muitos relatos recentes sugerem, certamente não em culturas puramente orais. Pensando bem, a vida não se desenrola como uma narrativa sequencial. Ela é cheia de repetições (o cardápio do café da manhã, o abraço na despedida) que não fariam muito sentido narrativo. A narrativa, mas não a sequência em um sentido menos estrito, é interrompida pelas batidas à porta, pela próxima mensagem de e-mail (uma delas está apitando sua chegada à medida que escrevo), por pensamentos muito pouco relevantes. Por isso, o fluir da consciência pode ser uma representação mais próxima da realidade que a narrativa, que estou usando em um sentido mais estrito que apenas sequência.

A ficção, ao contrário das narrativas de eventos reais, acrescenta outra dimensão. No nível superficial claramente ela não é "verdadeira", embora possa afirmar que é. Portanto, nesse sentido ela é uma mentira, como Platão afirmava em relação às artes em geral. Re-presentar não é apresentar; incorporava uma ilusão. Era essa dúvida, no coração das artes, que levou não só à crítica de suas realizações, mas às vezes até sua proibição virtual. A isso atribuo o fato histórico contextual do desaparecimento virtual da grande realização artística do mundo clássico, a escultura, a representação tridimensional, e mesmo bidimensional, certamente em um contexto secular, durante a Idade Média europeia. Da mesma maneira, a representação na forma do teatro desapareceu. Fisicamente o teatro entrou em colapso; aliás, em St. Albans e em outros lugares ele parece ter sido propositalmente destruído no começo do século IV d.C. e não reapareceu a não ser em forma temporária por cerca de 1.500 anos.

Há dois aspectos nessas ausências e dúvidas. O primeiro expressa uma reação aos "luxos" da cultura pós Idade do Bronze, à emergência do palco, ao desenvolvimento de atividades estéticas tais como a leitura de romances, a pintura de quadros, que eram apreciadas principalmente por uns poucos que tinham o lazer, a educação e a motivação para participar. Essas culturas luxuosas eram diferenciadas hierarquicamente em termos materiais e culturais. Essa situação muitas vezes provocou algum tipo de oposição ideológica e prática, expressa mais claramente por moralistas, filósofos e teólogos. Mas há um segundo problema inerente à própria representação e, portanto, à ficção.

Qualquer forma de representação pode gerar dúvidas e, portanto, ambivalência sobre seu relacionamento com o original. Essas dúvidas, eu sugiro, são inerentes à situação humana de animais que usam uma língua quando confrontam o meio ambi-

---

68. Tradução do poema no site www.john-keats.tumblr.com/poemasemportugues [N.T.].

ente. Elas são intrínsecas à linguagem, e, portanto, à narrativa. Um cavalo (a palavra) nunca é um cavalo (animal). Um relato de eventos nunca é os próprios eventos. Quando ele nem sequer finge ser um relato assim, mas é ficcional, a situação fica pior, mesmo quando ele afirma uma "verdade" subjacente. Penso que é em virtude dessas objeções platônicas gerais, reforçadas nas culturas pós Idade do Bronze por tendências "puritanas" paralelas que são geralmente construídas ao redor da rejeição do luxo, que a ficção, inclusive o romance, tiveram a história e a distribuição que os caracterizaram pelo mundo inteiro. Mesmo nas culturas orais a ficção é principalmente destinada às crianças, e até recentemente levantava dúvidas generalizadas para os adultos, sobretudo para aqueles preocupados com a administração da sociedade.

A escrita modifica algumas dessas dúvidas; a ficção e a narrativa expandem. Mas as dúvidas persistem, mesmo hoje em dia, quando o gênero tornou-se predominante, e continua a haver uma divisão substancial entre diversão e escritos mais "sérios", entre a ficção e a não ficção.

9
A memória escrita e a memória oral: a importância do "lecto-oral"

Este último capítulo trata da diferença que a escrita faz para a memorização oral. A prática de aprender as coisas "de cor" parece ser uma característica das culturas escritas, em que as frases podem ser lidas repetidamente, sem variações, em que é possível, por exemplo, recitar a Bíblia de uma maneira diferente da recitação do Bagre, que muda constantemente.

Com a escrita, há claramente a tendência a assumir algumas atividades antes realizadas nas tradições orais e, portanto, mudar seu caráter e suas consequências. É claro que, quando a escrita é introduzida em uma sociedade, há imediatamente uma abertura de algumas novas esferas de comunicação e a substituição de esferas antigas por esse novo meio. Por "esferas novas", quero dizer, por exemplo, que se abre toda uma nova maneira de ensino e instrução, com o uso de cartazes, quadros-negros ou manuais como base para o ensino e com a criação de uma nova instituição, a escola, e novos funcionários, os professores, assim como seus complementos, os alunos (normalmente crianças). Ao mesmo tempo, inevitavelmente, as formas indígenas de socialização sofrem. A aprendizagem de como viver na sociedade é parcialmente retirada da participação direta com parentes e transferida para a sala de aula e para o professor. Obviamente essa mudança diminui a comunicação entre pais e crianças, que é predominantemente por meio da fala em qualquer cultura, e aumenta o elemento da escrita e da leitura, que é a função primordial da escola. É uma mudança que surge com o início da escrita, que exige situações "escolares" para objetivos instrucionais – muitas vezes com alfabetos e escritas simples e inventadas localmente como o *Vai* da África Ocidental, embora mais recentemente, de uma maneira pouco comum, essa técnica pareça estar sendo passada de um parente para outro[1].

O refinamento com o passar do tempo é principalmente observável no desenvolvimento da escrita e de sistemas que ajudam a leitura. Embora a escrita tenha surgido na Mesopotâmia com o uso de um texto logográfico, o alfabeto obviamente a simplificou (após a dificuldade inicial de decifrar o código), embora houvesse vantagens na escrita logográfica quando havia a presença de uma segunda língua. Compare a

---

1. Scribner e Cole, 1981.

quantidade (e a qualidade) dos escritos produzidos por estudiosos gregos trabalhando com um alfabeto completo (ou até os hebreus trabalhando com um alfabeto consonantal) com aquele produzido em cuneiforme. O alfabeto completo representou um desenvolvimento de formas muito mais fluidas.

Quanto à substituição do oral pelo letrado, as orações orais feitas para relicários são agora em grande parte substituídas por orações escritas, tais como o Pai-nosso ou as orações paralelas no islamismo. São fixas. Por isso, em um sentido, podemos dizer que isso leva a um afastamento de áreas culturais onde a oralidade em um determinado momento era predominante e à menor espontaneidade. Essas mudanças possibilitaram o desenvolvimento de longos gêneros narrativos, tais como o romance, que exigiam liberdade da escrita e da faculdade da leitura. O romance começou no período clássico tardio, mas seu verdadeiro desenvolvimento só ocorreu com a mecanização da escrita, a qual aconteceu com a invenção da prensa tipográfica, eventualmente permitindo a reprodução barata de textos longos, e que estabeleceu relacionamentos muito diferentes entre o autor e o leitor, e entre o vendedor e o comprador, do que aqueles antes existentes. Nesses aspectos, como em muitos outros, aquilo que poderíamos chamar de refinamentos no texto realmente contribuem não apenas para a abertura de novas esferas mas também para a substituição de esferas antigas. No caso da narrativa, o gênero como um todo mudou radicalmente. Os contos populares narrados em contextos orais não foram exatamente substituídos porque continuaram com as crianças em seus ambientes infantis, mas agora foram complementados por longas histórias ficcionais de um tipo novo e bastante diferente. Aliás, o desenvolvimento da própria narrativa, normalmente visto como uma arte das culturas orais, foi sem dúvida estimulado pela invenção da escrita e, mais tarde, da tipografia. O romance africano surgiu em um contexto pós-colonial quando culturas principalmente orais estavam sendo transformadas, em suas práticas comunicativas, em seu relacionamento entre o narrador de histórias e o público, pela adoção da escrita e da palavra impressa.

A situação não foi fundamentalmente diferente com os textos religiosos. As obras principais das religiões mundiais – o Antigo Testamento dos judeus, o Novo Testamento dos cristãos, o Corão dos muçulmanos, textos paralelos no mazdaísmo, no hinduísmo e no budismo – foram inevitavelmente produtos de culturas escritas. E eles diferem da recitação de culturas puramente orais de duas maneiras importantes. Primeiro, são muito mais longos; segundo, são consistentes no tempo e no espaço. Encontramos realmente algumas recitações longas nas culturas orais, tais como o Mito do Bagre. O primeiro que registrei (Primeiro Bagre) era de proporções quase homéricas (sendo, em minha opinião, sem dúvida minoritária, um texto escrito e composto como tal). Mas as versões posteriores que gravei e transcrevi não eram de forma alguma tão longas e isso leva ao segundo ponto, a consistência. Com a escrita, chegamos à possibilidade de um texto canonizado que tem consistência no tempo e no espaço. Isso não é o que ocorre com o Bagre, que varia com cada recitação, ainda que se trate de um mesmo recitador (orador, como eu o chamo), mas até nesses casos ocorrem mudanças substanciais, tanto inovações quanto esquecimentos, a cada apresentação.

Ora, esse processo de canonização de um texto escrito longo (religioso) não vem imediatamente com a escrita; o *corpus* se desenvolve com o passar do tempo e talvez seja mais uma característica da leitura alfabética que da leitura de textos logográficos. Foi um desenvolvimento (como o romance) não apenas da escrita *per se*, não apenas da "aprendizagem de ler e escrever instantânea", mas de um desenvolvimento histórico de textos e da tradição escrita, daquilo que é transmitido, elaborado e organizado na forma escrita ou impressa.

Mas temos de ter muito cuidado quando falamos sobre o declínio da transmissão oral. Isso pode significar duas coisas: um declínio comparado com a transmissão em culturas puramente orais e um declínio no componente transmitido oralmente em sociedades com a escrita, aquilo que chamo especificamente de "tradição oral" ou o lecto-oral. Pois é preciso lembrar que a chegada de um novo meio de comunicação não substitui o anterior (exceto em certas esferas limitadas); ele acrescenta algo ao anterior e o altera. A fala acrescenta algo ao gesto, a escrita à fala, os meios eletrônicos à escrita. E à medida que a humanidade se desenvolve, ela usa um número crescente de canais de comunicação, os mais tardios sempre presumindo a presença do anterior. A comunicação mãe/filho nunca é feita por escrito, mesmo que seja apenas porque a criança ainda não conhece as letras. Inicialmente toda a comunicação humana, mesmo nas culturas com a escrita, é feita no registro oral. Não pode haver declínio aqui; realmente pais letrados provavelmente se comunicam oralmente com seus filhos com mais frequência que os não letrados, ou aqueles com menos treinamento em escrever e ler (educação). Essa é uma das maneiras pelas quais as habilidades linguísticas das crianças, eventualmente a serem expressas por escrito (pelo menos na maioria dos casos), são estimuladas.

Uma situação semelhante existiu no nível da sociedade por toda a história humana, até mais ou menos há uns cem anos, porque todas as culturas, desde que a escrita foi inventada, foram divididas em dois grupos, em duas subculturas, uma compreendendo aqueles que sabiam ler e a outra aqueles que não o sabiam. Por isso uma grande parte da comunicação com nossos semelhantes tinha de ocorrer por meio da fala e não pela escrita.

Essas são situações "forçadas", comunicações entre letrados e não letrados. Mas é também o que ocorre com adultos em famílias ou com colegas no escritório ou na fábrica; a comunicação pelo modo escrito seria desprezada por ser considerada desnecessariamente formal ou burocrática. A transmissão oral (lecto-oral) prevalece entre aqueles que estão próximos e não houve declínio aqui; a escrita é adotada para outras tarefas envolvendo comunicação a distância.

No entanto, é claro que o fato de a transmissão oral ter sido mantida nessas áreas não significa que o conteúdo não tenha sido influenciado pela palavra escrita. Muito pelo contrário. A fala é influenciada em sua pronúncia, em sua sintaxe e em seu conteúdo. O conteúdo das histórias que uma mãe conta a seu filho pode bem originar-se de uma fonte escrita, como o caso dos *contes de fées* de Perrault ou até mesmo do próprio Corão. Isso é o que ocorre em todo o percurso. É claro, o processo de transmissão difere fortemente daquele de uma sociedade puramente oral, já que com um texto escrito o recitador (a mãe, por exemplo) pode sempre se referir ao original e corrigir a história que contou, um processo que é bastante impossível em culturas puramente orais, em que os itens têm de ser mantidos na memória ou esquecidos. E na memória que não é assim tão perfeita de um ponto de visto *verbatim*.

Aqui quero me referir a uma característica um tanto curiosa da transmissão oral em culturas letradas que enfatiza não tanto um declínio como uma revolução na "oralidade". O advento da escrita elimina a necessidade de memorizar textos longos. Aliás, em culturas puramente orais seria virtualmente impossível lembrar uma obra longa como o Corão, mesmo se o pudéssemos visualizar como um produto oral (o que seria impossível). Mesmo obras curtas podem ser gravadas na memória de maneira que seriam geralmente consideradas estranhas naquelas culturas orais. Nas primeiras escolas na Mesopotâmia, por exemplo, os alunos tinham de escrever suas lições em uma das faces de uma tabuinha de argila e depois virar a tabuinha para baixo para que a escrita ficasse oculta e assim reproduzir o texto. Em outras palavras, a escrita era usada como uma ferramenta para desenvolver a memória, de listas de objetos, por exemplo, e isso em um momento em que a escrita já tinha tornado a memorização daquelas listas desnecessária. Aliás, esse processo criava a própria tarefa, já que com um texto escrito seria possível olhar repetidamente e conseguir repetir o texto perfeitamente correto, como fazemos com o Pai-nosso, de uma maneira que, a meu ver, é virtualmente não existente em culturas puramente orais, a não ser em relação a passagens muito curtas. Tampouco é necessariamente valorizado como uma grande realização nas culturas orais reproduzir uma passagem exatamente – poderíamos dizer mecanicamente – dessa maneira. No entanto, isso passa a ser uma meta apreciada nas culturas escritas, mesmo com textos muito longos, tais como o Corão ou a Bíblia, que são muitas vezes memorizados deliberadamente por aqueles que aprenderam a ler e a escrever ainda que, objetivamente, o advento da escrita tenha tornado essa memorização bastante desnecessária. Por esse processo, essas pessoas internalizam a Palavra de Deus. Como consequência, as recitações religiosas de culturas orais, tais como o Bagre hoje em dia, podem já não variar em cada apresentação. A escrita congelou o texto. Apesar disso, aquele texto é memorizado e depois recitado como se fosse um produto oral. Um esforço extraordinário é feito nas escolas religiosas (e a maioria das primeiras escolas eram religiosas) para memorizar esses textos. Em parte, como na Mesopotâmia, isso ocorre porque acreditava-se que o conhecimento escrito não existia propriamente a não ser que, como o conhecimento nas culturas orais, ele fosse internalizado e assim como fazia parte daquela tabuinha externamente, realmente fizesse parte do corpo internamente. Mesmo hoje em dia podemos agir como se isso fosse verdade. Normalmente "saber uma poesia" significa ser capaz de recitar aquela composição "de cor". O conhecimento é em grande parte conectado com a memória, com a apresentação oral. No caso do texto escrito, o autor poderia ter copiado de um livro; ele ou ela pode não *saber* realmente o assunto. De fato, muita erudição escrita antiga tem exatamente essa qualidade, não simplesmente a de se referir a outro texto, mas de incorporá-lo totalmente, isto é, em outras palavras, ser um plagiador.

Esse é o princípio no qual a maior parte de nossos exames é construído. Sabemos francês quando sabemos a palavra para "imigrante", não quando sabemos onde procurá-la no dicionário. Sabemos história quando podemos reproduzir datas ou discussões sobre a Revolução Francesa, não quando sabemos onde procurá-las em Furet, Ozouf ou na Enciclopédia Universal. Para esse objetivo, a Enciclopédia Britânica é considerada como um auxílio à memória em que a informação foi armazenada. Temos de "aprender" os "fatos" e depois regurgitá-los, possivelmente em um exame oral, porém mais provavelmente em um exame escrito, em que, como nas escolas mesopotâmicas, não nos é permitido consultar o original (isso seria "colar"), mas apenas recorrer a nossas memórias "orais", a nossos sistemas de armazenagem.

É claro, há alguns contextos em que esse processo de internalizar a palavra escrita de forma a "saber" (memorizar) aquilo que está lá sem consultá-lo é de importância fundamental, como ocorre com as instruções em um frasco de remédio ou aquelas que nos dizem como fazer funcionar um dispositivo eletrônico. É especialmente verdade em relação a certos dispositivos que são básicos para outras operações e dos quais podemos dizer que se originam de um refinamento do conhecimento incorporado no texto e não do próprio texto (embora esse último aspecto também seja considerado). Refiro-me aqui ao próprio alfabeto. Com o alfabeto, temos um arranjo arbitrário de vogais e consoantes, ABC, que é essencial memorizar em uma ordem específica para que possamos usá-lo para objetivos tais como índices. É uma ordem que foi transmitida sem modificações de formas literárias e orais por vários milênios. O mesmo ocorreu com os símbolos usados pela matemática. Uma vez mais, a ordem e sua multiplicação elementar têm de ser decoradas; para que possamos então desempenhar operações mentais ou escritas nas quais o cálculo está baseado, é essencial aprender os símbolos em uma certa ordem. Nesses dois casos precisamos fazer isso para que outras operações que seriam virtualmente impossíveis em um modo puramente oral possam ser realizadas; no entanto, isso não ocorre necessariamente com iletrados em uma sociedade com a escrita, visto que eles também podem aprender a operar esses dispositivos de tecnologia intelectual mesmo sem saber ler e escrever, pois podem adquiri-los por meio da palavra falada de alguém que sabe.

Um problema sobre esse uso mediado da oralidade é descobrir como alguém "sabe" alguma coisa (ou algum tópico) se ele ou ela não memoriza aquilo e depois o regurgita para benefício dos examinadores. Como podemos verificar se ele ou ela frequentou a escola, ouviu as aulas, e entendeu o que o professor disse se não usarmos algum mecanismo desse tipo para testá-lo(a)?

A resposta depende, parcialmente pelo menos, de como queremos usar esse conhecimento mais tarde. Se queremos falar com uma pessoa de língua francesa, então temos de internalizar (lembrar) nosso conhecimento de palavras francesas. Se quisermos traduzir para publicação, então aquele tipo de conhecimento é desnecessário. E já conhecemos muito bons tradutores que são incapazes de falar o idioma em questão. Com algumas outras disciplinas, o conhecimento internalizado é menos necessário, se sabemos fazer um diagnóstico com a ajuda da internet (ou de um livro de medicina) ou se sabemos onde procurar os "fatos" sobre Kosovo na enciclopédia.

Aprender a recitar de cor um longo texto religioso tal como o Corão ou a Bíblia não é o equivalente a aprender essas tecnologias do intelecto, artifícios que são essenciais para o aprendizado futuro, para "aprender a aprender". Em primeiro lugar, elas ocupam muito tempo das escolas, tempo que poderia ser dedicado a outras atividades. Veja, por exemplo, muitas escolas primárias islâmicas em que aprender a recitar o Corão pode ocupar todo o tempo do aluno, não deixando espaço para que ele adquira outras formas de conhecimento, por ter de memorizar algo que já está disponível em uma forma escrita – um modo diferente e mais exato de armazenagem. Isso significava que os alunos tinham de passar uma grande parte de seu tempo memorizando um texto, em uma repetição *verbatim*, aprendendo a recitar (no sentido literal) de cor em vez de adquirir outras formas de conhecimento. Isso é o que eu chamei em outro lugar de "alfabetização restrita", uma vez que a capacidade de ler é primordialmente limitada a textos religiosos. E textos religiosos, se eles são a Palavra de Deus, contêm toda a verdade. É claro, os alunos podem aprender a "ler" em um sentido, exceto que em muitos casos eles não aprendem a ler livremente, mas apenas a recitar o texto de certas mnemônicas. Isso é o que ocorre também com muito do aprendizado nas *yeshivas*, as escolas religiosas de tradição judaica, onde os estudiosos podem ser vistos de pé em suas mesas, balançando para frente e para trás, enquanto aprendem a recitar o texto para repetição futura. O mesmo se aplica a muitas das primeiras escolas cristãs, e mesmo na França do século XVIII, Furet e Ozouf[2] escrevem sobre um sistema nas áreas rurais que ensinava aos alunos pouco mais do que a recitação do Credo. Era apenas nas instituições de ensino superior que as pessoas às vezes progrediam desse tipo de instrução para algo mais criativo, mais exploratório, uma oportunidade que estava aberta apenas para uns poucos, especialmente sob uma religião hegemônica.

Como vimos, esse "simulacro de oralidade" é geralmente associado a textos religiosos. Esse processo agora nos parece estranho, mas é uma característica da alfabetização. Nos primeiros cinco mil anos das civilizações escritas, a maior parte da leitura e da escrita era aprendida em templos, igrejas e mesquitas; os instrutores eram sacer-

---

2. Furet e Ozouf, 1977.

dotes e eles inevitavelmente usavam textos religiosos como uma parte importante de sua instrução. As exceções parciais foram a antiga Grécia e a China, sociedades que não aderiam a uma única religião escrita da maneira que era característica do Oriente Próximo (e de suas religiões) e da Índia. Naquelas áreas, uma liberdade maior estava disponível no processo educacional que tinha alguma influência no assunto usado e discutido. A não ser nesses casos, a alfabetização parece ter sido restrita, especialmente para as massas.

Mesmo na Grécia Antiga, o texto de Homero era memorizado de maneira semelhante; o mesmo ocorria com os Vedas, embora haja pouca dúvida de que ambos já existiam em forma escrita. Pois essa forma de aprender não estava de modo algum limitada ao Oriente Próximo. Como um texto escrito, o Rig Veda tornou-se objeto de intenso aprendizado maquinal pelos brâmanes, que eram ensinados a recitá-lo em suas escolas para que pudessem repetir a obra oralmente sem recorrer ao original. Esse era seu objetivo. A intervenção da maioria dos sacerdotes brâmanes nos rituais está limitada à leitura ou à recitação de um texto estabelecido. É menos provável que o conhecimento secular seja tratado dessa maneira. Será que Aristóteles foi alguma vez memorizado dessa forma? Mas como vimos, ainda existem pressões para nos fazer memorizar e, portanto, ser capazes de reproduzir oralmente aquilo que foi escrito nos livros. Assim também como há pressões para que oradores não leiam suas contribuições para um debate, mas, no máximo, consultem anotações, visto que parece mais genuíno, mais verdadeiro, mais convincente se as palavras saem diretamente do coração do orador em vez de lidas de um texto.

Há alguma mudança no papel dos textos escritos com o passar do tempo. Temos o desenvolvimento de formas literárias tais como os romances, cujas palavras são vistas com um passar dos olhos e não internalizadas, pelo menos não em um sentido *verbatim*. Eles são associados com leitura rápida. A leitura rápida também se aplica a obras de não ficção, especialmente a textos filosóficos ou científicos, como os de Aristóteles na Grécia Antiga, que eram lidos por seu "significado", sua "essência", suas "ideias" e não aprendidos de cor. Já não articulamos a fala, as palavras da língua, apenas passamos os olhos por elas visualmente. E esse processo muito importante para o desenvolvimento dos processos cognitivos parece implicar um certo declínio na transmissão oral *pari passu* com o "refinamento" dos usos da escrita, e não do próprio sistema da escrita.

Esse processo de passar os olhos pelo texto, ou de leitura rápida foi, no entanto, acompanhado por aquilo que pode ser considerado mais especificamente como refinamentos do sistema escrito. Houve, é claro, a padronização da ortografia que acompanhou a invenção da tipografia. E de grande importância foi o desenvolvimento de um conjunto padrão de ferramentas ortográficas que permitiu a interpretação clara e sem ambiguidade dos textos, quando a palavra já não tinha o apoio da oralidade, da voz, da ênfase, do gesto, do movimento do rosto e das mãos. No sistema de escrita alfabética que herdamos do período clássico, desenvolvemos meios de indicar as pausas entre palavras, frases, parágrafos e capítulos, de marcar o começo e o fim das letras, de mostrar as perguntas e a fala direta.

Em conclusão, embora o refinamento e até mesmo a existência da escrita tenham feito algo para diminuir a importância da tradição oral, ela também às vezes encorajou a oralidade (*lecto-oral*) no contexto de uma tradição escrita ao continuar a ver o conhecimento "real" como um conhecimento que, embora originalmente escrito, precisa ser reproduzido oralmente se requisitado. Isso é especialmente verdadeiro no caso do conhecimento religioso, mas inclui também o conhecimento secular no contexto da educação escolar e universitária. Além disso, precisamos lembrar que ler em voz alta era até há bastante pouco tempo a forma mais comum de leitura. Mesmo para nossa própria edificação ou diversão o texto era transformado em comunicação oral (*lecto-oral*). Portanto, em retrospecto, a escrita e os refinamentos do texto nem sempre levaram ao declínio da oralidade; a alfabetização, poderia ser dito, fez com que as pessoas se tornassem quase mais verbais.

Apêndice
Contos populares no norte de Gana

Tabela 1. Personagens nas histórias dos LoDagaa: animais

Elefante	Leopardo	Leão	Hiena	Antílope	Búfalo	Crocodilo
8	9	8	11	4	10	2
Macaco	Raposa	Javali	Esquilo	Coelho	Tartaruga	Sapo
4	1	1	2	5	5	6
Lagarto	Cobra	Morcego	Camundongo	Rato	Pássaro	Falcão
3	5	1	1	2	11	1
Mosca	Vespa	Abelha	Piolho	Formiga	Aranha	Peixe
3	1	3	1	4	24	2
Asno	Cavalo	Bode	Carneiro	Cachorro	Gato	Galinha
2	3	6	1	6	3	4

N = 79

Tabela 2. Personagens nas histórias dos Gonja: animais

Elefante	Leopardo	Leão	Hiena	Antílope	Camaleão	Búfalo
9	7	14	17	2	7	14
Crocodilo	Macaco	Raposa	Javali	Esquilo	Coelho/lebre	Tartaruga
1	13	3	3	1	4	9
Sapo	Lagarto	Cobra	Morcego	Rato	Pássaro	Falcão
1	4	4	1	2	17	2
Mosca	Vespa	Aranha	Escorpião	Vagalume	Asno	Cavalo
1	2	43	1	4	3	2
Bode	Carneiro	Cachorro	Gato	Galinha		
6	4	10	2	5		

N = 114

Tabela 3. Comparação entre os personagens das histórias dos LoDagaa e dos Gonja: animais (porcentagens das histórias contendo animais)

	Aranha	Escorpião	Vespa		Vagalume	Mosca	Formiga
Gonja	36	1	1		1	1	-
LoDagaa	30	-	1.3		-	4	5
	Piolho	Abelha	Pássaro	Falcão	Elefante	Leopardo	Leão
Gonja	-	-	5	2	7.5	6	12
LoDagaa	1.3	4	14	1.5	10	11	10
	Hiena	Búfalo	Antílope		Crocodilo	Macaco	Raposa
Gonja	14	11	2		1	11	2
LoDagaa	14	12.5	5		2.5	5	1.3
	Javali	Camaleão	Esquilo	Tartaruga	Coelho/lebre		
Gonja	2.5	6	1	7.5	3.3		
LoDagaa	1.3	-	2.5	6.3	6.3		
	Sapo	Lagarto	Cobra	Morcego	Camundongo	Rato	
Gonja	1	3.3	3.3	1	-	2	
LoDagaa	7.5	4	6.3	1.3	1.3	2.5	
	Cavalo	Asno	Bode	Carneiro	Cachorro	Gato	Galinha
Gonja	2	2.5	5	3.3	8	2	7.5
LoDagaa	4	2.5	7.5	1.3	7.5	4	5

Gonja N = 114; LoDagaa N = 79

Tabela 4. Personagens nas histórias dos LoDagaa: humanos

Chefe	Esposa do chefe	Filho do chefe	Filha do chefe
12	1	3	2
Menino	Menina	Mulher	Homem
17	10	20	20
Caçador	Pastor	Irmão	Esposa
11	1	2	5
Cego	Leproso	Coxo	Bruxa
3	8	1	5

N = 79

Tabela 5. Personagens nas histórias dos Gonja: humanos

Chefe	Filha do chefe	Caçador	Homem/pai	Mulher/mãe		
10	4	8	8+12 (20)	9+24 (33)		
Menino	Menina	Criança	Sogros	Leproso	Chefe guerreiro	Adão
20	7	19	4	2	1	2
Eva	Abraão	Avó	Lavrador	Aldeão	Criados do chefe	
1	1	3	1	2	1	

N = 114

Tabela 6. Comparação entre os personagens das histórias dos LoDagaa e dos Gonja: humanos (porcentagens das histórias contendo humanos)

	Chefe	Esposa do chefe	Filho do chefe	Filha do chefe		
Gonja	8	-	-	3		
LoDagaa	15	1.3	4	2.5		
	Criados do chefe	Chefe guerreiro	Lavrador	Aldeão	Caçador	
Gonja	1	1	1	24	6	
LoDagaa	-	-	-	-	14	
	Pastor	Cego	Leproso	Coxo	Bruxa	Homem/pai
Gonja	-	-	2	-	-	16
LoDagaa	1.3	4	10	1	6.3	25
	Mulher/mãe		Menino	Menina	Criança	Sogros
Gonja	28		16	6	15.5	43
LoDagaa	25		22	12.5	-	-
	Esposa	Irmão	Avó	Adão	Eva	Abraão
Gonja	-	-	2.5	1	1	1
LoDagaa	6.3	2.5	-	-	-	-

Gonja N = 114; LoDagaa N = 79

Tabela 7. Personagens nas histórias dos LoDagaa: deuses

Deus	Filho de Deus	Fada	Fantasma*
7	2	6	2

*Além disso, há uma história envolvendo um Senhor Olhos Grandes e um Senhor Mãos Longas; outra envolvendo um caldeirão mágico.

Tabela 8. Personagens nas histórias dos Gonja: deuses

Deus	Fada	Fantasma
16*	4	1

*Em uma história, A.D.7, Deus é apresentado como Chefe/Chefe Deus e, portanto, não foi incluído; isso precisa ser verificado.

Tabela 9. Comparação entre os personagens das histórias dos LoDagaa e dos Gonja: deuses (porcentagens das histórias contendo deuses)

	Deus	Filho de Deus	Fada	Fantasma
Gonja	12	-	3	1
LoDagaa	8.8	2.5	7.58	2.5

Tabela 10. Categorias dos personagens nas histórias dos Gonja e dos LoDagaa

	Só humanos	Só deuses	Só animais	Todos os três			
Gonja	11	-	28	10			
	Humanos e deuses	Humanos e animais	Animais e deuses				
Gonja	3	52	5				
	Só humanos	Só deuses	Só animais	Todos os três			
LoDagaa	14	-	16	3			
	Humanos e deuses	Humanos e animais	Animais e deuses				
LoDagaa	8	32	4				

N/A Gonja = 5; total N = 114
N/A LoDagaa = 2; total N = 79

Referências

AUDEN, W.H. (1994). *Collected Poems*. Londres [org. por E. Mendelson].

AUSTEN, J. ([1970] 2003). *Love and Friendship*. Londres.

_____ (1817). *Northanger Abbey*. Londres.

BÂ, A.H. & KESTELOOT, L. (orgs.) (1969). *Kaïdara*. Paris.

BARTH, F. (1987). *Cosmologies in the Making*: a generative approach to cultural variation. Cambridge.

BARTLETT, F. (1932). *Remembering*. Cambridge.

BECHTEL, G. & CARRIÈRE, J.-C. (1984). *Dictionnaire de la Bêtise et des Erreurs de Judgement*. Paris.

BELLAH, R. (1957). *Tokugawa Religion*: the values of pre-industrial Japan. Londres.

BEMILE, S.K. (1983). *The Wisdom which Surpasses that of the King*: Dàgàrà stories. Heidelberg.

BENJAMIN, W. ([1936] 1968a). The work of art in the age of mechanical reproduction. In: BENJAMIN, W. *Illuminations*: essays and reflections. Nova York [org. por H. Arendt].

_____ (1968b). The storyteller. In: BENJAMIN, W. *Illuminations*: essays and reflections. Nova York [org. por H. Arendt].

BERNARDI, B. (1959). *The Mugwe, A Failing Prophet*: a study of a religious and public dignitary of the Meru of Kenya. Londres.

BOAS, F. (1904). "The folklore of the Eskimo". *Journal of American Folklore*, 64, p. 1-13.

BOHANNAN, P. (1957). *Justice and Judgement among the Tiv*. Londres.

BOSSARD, J.H.S. & BOLL, E.S. (1950). *Ritual in Family Living*. Filadélfia.

BOYER, P. (2001). *Religion Explained*: the evolutionary origins of religious thought. Nova York.

BRAUDEL, F. ([1971] 1981-1984). *Civilization and Capitalism 15th-18th Century*. Londres.

CAILLOIS, R. ([1939] 1959). *Man and the Sacred*. Glencoe.

CARDINNALL, A.W. (1931). *Tales Told in Togoland*. Londres.

CASSIRER, E. ([1955-1957] 1996). *The Philosophy of Symbolic Forms*. New Haven.

CHADWICK, H.M. & CHADWICK, N.K. (1932-1940). *The Growth of Literature*, 3 vols. Cambridge.

CHANG, J. (1991). *Wild Swans*: three daughters of China. Londres.

CHARTIER, R. (1985). "Text, Symbols and Frenchness: historical uses of symbolic anthropology". *Journal of Modern History* 57, p. 682-695.

CHRISTALLER, J.G. (1879). *Twi Mmebusem, Mpensã-ahansía Mmoaano*: a collection of three thousand and six hundred Tshi proverbs, in use among the Negroes of the Gold Coast speaking the Asante and Fante language, collected, together with their variations, and alphabetically arranged. Basel.

CLARK, K. & HOLQUIST, M. (1984). "The Theory of the Novel". *Mikhail Bakhtin*. Cambridge.

DANIEL, N. (1975). *European-Arab Relations during the Middle Ages*. Londres.

DANIELS, B.C. (1995). *Puritans at Play*: leisure and recreation in Colonial New England. Nova York.

DARNTON, R. (1984). *The Great Cat Massacre and other episodes in French cultural history*. Nova York.

DE ALFONSO, P. (1977). *Disciplina Clericalis*. Londres.

DE BROSSES, C. (1760). *Du culte des dieux fétiches*. Paris.

DEFOE, D. (1774). *Robinson Crusoe*. Nova York.

_____ (1763). *The Dreadful Visitation in a Short Account of the Progress and Effects of the Plague*. Germantown.

DERRIDA, J. (1978). *Writing and Difference*. Londres.

DESHUSSAN, P. (1998). "Monologue au desert". *Le Monde*, 14/08.

DESLONGCHAMPS, L. (1838). *Essai sur les fables indiennes*. Paris.

DICKENS, C. (1854). *Hard Times*. Londres.

DOODY, M.A. (1996). *The True Story of the Novel*. New Brunswick.

DORSON, R.M. (1976). *Folklore or Fakelore?* Cambridge.

DUMÉZIL, G. ([1940] 1990). *Mitra-Varuna*: an essay on two Indo-European representations of sovereignty. Cambridge.

DUNDES, A. (1980). *Interpreting Folklore*. Bloomington.

DURKHEIM, E. ([1912] 1947). *The Elementary Forms of Religious Life*. Glencoe.

_____ ([1893] 1933). *The Division of Labour in Society*. Nova York.

EDGEWORTH, M. (1801). *Belinda*. Londres.

ELIADE, M. (1958). *Patterns in Comparative Religion*. Nova York.

EMMET, D. (1958). *Function, Purpose and Powers*. Londres.

EVANS-PRITCHARD, E.E. (1960). *Death and the Right Hand*. Londres.

_____ (1956). *Nuer Religion*. Londres.

_____ (1937). *Witchcraft, Oracles & Magic Among the Azande*. Londres.

FINNEGAN, R. (1970). *Oral Literature in Africa*. Oxford.

FIRTH, R. (1959). "Problem and assumption in an anthropological study of religion". *Journal of the Royal Anthropological Institute*, 89, p. 129-148.

FLAUBERT, G. ([1857] 2003). *Madame Bovary*. Harmondsworth.

FORDE, D. (1958a). *The Context of Belief*. Liverpool.

_____ (1958b). "Spirits, Witches and Sorcerors in the Supernatural Economy of the Yako". *Journal of the Royal Anthropological Institute*, 88, p. 165-178.

FORTES, M. & EVANS-PRITCHARD, E.E. (1940). *African Political Systems*. Londres.

FRAZER, J. (1890). *The Golden Bough*: a study in comparative religion. Londres.

FREUD, S. (1975). *Psychopathology of Everyday Life*. Harmondsworth.

FROMM, E. (1957). *The Forgotten Language*: an introduction to the understanding of dreams. Nova York.

FURET, F. & OZOUF, J. (1977). *Lire et écrire*: l'alphabétisation des français de Calvin à Jules Ferry. Paris.

GANDAH, S.W.D.K. (2004). *The Silent Rebel*. Legon.

GIDDENS, A. (1991). *Modernity and Self-Identity*. Stanford.

GINSBERG, C. (1980). *The Cheese and the Worms*. Londres.

GLUCKMAN, M. (1965). *Custom and Conflict in Africa*. Oxford.

GOODE, W.J. (1951). *Religion among the Primitives*. Glencoe.

GOODY, J.R. (2009a). *Renaissances*: the one or the many? Cambridge.

_____ (2009b). *The Eurasian Miracle*. Cambridge.

_____ (1998). *Food and Love*. Londres.

_____ (1997a). *Representation and Contradictions*: ambivalence towards images, theatre, fiction, relics and sexuality. Oxford.

_____ (1997b). *The Culture of Flowers*. Cambridge.

_____ (1990). *The Oriental, the Ancient and the Primitive*. Cambridge.

_____ (1987). *The Interface between the Written and the Oral*. Cambridge.

_____ (1986). *The Logic of Writing and the Organisation of Society*. Cambridge.

_____ (1977a). "Tradizione orale e ricostruzione del passata nel Ghana del Nord". *Quaderni Storici*, 35, p. 481-492.

_____ (1977b). *The Domestication of the Savage Mind*. Cambridge.

_____ (1972). *The Myth of the Bagre*. Oxford.

_____ (1961). "Religion and ritual: the definitional problem". *British Journal of Sociology*, 12, p. 142-163.

_____ (1957). "Anomie in Ashanti?" *Africa*, 27, p. 75-104.

GOODY, J.R. & GANDAH, S.W.D.K. (orgs.). (2002). *A Myth Revisited*: The Third Bagre. Durham.

_____ (1981). *Une récitation du Bagré*. Paris.

GOODY, J.R & GOODY, E. (1991). "Creating a Text: alternative interpretations of Gonja drum history". *Africa*, 62, p. 266-270.

GOODY, J.R. & WATT, I. (1963). "The Consequences of Literacy". *Comparative Studies in Society and History*, 5, p. 304-345.

GOUGH, K. (1981). *Rural Society in Southeast India*. Cambridge.

GRAVES, R. ([1955] 1992). *The Greek Myths*. Harmondsworth.

GRIMM, J. & GRIMM, W. (1819). *Kinder-und Hausmärchen*. 3 vols. Berlim.

HÄGG, T. (1983). *The Novel in Antiquity*. Oxford.

HALL, S. (1984). "The Narrative Structure of Reality". *Southern Review*, 17, p. 3-17. Adelaide.

HARRISON, J.E. (1912). *Themis*. Cambridge.

HARTMAN, G.H. (1999). "The Struggle for the Text". *A Critic's Journey, 1958-1998*. New Haven.

HEGEL, R.E. (1981). *The Novel in Seventeenth-century China*. Nova York.

HEISERMAN, A. (1977). *The Novel before the Novel*. Chicago.

HERTZ, R. ([1907] 1960). *Death and the Right Hand*. Londres.

HISKETT, M. (1957). "Material Relating to State of Learning Among the Fulani Before the Jihad". *Bulletin Soas*, 19, p. 550-578.

HOBSBAWM, E. (1959). *Primitive Rebels*: studies in archaic forms of social movement in the 19th and 20th centuries. Manchester.

HODGKIN, T. (1966). "The Islamic Literary Tradition in Ghana". In: LEWIS, I.M. (org.). *Islam in Tropical Africa*. Londres.

HOLZBERG, N. (1995). *The Ancient Novel*: an introduction. Chicago.

HOOKE, S.H. (1958). *Myth, Ritual and Kingship*. Oxford.

HORTON, R. (1960). "A Definition of Religion and its Uses". *Journal of the Royal Anthropological Institute*, 90, p. 201-226.

JACOBS, A. (2007). *On Matricide*: myth, psychoanalysis, and the law of the mother. Nova York.

JAMESON, F. (1981). *The Political Unconscious*: narrative as a socially symbolic act. Londres.

JARDINE, L. & BROTTON, J. (2000). *Global Interests*: Renaissance art between east and west. Londres.

KEATS, J. (1982). *Complete Poems*. Cambridge.

KETTLE, A. (1965). Emma. In: WATT, I. (org.). *Jane Austen*: a collection of critical essays. Englewood Cliffs.

KLUCKHORN, C. (1952). "Values and Value-orientations in the Theory of Action: an exploration in definition and classification". In: PARSONS, T. & SHILS, E.A. (orgs.). *Towards a General Theory of Action*. Cambridge.

KUHN, T.S. (1962). *The Structure of Scientific Revolutions*. Chicago.

LANG, A. (1893). *Cinderella, 345 Variants*. Londres [Folklore Society Monograph series, 31].

LEACH, E.R. (1954). *Political Systems of Highland Burma*. Londres.

LEAVIS, Q.D. (1932). *Fiction and the Reading Public*. Londres.

LEITES, N. & BERNAUT, E. (1954). *Ritual of Liquidation*: communists on trial. Glencoe.

LENNOX, C. (1752). *The Female Quixote*. Londres.

LEROY, J. (1985). *Fabricated World*: an interpretation of Kewa tales. Vancouver.

LE ROY LADURIE, E. ([1975] 1978). *Montaillou*: Cathars and Catholics in a French village, 1294-1324. Londres.

LESSA, W.A. & VOGT, E.Z. (1958). *Reader in Comparative Religion*. Evanston.

LÉVI-STRAUSS, C. (1969). *Mythologiques*. Paris.

_____ (1968). "The Structural Study of Myth". *Structural Anthropology*. Londres.

_____ (1966). *The Savage Mind*. Londres.

_____ (1964). *Totemism*. Londres.

_____ (1961). "La Geste d'Asdiwal". *Les Temps Modernes*, 16, p. 1.080-1.123.

_____ (1956). "Les organizations dualistes existent-elles?" *Bijdragen tot de Tall-, Land-en Volkenkunde*, 112, p. 99-128.

LÉVY-BRUHL, L. (1923). *Primitive Mentality*. Londres.

LEWIS, G. (2000). *A Failure of Treatment*. Oxford.

LEWIS, I.M. (org.) (1966). *Islam in Tropical Africa*. Londres.

LLOYD, G.E.R. (1991). *Methods and Problems in Greek Science*. Cambridge.

_____ (1990). *Demystifying Mentalities*. Cambridge.

LÖNNROT, E. ([1849] 1989). *The Kalevala*: an epic poem after oral tradition. Oxford.

LORD, A.B. (1960). *The Singer of Tales*. Cambridge.

LOWIE, R.H. (1935). *The Crow Indians*. Nova York.

MacFARLANE, A. (1978). *The Origins of English Individualism*: the family, property and social transition. Oxford.

MAINE, H.S. (1861). *Ancient Law*. Londres.

MALINOWSKI, B. (1954). *Magic, Science and Religion*: and other essays. Nova York.

_____ (1926). *Myth in Primitive Psychology*. Londres.

_____ (1922). *Argonauts of the Western Pacific*: an account of native enterprise and adventure in the archipelagoes of Melanesian New Guinea. Londres.

MARETT, R.R. (1914). *The Threshold of Religion*. Londres.

MATHER, I. (1693). *A Further Account of the Tryals of the New-England Witches... To which is added, cases of conscience concerning witchcrafts and evil spirits personating men*. Londres.

McKILLOP, A.D. (1963). "Critical Realism in *Northanger Abbey*". In: WATT, I. (org.). *Jane Austen*: a collection of critical essays. Englewood Cliffs.

McMULLEN, J. (1999). *Idealism, Protest and the Tale of Genji*: the Confucianism of Kumazawa Banzan. Oxford.

MERLAN, F. (1995). "Indigenous Narrative Genres in the Highlands of Papua New Guinea". In: SILBERMAN, P. & LOFTLIN, J. (orgs.). *Proceedings of the Second Annual Symposium about Language and Society*. Austin.

MINTZ, S.W. (1985). *Sweetness and Power*: the place of sugar in modern history. Nova York.

MORGAN, J.R. & STONEMAN, R. (orgs.) (1994). *Greek Fiction*: the Greek novel in context. Londres.

MORRIS, C. (1946). *Signs, Language and Behaviour*. Nova York.

NADEL, S.F. (1954). *Nupe Religion*. Londres.

NEEDHAM, R. (1960). "The Left Hand of the Mugwe: an analytical note on the structure of Meru symbolism". *Africa*, 30, p. 28-33.

NICOLE, P. (1667). *Les Visionnaires*. Liège.

ORWELL, G. (1968). "Looking back on the Spanish War". In: ORWELL, S. & ANGUS, I. (orgs.). *Collected Essays*. Londres.

PAGE, D. (1973). *Folktales in Homer's Odyssey*. Cambridge.

PARRY, M. (1971). *The Making of Homeric Verse*. Oxford.

PARSONS, T. (1954). *The Structure of Social Action*. Nova York.

PARSONS, T. & SHILS, E. (1952). "Values, Motives and Systems of Action". In: PARSONS, T. & SHILS, E.A. (orgs.). *Towards a General Theory of Society*. Cambridge.

PAULME, D. (1967). "Two themes on the origin of death in West Africa". *Man*, 2, p. 48-61.

PERRAULT, C. (1959). *Contes en vers* – Contes de ma mère. L'Oie... ou l'Histoires ou contes du temps passé. Estrasburgo.

PERRY, B.E. (1967). *The Ancient Romances*: a literary-historical account of their origins. Berkeley.

PERRY, R.B. (1926). *General Theory of Value*: its meaning and basic principles construed in terms of interest. Nova York.

PLAKS, A.H. (org.) (1977). *Chinese Narrative*: critical and theoretical essays. Princeton.

PROPP, V. (1968). *Morphology of the Folktale*. 2. ed. Austin.

RADCLIFFE-BROWN, A.R. (1993). *The Andaman Islanders*. 2. ed. Londres.

_____ (1952). *Structure and Function in Primitive Society*. Londres.

_____ (1950). "Introduction". *African Systems of Kinship and Marriage*. Londres [org. por D. Forde e A.R. Radcliffe-Brown].

RADIN, P. (1956). *The Trickster*: a study in American Indian mythology. Londres.

RATTRAY, R.S. (1932). *The Tribes of the Ashanti Hinterland*. Oxford.

RICHARDSON, S. (1748). *Clarissa*. Londres.

_____ (1741). *Pamela*: or virtue rewarded. Londres.

ROBERTSON-SMITH, W. (1889). *Lectures on the Religion of the Semites*. Londres.

RUMSEY, A. (2006). "Verbal Art, Politics and Personal Style in Highland New Guinea and beyond". In: O'NEIL, C.; TUITE, K.J. & SCOGGIN, M. (orgs). *Language, Culture and the Individual*: a tribute to Paul Friedrich. Munique.

SCHAPERA, I. (1956). *Government and Politics in Tribal Societies*. Londres.

SCOTT, J.C. (1985). *Weapons of the Weak*: everyday forms of peasant resistance. Londres.

_____ (1976). *The Moral Economy of the Peasant*. New Haven.

SCRIBNER, S. & COLE, M. (1981). *The Psychology of Literacy*. Londres.

SEYDOU, C. (org.) (1972). *Silâmaka et Poullôri*. Paris.

SIRAN, J.-L. (1998). *L'Illusion mythique*. Paris.

SOMÉ, M. (1994). *Of Water and the Spirit*: magic and initiation in the life of an African shaman. Nova York.

SOMMERVILLE, C.J. (1996). *The News Revolution in England*: cultural dynamics of daily information. Oxford.

STAFFE, La B. (1892). *Lady's Dressing Room*. Londres.

TATUM, J.A. (org.) (1994). *The Search for the Ancient Novel*. Baltimore.

TEDLOCK, D. (1983). *The Spoken Word and the Work of Interpretation*. Filadélfia.

THOMPSON, E.P. (1963). *The Making of the English Working Class*. Londres.

THOMPSON, S. (1955-1958). *Motif-index of Folk-literature*: a classification of narrative elements in folktales, ballads, myths, fables, medieval romances, exempla, fabliaux, jest-books, and local legends. 6 vols. Copenhagen.

_____ (1951). *The Folktale*. Nova York.

THOMS, W. (1846) Letter (August 22) to the *Athenaeum*. Londres.

TILLICH, P. (1951-1963). *Systematic Theology*. 3 vols. Chicago.

TYLOR, E.B. (1871). *Primitive Culture*: researches into the development of mythology, philosophy, religion, language, art and custom. Londres.

VEILLARD, G. (1931). "Récits peuls du Macina et du Kunari". *Bulletin du Comité d'Études Historiques et Scientifiques de l'Afrique Occidentale Française*, 14, p. 137-156.

WALLERSTEIN, I. (1999). "The West, Capitalism and the Modern World-system". In: BROOK, T. & BLUE, G. (orgs.). *China and Historical Capitalism*. Cambridge.

WALPOLE, H. (1903). *The Letters of Horace Walpole, Fourth Earl of Oxford*. Vol. II: 1743-1750. Oxford [org. por P. Toynbee].

WARD, B. (1956). "Some Observations on Religious Cults in Ashanti". *Africa*, 26, p. 47-61.

WARNER, W.L. (1937). *A Black Civilization*. Nova York.

WEBER, M. (1947). *The Theory of Social and Economic Organisation*. Edimburgo.

_____ (1946). *Essays in Sociology*. Nova York.

WILKS, I. (1963). "The Growth of Islamic Learning in Ghana". *Journal of the Historical Society of Nigeria*, 2, p. 409-417.

WILSON, M. (1957). *Rituals of Kinship among the Nyakusa*. Londres.

WINCH, P. (1958). *The Idea of a Social Science and Its Relation to Philosophy*. Londres.

WOLF, E.R. (1982). *Europe and the Peoples without History*. Berkeley.

WORSLEY, P. (1957). *The Trumpet Shall Sound*: a study of "cargo cults" in Melanesia. Nova York.

ZANIC, I. (1998). *Prevarena povijest*. Zagreb.

Índice remissivo

abordagem
cognitiva ao mito e ao ritual 9s.
estruturalista ao mito e ao ritual 9-14, 58s.
funcionalista ao mito e ao ritual 9s., 58s.

abordagens ao estudo do mito e do ritual 9s.

aborígenes australianos 53

ação
não racional (transcendental) 33s.
transcendental 33s.

agências
espirituais 22
sobrenaturais 22

alegoria 50

Alfonso, Pedro de 127

Analectos 134

animais
característicos dos mitos dos LoDagaa e dos Gonja 81-83
nos contos populares 55s.
personagens nos mitos dos LoDagaa e dos Gonja 82s.

animatismo 21

animismo 9, 21

antropologia
impacto da gravação de sons 58-62

apresentação de literatura oral 55

Arreto 127

As mil e uma noites 127, 136

Asante 49, 64, 83

atividade de contar histórias
impacto da tipografia 111
nas culturas orais 110
cf. tb. narrativa

atividade religiosa
  ação não racional (transcendental) 33s.
  atos de propiciação 36s.
  critérios emotivos 21s.
  critérios negativos para 33s.
  definição 36s.
  definição de Marett 21
  definição de Tylor 20s.
  definição exclusiva 21s.
  definição inclusiva 21s., 23-37
  dicotomia sagrado/profano 20s., 40-42
  diferença da magia 19-37
  diversidade de abordagens 67
  e cerimoniais 23-25
  e o culto dos mortos 21
  e os valores últimos da sociedade 33
  práticas externas ao esquema meios/fim intrínseco 33s.
  tentativas de definir 19-37
atos de propiciação
  e atividade religiosa 36-38
Austen, Jane 130s.
azande 9,34
  bruxaria 27-30

Bagre dos LoDagaa 10s., 14, 17s., 47, 78, 120, 142
  Bagre branco 64, 94, 104s., 120-122
  Bagre Negro 64s., 94, 104, 121
  conteúdo das recitações 109
  contexto 61, 102s.
  criatividade oral 62-65
  descoberta da mudança pela criatividade 62
  diferenças entre as versões 62-65
  diferença entre mito e mitologia 95
  equipe 103s.
  falta de um termo para categorizar seu mito 96
  impacto da gravação de sons na análise 62
  importância para a ciência social 93
  influência do público 60
  limitações dos registros escritos 60

Mito do Bagre 120-122, 143s.
narrativas no 120-122
noção de recitação 95
objeções ao termo "mito" 96s.
objetivo e funções 119-122
pensamento (mentalidade) das culturas orais 97
primeiros métodos de registro 60s.
transmissão cultural 98-101
variações no tempo e no espaço 97-99
versões gravadas no campo 91-93
Bakhtin, Mikhail 110
Baktaman da Nova Guiné 100
balada 51
Behn, Aphra 129
Belinda 131
bemba 50
Benjamin, Walter 110, 124, 137
Beowulf 46
Bergson, Henri-Louis 22
Bete da Costa do Marfim 86s.
Bíblia 45s., 50, 74, 120s., 124, 142, 145
Boccaccio, Giovanni 127
Book of Sinbad, The 127
Bovarismo 126, 132
Boyer, Pascal 99-101
brâmanes 45, 64, 148
Budismo 21, 78
Bunyan, John 128

canções de ninar 49
canções e canto 50-52
   inventividade e mudança 94s.
   rimas e canções infantis 49
Canterbury Tales 127
cântico 50s.
capacidade de ler e escrever
   impacto nas culturas orais 15

167

Cassirer, Ernst 10

categorias ontológicas 101

cerimonial
  definição 39
  e atividade religiosa 22-25
  e ritual 39
  variações e modificações 65s.

cerimônias de funerais 64-66

Cervantes, Miguel de 130

Chapeuzinho Vermelho 70-75

Chaucer, Geoffrey 127

Clarissa 129

complexo puritano 129

comportamento mágico-religioso
  e ritual 37s.
  tentativas de definir 19-37

conceito da *mente primitive* 9s.

conceitos analíticos
  definição 19s.

Confessio Amantis 127

contes de fées (contos de fadas) 48s., 71s., 145

conteúdo da literatura oral 55-57

contexto
  das recitações 60
  dos gêneros orais 76-78

contos de fadas (*contes de fées*) 48s., 71s., 145

contos infantis 70-72

contos mongo-nkundo 115

contos Nancy 49-122

contos populares
  amplitude e indefinição das definições 76-78
  apresentação 55
  animais nos 55s.
  comparando os dos LoDagaa e os dos Gonja 81-90
  conteúdo dos 55
  contexto 76-78
  continuidade de forma e conteúdo 18

contos semelhantes em sistemas sociais diferentes 87s.
diferença dos mitos 15-18
e história cultural 68-80
e mito 52s.
escolha de personagens 88-90
gênero oral 48-50
internacionalização 18
interpretação psicanalítica 75s.
no norte de Gana 17s.
para crianças 48-50
público para 76-78
contos populares dos Gonja 18
categorias de personagens 81-83
comparação com os contos populares dos LoDagaa 81-90
deuses como personagens 81-85
homens como personagens 82s.
interação entre categorias de personagens 84s.
personagens animais 81-83
simplificação conceitual 86s.
contos populares dos LoDagaa
comparação com os contos populares dos Gonja 81-90
homens como personagens 81-84
interação entre categorias de personagens 84
personagens animais 81-84
contos populares russos 75
Corão 46, 74, 117, 145
Conde Lucaver, el 127
crianças
contos populares e histórias para 48-50, 121s.
rimas e canções para 49
simplificação conceitual nas histórias 85-87
versões das histórias para 15-18
criatividade oral 63
Bagre dos LoDagaa 64
cerimônias 64s.
efeitos do esquecimento 64s.
recitações 63-65
variações nos mitos 9-11

cristandade
história da 12
critérios emocionais para a religião 21
culto dos mortos
e religião 21
culturas orais
distinção entre verdade e falsidade 112s.
falta de proeminência da narrativa 123s.
impacto da capacidade de ler e escrever 15
mentalidade (pensamento) 97
papel da narrativa 15

Dakota 21
Daphne and Chloe 126
Darnton, Robert 68-80
Dawkins, Richard 99
Decameron 127
definindo conceitos analíticos
desafios na ciência social 20
Defoe, Daniel 128s.
deuses
características nos mitos dos LoDagaa e dos Gonja 81s.
no Mito dos LoDagaa e dos Gonja 83s.
Dickens, Charles 136
dicotomia sagrado/profano 20-22, 25-37, 40-42
Discipline Clericalis 127
Dom Quixote 130
drama popular 51s.
Dreadful Visitation in a Short Account of the Progress and Effects of the Plague, The 129
dualismo hierárquico no mito 12-14
Dumézil, Georges 12
Durkheim, Émile 20-22, 23-37, 40-42

Edgeworth, Maria 132
elemento inconsciente no mito 12-14, 16s.
Eliot, George 136

epopeia 45s.
  conteúdo da 55
  formas orais e escritas 45-48
  Fulani, de Silâmaka e Poullôri 117s.
  Gilgamesh 47, 51, 115, 120, 123
  indianas 139
  Lianja 115
  Mungo 123
  narrativas em culturas orais 113-119
Escola dos Annales 78
escolas
  desenvolvimento das 142
  e a emergência da escrita 142
escrita
  desenvolvimento da 142s.
  e desenvolvimento da narrativa 142s.
  e desenvolvimento de escolas 142
  e memória oral 147-149
  implicações sociais 142
  influência sobre a narrativa 124-126
  influência sobre o romance 124-126
  leitura rápida 147-149
  memorizando textos escritos 147s.
  padronização no sistema escrito 148s.
  passando os olhos por um texto procurando o significado 148s.
  relação com a fala 43-46
  surgimento da 142
  textos religiosos 142-144
  transmissão lecto-oral 144s., 149
  cf. tb. romances (*novels*)
esquecimento
  e criatividade nas recitações 64s.
esquema meios/fim 33s.
esquimós 63, 67
euvemerismo 9
Evans-Pritchard, E.E. 9, 21, 27-29, 34, 37

fábulas
  gênero oral 50

Fábulas de Esopo 50

fadas (seres da floresta) 84

Família Bronte 136

Fang 116

fantasia na narrativa 112s.

fantasmas 82, 84

Female Quixote, The 130

Fielding, Henry 129

Finnegan, Ruth 115s.

Flaubert, Gustave 132

folclore 45

Food and Love 101

formas orais padronizadas 43s.

Frazer, James 10, 27s., 37, 39, 73

Freud, Sigmund 15, 17, 122

Fromm, Erich 75

Gandah, Kum 64, 91s., 105, 107

gêneros orais 43, 47s.

  alegoria 50

  amplitude e indefinição de definições 76-78

  canções e canto 50s.

  contexto 76-78

  contos populares e histórias infantis 48-50

  drama popular 51s.

  epopeia 45-47

  fábulas 50

  lendas 54s.

  mito 52-55

  público para 76-78

  recitações históricas (histórias) 53-55

  teatro 51s.

Golden Ass, The 111, 126

Grande Divisão entre os ilustrados e os não ilustrados 70s., 73s., 97

gravação de sons

  impacto na análise da literatura oral 62

impacto na antropologia 58-62
limitações dos antigos registros escritos 60s.
Graves, Robert 12
griôs de Bambara e Mali 116-118
guslari (Bálcãs) 74s.

Harrison, Jane 19
história
diferença do mito 112s.
história cultural
e contos populares 68-80
história de Édipo 12-15
história de Orestes 13
histórias
ananse 12, 49, 83, 122
de aranhas 82, 122
de santos 54-56
de tambor dos Gonja 55, 98
enquadradas 126-128
Holdesheimer, Wolfgang 138
holocausto 138
homens
nos mitos dos LoDagaa e dos Gonja 81-84
Homero 45s., 74, 78, 110, 113s., 139, 148

Igreja Católica Romana 54-56
Ilíada 44
inconsciente coletivo
mito como janela para 13s., 16s.
índios Crow 72, 77
Irmão Coelho 122
Irmãos Grimm 76, 78, 122
islamismo 78, 81, 84, 115-117, 135, 143
história do 11s.

Jacobs, A. 12-14
Jin Ping Mei (O lótus dourado) 134, 137

Joyce, James 137
judaísmo 135

Kalevala 47
Kalila wa Dimna 127
Kandinsky, Wassily 137
Keats, John 139
Kipling, Rudyard 48

lay bretão 45
leitura em voz alta 148s.
lendas
  definição das 17s.
  gênero oral 53-55
  narrativas em culturas orais 110s.
Lennox, Charlotte 130
Lévi-Strauss, Claude 10-13, 17, 40, 53, 58, 89, 93, 124
Lévy-Bruhl, Lucien 28, 97
linguagem
  relação com escrita 43-46
literatura
  uso do termo para gêneros orais 43s.
literatura escrita
  diferença da literatura oral 47s.
literatura oral 43-57
  apresentação 45s., 55s.
  conteúdo 55-57
  contexto da apresentação 56s.
  diferença da literatura escrita 47s.
  distribuição dos vários gêneros 56
  folclore 45
  impacto da escrita 43-47
  personagens sobrenaturais 56s.
  significado do termo 43s.
  status de verdade dos vários gêneros 56s.
  uso do termo "literatura" 43s.
  cf. tb. gêneros orais

LoDagaa 29-34
  conceito de medicina 22
  contos populares 17s.
  estudo ou recitação de seu mito 9
  mitologia 11
  organização da sociedade 81
  cf. tb. Bagre dos LoDagaa
Love and Friendship 132

Madame Bovary 132
magia
  diferença de religião 19-37
Mahabharata 120
Malevich, Kazimir 137
Malinowski, Bronislaw 10, 22, 26-29, 53, 58, 89
Maori haka 51
Marett, R.R. 21-23, 37
matricídio 12-14
memes 99s.
memorização oral
  efeitos da escrita 147-149
memorizando textos escritos 147s.
Meredith, George 136
Merry Adventures of Emperor Yang, The 135
mil e uma noites, As 136
mito
  apresentação 55
  busca por um inconsciente coletivo 13s., 16s.
  como delírio cultural 13s.
  como uma recitação específica em todas suas versões (mito) 11-14
  como um corpo de mitologia (mito) 9-13
  como um gênero oral 52-54
  como um recital específico (mito) 9-11, 14s.
  contemporâneo 14s.
  conteúdo da narrativa 19-122
  conteúdo de 55
  criatividade e variação 9-11
  desafios do estudo 67s.

diferença da história 113
diferença da mitologia 95, 119s.
diferença dos contos populares 15s., 17s.
distribuição de mitos 119s.
do Bagre 120-122, 143s.
do Dogon 95s.
e escola ritual 93s.
elemento inconsciente 12-14, 16s.
funções dos 119-122
indo-europeu 12
interpretação da visão do crente 13s.
interpretações infantis e para adultos 15s.
mudanças com o passar do tempo 15-18
objeções ao uso do termo 96s.
pluralidade de versões 13-16
transformação transcontinental 11s.
variabilidade de forma e conteúdo 18
variações entre continentes 11s.
variantes de uma história particular 9-11
visão transcendental 11
mitologia
construção por observadores 95s.
criação da 94s.
diferença do mito 95, 119s.
grega 12-16
nambikwara 11
Murngin 23, 42
música
invenção e mudança 94-96
música de xilofone
inventividade e mudança 94-96

Nadel, S.F. 34s., 38
narrativa
definições totalmente inclusivas 110-112
distinção entre verdade e falsidade 111-114
efeitos da introdução da escrita 124-126
fantasia 112
ficcional 112-114

influência da escrita 142s.
definição mais estrita 110s.
pessoal 122-124
cf. tb. romances; narração de histórias
narrativas dos LoDagaa
distinção entre verdade e falsidade 112-114
narrativas em culturas orais 15
epopeias 114-119
falta de proeminência 123s.
lendas 118-120
mitos recitados 120-122
narrativas pessoais 122s.
nativos
das Ilhas Andamã 10
das Ilhas Trobriand 10, 27, 29
Northanger Abbey 130s.
novelas góticas 130-132
Novella 127
Nuer 21, 34
Nupe 34s., 38

Odisseia 46
Of Water and the Spirit 113
orações 143
Orwell, George 112
Otelo 137

Pai-nosso 143, 145
parábolas 50
Parry, Milman 46
Parsons, Talcott 20, 23, 26-28, 30-34
pensamento mitopoético 10
pensamento(mentalidade) de culturas orais 97
Perrault, Charles 49, 72s., 145
personagens trapaceiros 56, 83, 122
pesquisa
descontextualização das recitações 60s.

impacto da gravação em fita na análise 62
limitações dos registros escritos 60s.
simplificações conceituais dadas ao pesquisador 86s.

Pilgrim's Progress 128

Platão 139-141

Political Unconscious, The 111

Povo
  Meru 41
  Navajo 50, 53

povos da Melanésia 21s.

Prayer Mat of Flesh, The 135

problemas analíticos
  criação de mitologia de várias fontes 94s.

Propp, Vladimir 75

psicanálise 122
  interpretação de contos populares 75s.

público
  influência na apresentação 60s.
  para gêneros orais 76-78

Radcliffe-Brown, A.R. 10, 23, 25s., 31s., 39

recitação
  de literatura oral 95
  significados do termo 95
  cf. tb. Bagre dos LoDagaa

recitações históricas (histórias)
  gênero oral 53-55

recitações orais
  comparação com textos religiosos 142-144

registros escritos das recitações
  limitações de 60s.

relicários 64-67

religião Tokugawa 33

Representations and Contradictions 101

retórica 45

Revolução Cultural 135

Richardson, Samuel 129

Rig Veda 64, 78, 148
Ritual
  como representação 51s.
  definição 37-40
  e cerimonial 39
  e comportamento mágico-religioso 37-39
  e mito 52
  tentativas de definir 19-37
  tipos de 39s.
Robertson Smith, W. 21-23, 24
Robinson Crusoé 129
Romances (*novels*)
  críticas dos 135s.
  desencaminhando as mulheres 133
  desenvolvimento da narrativa 142s.
  efeitos da introdução da escrita 124-126
  góticos 130-132
  história dos 140s.
  histórias "enquadradas" 126-128
  imaginação e fantasia 139s.
  influência do desenvolvimento da tipografia 124s.
  momento apropriado do surgimento 111
  objeções aos 136
  obras de Jane Austen 130-132
  origens do termo 125s.
  primeiras narrativas 125-127
  problema de aceitabilidade 126
  românticos 132s.
Rômulo e Remo 55
Rowling, J.K. 44,50

Scott, Walter 136
Sércambi, Giovanni 127
seres da floresta (fadas) 84
seres espirituais
  crença em 20s.
Seven Sages, The 127
Siran, J.L. 95-97

Smollett, Tobias 129
Sociedade Gonja 81
"sociedade primitiva"
    associação com mito e ritual 9s.
sociedades lecto-orais 52, 71, 116
sociedades orais
    diversidade das atividades religiosas 67
    tecnologia agrícola 67
    variações no ritual e na religião 63s.
    visão estática das 63
sociedades tradicionais
    comparação com as sociedades modernas 97-99
    premissas sobre a natureza das 97-99
Some, Malidoma 113

Tale of Bergis 127
Tale of Genji, The 133-135
teatro 51-53
termo da categoria (nome do gênero) para mitos 96
textos religiosos
    comparação com recitações orais 142-144
Thompson, Stith 76-78
tipografia
    efeito na atividade de contar histórias 124
    e o surgimento do romance 124s.
    influência da 128s.
totemismo 12, 55
transformação transcontinental de mitos 11s.
transmissão
    cultural 98-102
    lecto-oral 43s., 144, 149
Trollope, Anthony 136
Tylor, E.B. 20-22, 27, 37

Vai da África Ocidental 142
valores últimos da sociedade
    e a religião 32s.

Vedas 45-47, 148
veillées 72s.
verdade e inverdade na narrativa 111-114
vinda do Kusiele (lenda do clã) 94
visão transcendental da mitologia 11s.

Water Margin 135
Watt, Ian 19
Weber, Max 27, 34-36, 97
Wilson, Monica 39
Woolf, Virginia

Yakö 42

Zuni da América do Norte 120

COLEÇÃO ANTROPOLOGIA

– *As estruturas elementares do parentesco*
Claude Lévi-Strauss
– *Os ritos de passagem*
Arnold van Gennep
– *A mente do ser humano primitivo*
Franz Boas
– *O mito, o ritual e o oral*
Jack Goody
– *O saber local – Novos ensaios em antropologia interpretativa*
Clifford Geertz
– *O processo ritual – Estrutura e antiestrutura*
Victor W. Turner
– *Sexo e repressão na sociedade selvagem*
Bronislaw Malinowski
– *O Tempo e o Outro – Como a antropologia estabelece seu objeto*
Johannes Fabian
– *A antropologia do tempo – Construções culturais de mapas e imagens temporais*
Alfred Gell
– *Antropologia – Prática teórica na cultura e na sociedade*
Michael Herzfeld
– *Arte primitiva*
Franz Boas
– *Explorando a cidade – Em busca de uma antropologia urbana*
Ulf Hannerz
– *Crime e costume na sociedade selvagem*
Bronislaw Malinowski
– *A vida entre os* antros *e outros ensaios*
Clifford Geertz
– *Estar vivo – Ensaios sobre movimentos, conhecimento e descrição*
Tim Ingold
– *A produção social da indiferença – Explorando as raízes simbólicas da burocracia ocidental*
Michael Herzfeld
– *Sociologia religiosa e folclore – Coletânea de textos publicados entre 1907 e 1917*
Robert Hertz
– *Cultura, pensamento e ação social – Uma perspectiva antropológica*
Stanley Jeyaraja Tambiah
– *Nove teorias da religião*
Daniel L. Pals
– *Antropologia – Para que serve*
Tim Ingold
– *Evolução e vida social*
Tim Ingold
– *Investigação sobre os modos de existência – Uma antropologia dos Modernos*
Bruno Latour
– *O crisântemo e a espada – Padrões da cultura japonesa*
Ruth Benedict
– *A lógica da escrita e a organização da sociedade*
Jack Goody
– *Antropologia e/como educação*
Tim Ingold
– *Fazer – Antropologia, arqueologia, arte e arquitetura*
Tim Ingold
– *Magia, ciência e religião e outros ensaios*
Bronisław Malinowski
– *Linhas – Uma breve história*
Tim Ingold

Conecte-se conosco:

 facebook.com/editoravozes

 @editoravozes

 @editora_vozes

 youtube.com/editoravozes

 +55 24 2233-9033

www.vozes.com.br

Conheça nossas lojas:
www.livrariavozes.com.br

Belo Horizonte – Brasília – Campinas – Cuiabá – Curitiba
Fortaleza – Juiz de Fora – Petrópolis – Recife – São Paulo

  Vozes de Bolso

EDITORA VOZES LTDA.
Rua Frei Luís, 100 – Centro – Cep 25689-900 – Petrópolis, RJ
Tel.: (24) 2233-9000 – E-mail: vendas@vozes.com.br